洪威雷教授

洪威雷教授与儿子洪流、孙子洪图合影

洪威雷教授与周先旺市长（湖北大学行政管理系 **1987** 级学生、

原湖北省副省长现武汉市市长）合影

洪威雷教授与学生周立生、芦文龙合影

澳门大学副校长黎日隆博士与中国应用写作研究会会长洪威雷教授互赠纪念品

2018 年澳门“国际汉语应用文研究高端论坛”洪威雷教授

为论文评奖委员会成员颁发证书并合影

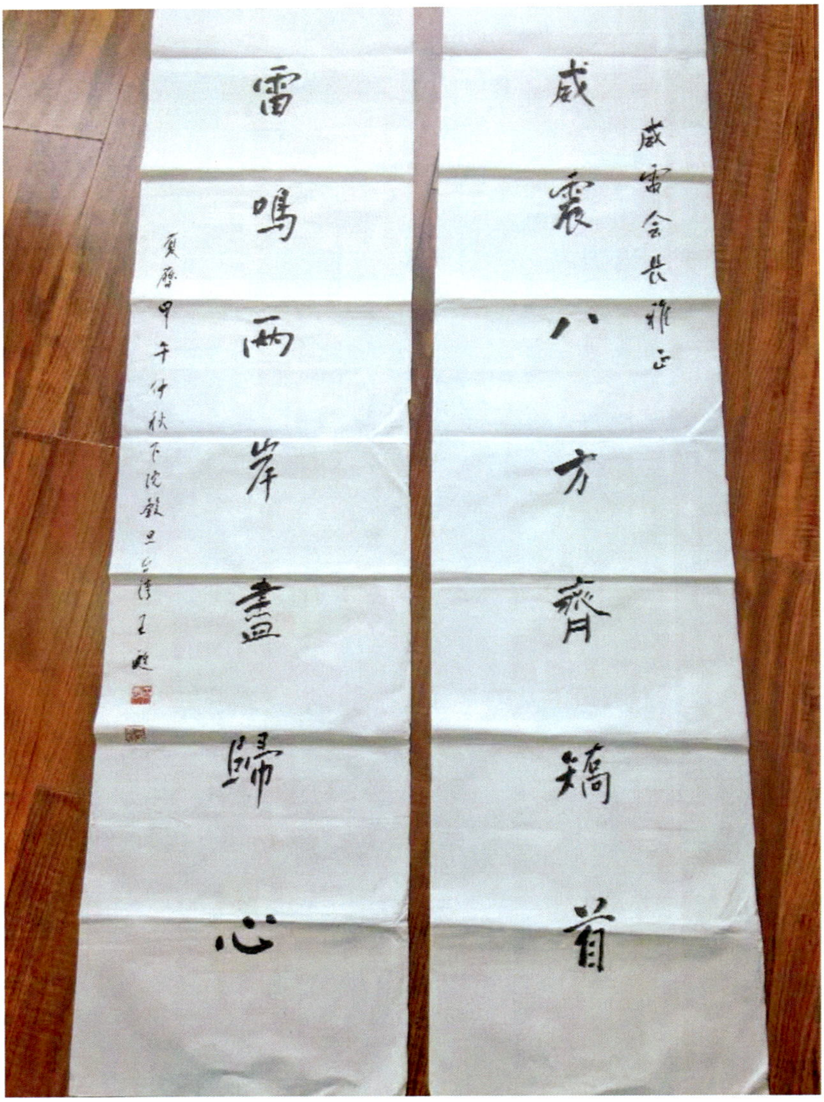

台湾淡江大学王甦教授赠给洪威雷教授的对联

岁月流金

芦文龙 周立生◎编

中国财经出版传媒集团
中国财政经济出版社

图书在版编目（CIP）数据

岁月流金／芦文龙，周立生编．—北京：中国财政经济出版社，2019.7
ISBN 978－7－5095－9048－5

Ⅰ．①岁…　Ⅱ．①芦…　②周…　Ⅲ．①洪威雷－纪念文集　Ⅳ．①K825.6－53

中国版本图书馆 CIP 数据核字（2019）第 113832 号

责任编辑：罗亚洪　　　　责任校对：徐艳丽

中国财政经济出版社 出版

URL：http：//www.cfeph.cn

E－mail：cfeph@cfeph.cn

社址：北京市海淀区阜成路甲 28 号　邮政编码：100142

营销中心电话：010－88191537

北京虎彩文化传播有限公司印装　各地新华书店经销

787×1092 毫米　16 开　20.75 印张　270 000 字

2019 年 7 月第 1 版　2019 年 7 月北京第 1 次印刷

定价：56.00 元

ISBN 978－7－5095－9048－5

（图书出现印装问题，本社负责调换）

本社质量投诉电话：010－88190744

打击盗版举报热线：010－88191661　QQ：2242791300

真诚致谢

不知何时鬓角已染霜，不知何日颜容已沧桑。周立生一声“七十岁啦!”让我一下子明白，人生之路不再漫长。从今年7月开始，决定从工具性人生转向价值性人生。

在高校站了43年讲台，一旦离开，确实心有不舍，如同与爱的人分手，与朋友永别一样依恋和难受。然理性告之我，夕阳总会下山的。

我是从饥荒、学荒中走过来的一代人，没料到赶上改革开放的好时光。这是人生之幸，国家之幸！我不仅活着，而且生活着。因为现实生活中，有三类人：

第一类人是活着，他们只有一条命，性命。为性命的存活而辛苦劳作，承受着身心的煎熬。

第二类人不仅活着，而且生活着。这类人有两条命，一是性命，二是生命。他们工作着，也享受着。诗琴书画，游走天下。

第三类人有三条命，一是性命，二是生命，三是使命。他们不仅活着，生活着，而且奉献着。在我的学生和朋友、战友中，大多数人生活着，也有不少人奉献着，成为中华人民共和国和中国共产党的栋梁，这实在是令人欣慰的事。

人们常言命运，但我认为，说命是失败者的借口。言运，则是成功者的谦词。命运从来是掌握在自己手中，这就看你有无远大志向、明确目标、顽强毅力、豁达心胸、渊博知识、超强能力、高尚操守，能不能勇于吃苦、甘愿吃亏。学生中有的从政，当上了省长、市长、部长、局长、厅长、县长，有的经商，担任了总经理、董事长，有的献身教育事业，做了教授、博导，他们确实成功了。但成功的背后是难言的种种磨难和说不尽的艰辛。因为要在人前显贵，背后必然受罪。

在人生竞技场上，谁没有碰到过或多或少的迷茫、伤感、酸楚、误解、轻视、冷遇，甚至是诽谤、侮辱、暗算？这些东西如果在内心蓄积久了，必会裂变成忌恨、恼怒、仇怨等“易燃易爆”的有毒品。故此应经常对其打扫，从中清理出一片明净清爽来，安置些宽容、豁达、恬静、超脱，让理想更明亮些，让灵魂居住得更舒适些。一个有理想，并追求理想的人，其他东西就会放得很次要，看得很淡，甚至不屑。

所以古人讲，德随量进，量由识长，识由学积。故欲厚其德，不可不弘其量。欲弘其量，不可不大其识。欲大其识，不可不博学。

故此，我至今相信：

一盏寒灯夜夜亮

扬眉吐气自有时

1987年我破格晋升高级职称后，坚持每月进一次书店，一呆就是二、三小时。这个习惯一直保持至今。因为走进书店，你会明白自己有多么的匮乏和无知，多么地需要补充知识营养。

所以在以后的课堂上，我总要给学生开一批阅读书目。因为我确信：

一个人的知识宽度，将决定其职业生涯的高度。

自从读了张岱年、南怀瑾、静慧、海德格尔、伽达默尔、胡塞尔、阿伦特等人的代表作后，就鼓励学生多读、多悟、多写，做一个既会思考又懂得综合“术”与“道”的人。因为这样的人，都会与孔子、庄子相遇。

有好友、诤友问我，你洪威雷凭什么当了23年中国应用写作研究会会长？至今仍然担任国际应用文写作学会常务副会长、中国写作学会副会长？

我说，我有背景！

你凭什么被《应用写作》杂志誉为“我国应用写作著名专家”？

我说，我有背景！

你普通话也不行，凭什么广州、长沙、珠海、杭州、深圳、南宁、西安、泉州、济南、南昌等地至今还在请你讲学？

我说，我有背景！

你外语也不行，凭什么香港大学出全资请你去进行学术访问并讲学？

我说，我有背景！

你又没有过硬的学位，凭什么武汉大学东湖分校请你任新闻学院院长？广州大学聘你为客座教授？

我说，我有背景！

你凭什么被重庆应用写作学会聘为顾问？

我说，我有背景！

为什么你的著作获中国作家协会主席茅盾提字，中国作家协会书记处书记柯岩写序言，文化部陈荒煤部长撰文肯定？

我说，我有背景！

为什么退休后还能主持四项湖北省重大调研课题？

我说，我有背景！

这背景到底是谁???

我的回答是：这背景就是湖北大学！

没有湖北大学，就没有我的今天。一个人如果总认为自己行，从自信到自负，必然会自大。时间久了，就会失重。

同学们、朋友们、战友们：生活本身充满了压力、忧郁、委屈、疲惫、焦虑、纠结、悲伤，人需要读点单纯、自然、舒缓、轻柔、温暖的作品。及时调节自己的情绪、心态。力争把日子过得轻松些、快乐些。

因稿子集中在芦文龙处，加之这一学期的课比以往的多，外出讲学的安排亦多，大家的来稿来不及拜读，但我猜想，肯定是恭维的多，褒奖的多。这一篇篇带着深情的回忆，是对我的一种关心、一种关爱、一种鼓励、一种信赖、一种真情、一种认同、一种鞭策。当我闲暇时，或当我再也走不动了，靠在床头，坐在轮椅上，慢慢打开此书，拿着放大镜细心阅读你们带着感情写下的这些带有温度的回忆文字，我会再次激动起来，一次次地高兴起来，并且不断产生皮格马利翁效应，亦必然会带给我更多的温暖和抚慰。对我来说，这是最大的财富！

这一篇篇的回忆，如同徐则臣在《耶路撒冷》里的一句话：“当回忆变成怀旧时，就已经在审美了。”

我的幸福在哪里，在此书中。我的欣慰在哪里，在此书中。我的快乐在哪里，在此书中。我的价值在哪里，在此书中。

真诚感谢以周立生为首的四人团队，他们是周立生、芦文龙、胡军、金梅。真诚感谢所有撰稿的朋友、战友、同学们。我多么希望时光倒流，能再和你们在一起！

洪威雷 敬呈

2019 年春

目录

洪威雷：攀登应用写作学高峰的人

/湖北大学通识教育学院“学子访学人”社会实践团队

洪威雷，1949 年 7 月出生，湖北新洲人，湖北大学政法与公共管理学院退休教授。曾任湖北大学行政管理系主任，硕士研究生导师，湖北省民政厅干部培训中心兼职教授，新世纪出版社特约编审，《秘书苑》杂志社顾问，武汉大学东湖分校传媒与艺术学院院长，武汉大学《学生成长与综合评价课题研究中心》首席指导专家，广州大学客座教授等职。1984 年至今，先后出版《应用文写作学概论》《读写研究》《公务调研学》《行政文化学概论》等学术专著、教材 34 部，其中《写作技巧教程》一书 9 次再版，《回忆录写作》被 137 所大学作为教材。在《人民日报》《光明日报》《求索》等报刊发表学术论文、评论等文章 248 篇。有的论文被其他报刊、书籍摘录、引用，并收录在专题论文集中。26 次在全国和国际大型学术会议上作专题学术报告。16 项成果获湖北省人民政府和武汉市人民政府、湖北省和武汉市社会科学、湖北大学优秀科研成果奖。32 次主持全国和国际大型学术会议，16 次被邀请在国际国内大型学术会议上作专题学术报告。对中国纪实文学和应用文写作学研究独具见解，曾得到文化部副部长陈荒煤、中国作协书记处书记柯岩、著名作家徐迟的肯定和赞扬。其业绩被《湖北省社会科学界名人》和《世界名人录》收录。

今年暑假前夕，“学子访学人”团队与洪威雷教授相约在湖大政法与公共管理学院访谈。洪教授顶着烈日骑着自行车“奔驰”而来，准时到达，不是想象中老教授的“派头”。他将车停下，转身抬着车上了台阶，丝毫不像年近七十的长者，倒像是一个追风“少年”，访谈过程中，洪教授也充满着年轻人的活力，亲切随和，思维敏锐，精神矍铄，意气风发。

学术之路，痴心以求

用“痴”一字来形容洪教授的治学之路再恰当不过。

洪教授的“痴”源于他经历的苦难。在洪教授的青少年时期，他饱受贫穷与出身成分的困扰，他经历过饥荒、文荒、学荒。但不管他面临的处境多么荒凉，洪教授最终还是坚持了下来。经历过苦难的洪教授极为珍惜改革开放带来的大好时光。在洪教授年轻时，挑灯夜战，熬夜通宵是常有的事。有时他写作到了废寝忘食的程度，甚至忘记了昼夜；有时他在图书馆发现一个很有价值的案例，赶着拿去复印，却忘记了办理借阅手续，导致被保安拦下这样尴尬事的发生；三伏天里，洪教授坚持在教研室进行写作教研，在蚊子多时，他把脚放在有水的脸盆里，竖起衣领，扣好长袖纽扣，就这样坚持着写下去；有时他走路还看书，毫无预料的，头撞上了篮球架；有时他一个人在家，边看书边蘸着酱油吃着馍馍，无意中把放在另一侧的面粉当作调料就着馍馍吃了下去。

洪教授的“痴”表现在他对于他热爱的应用文学术怀揣的赤诚之心。2011 年在香港召开的国际应用文学术研讨会上，洪教授意识到这些用高价请来的美国、印度、新加坡的应用写作专家的发言，仍然停留在写作规范性、技巧性这个浅层次，洪教授勇敢地打破国际学术会议的惯例，果敢地提出要发言，获得大会的主席许可后，即兴作了“应用文写作中的人道、文道、天道”的发言，获得了全场热烈而长久的掌声，该发言先后在境内外三个期刊上同时发表，并至今引领着应用文写作研究的方向。他清楚他在大会上这一贸然举动可能会引起怎样的后果，但是他无法忍受在他热爱的学术方面存在缺憾，是他对应用文写作的满腔热忱指引他就这样不计后果的提出了发言。2001 年，他论证应用写作发展的十三种趋势，八大特征，十大独特作用和撰写者的五项修养，获得了国内外同行的广泛好评。2017 年 10 月在重庆召开的“国际汉语应用文写作学术研讨会上”。洪教授在题为“学习、传承、超越”的开幕词中，提出了今后应用文写作应当处理好六种关系：一是处理好义与利的关系，二是处理好先进性与广泛性的关系，三是处理好洋为中用与崇洋媚外的关系，四是处理好价值导向与利益导向的关系，五是处理好自律与他律的关系，六是处理好继承与创新的关系。以及一大使命，即在“云计算、大数据与互联网联姻后，应用文写作如何跟上时代的大潮，搭建互联网的应用文。”重庆应用写作学会特聘他为顾问。可以看出教授虽已是退休的年纪，仍然紧跟时代的步伐，神采奕奕充满热情的进行着他的学术研究。

无论是发表论文还是进行学术讲座，洪教授都把“诚”作为主旨，先后在《澳门写作学刊》、中央广播电视大学委托内蒙古电大主办的《广播电视大学学报》等刊物上，把“诚”作为应用文写作的灵魂，从“诚恳、诚实、诚心、诚挚、诚然、诚朴、诚谛”七个方面进行了全面而深刻的阐述。这份“诚”不仅指的是应用文写作中的诚，更指洪教授对应用文写作这门学科学术研究的热忱和孜孜不倦的赤诚以待、全心探索。在研究中，他把“诚”与“本”联系在一起，并论证“两本”，即为人本分，有真本领。有了“诚”和“两本”，无论走到哪里，都能立住脚。

正是在洪教授自身的不断钻研之下，他如同一块金子，开始在众人面前闪闪发光。最初的锋芒毕露是在刚刚改革开放的八十年代，随着国家急需人才的要求，自学考试在全国兴起，洪教授主编的《应用写作教程》作为湖北全省行政管理、中文、财经、司法、工商、会计、外语、新闻等多专业的指定教材，在应用文研究领域中起到了特别好的推动作用。接着便一发而不可收拾，洪教授 1988 年 2 月在《人民日报》（海外版）发表的《勤恳掘宝人》一文，被美、英、法、德、日、意等七个国家全文翻译转载；1997 年科学出版社出版了他撰写的《企业使用写作技巧》；2001 年他与王颖教授共同主编了《应用文写作学新论》，该书以“传播应用文写作知识、介绍应用文写作技法、研究应用文写作理论、探索应用文写作体系、提供应用文写作范文、指导应用写作实践”为主旨，获湖北省人民政府优秀教材成果奖；1998 年、2007 年湖北科技出版社和中国社会科学出版社先后出版了他的著作《公务调研原理》和《公务调研学》，首次提出了“公务调查研究中的哲学思考”“公务调研学的科学特征”等一系列话题；2005 年，他与毛正天教授主编的《应用文写作新编》，被中华书局列为“全国统编精品教材”出版。他任中国应用写作研究会会长 23 年，2018 年 5 月，在中写作学会理事大会上，他再一次被选为副会长，由此洪教授走向全国。2009 年 7 月 19～21 日在国际汉语应用文写作学会年会上，洪教授被选为常务副会长，从此他走向了世界。

洪教授的学术成果不是朝夕所得，而是他在苦难中的磨砺和一颗单纯的赤诚之心，使他沉醉于他所爱的学术研究的结果。

教书育人，笔耕不辍

在教育理念方面，洪威雷教授把“因材施教”放在重中之重的位置。他主张在教学中根据不同学生的认知水平，学习能力以及自身素质，选择适合每个学生特点的学习方法来进行有针对性的教学，发挥学生的长处，弥补学生的不足，激发学习兴趣，树立学习信心，从而促进学生全面发展。

退休后，洪威雷教授受聘担任武汉大学东湖分校传媒与艺术设计学院院长时，做出一个重大的决定：凡是在报纸或杂志发表 30 篇文章以上的学生，可以申请不上课，到报社电台或杂志社实习。这个决定在高校是极少见的，也足以证明洪教授因材施教的信心和决心。后来筛选出24名符合条件的学生，洪教授把他们介绍至《长江日报》《楚天都市报》等9家报社实习。其中一人后被新华社正式录用，此事引起省政府和教育部的重视，2012年3月26日湖北电视台对洪教授的因材施教事迹作了较详细的报道。这些正是洪教授重视应用文写作和因材施教的结果。

洪威雷教授2010年任武汉大学东湖分校新闻学院院长留影

洪教授又举例说明因材施教的针对性教育对一个学生终身发展的重要意义。他在应香港大学邀请进行学术访问和讲学时，发现香港大学的学生所收到的新生手册，除了校纪校规、办学理念等条例外，还有特别的一项是：每位新生可以任意挑选一位毕业八年以上的校友，与他联系，并成为师兄弟关系。这让学弟可以从学长身上学习各种优点，并利用其珍贵的资源，也是因材施教的基本实践方式之一。

当提到现代高校教育如何从根本上实现因材施教时，洪教授说，小班教学是最好的出路，理想状态是实现一对几甚至一对一教学。如果英语课采用大班教学，就没有办法实现一对一的口语训练，更不用说老师在课程结束后拿书走人，基本和学生零交流这种情况，这种教育方式不值得提倡。

那不禁有一个疑问：因材施教是否和湖北大学所倡导的通识教育相背离？答案是否定的。在采访过程中，洪教授对湖北大学实行的通识教育制度给予了充分肯定。洪教授用鞭辟入里的例子分析了其中的关联性：西南联大在抗日战争中成为中国高等教育史上的“珠穆朗玛峰”——出现了2个诺贝尔奖获得者，4位国家科技奖获得者，8个“两弹一星”功勋奖获得者，171位院士（包括国内外）。短短8年时间，取得如此卓越的成绩，洪教授认为是知识交叉的成果。所以通识教育的侧重点也是知识交叉，为培养学生独立思考的能力，且对不同的学科有所认识，以至能将不同的知识融会贯通，最终目的是培养出全能型的创新人才。而因材施教与通识教育并不冲突，两者均是不可或缺的教育途径，是相辅相成的关系。同时洪教授在自己的教学过程中，也坚持在教育实践中拓宽学生的知识面和综合素养，意在提升学生在就业上的竞争力。他的研究生芦文龙的毕业论文将法学、文化史学、行政管理学的知识融为一体，这篇15万字的论文被武汉大学出版社出版，浙江财经大学等高校还作为教材使用，该生还考上了哲学博士。

针对知识面的问题，洪教授说道：“一个人知识的宽度，决定其职业生涯的高度。”一个人若想在职业中达到更高的层次，绝非专攻专业知识所能成就。高层次人才往往有一个宏大而渊博的知识体系，这类体系将各方面知识串联起来，不再局限于单方面知识的运用、单向维度的思考，从而可以更加全面、科学地思考一个问题。

洪教授虽为文学专业出身，之后转入行政管理系，但他坦言，知识的交叉对他的职业来说非常重要。文学的积累为他奠定了扎实的写作基础，洪教授在《应用写作》上发表的几十篇文章就是个明证。他将哲学、政治学、管理学引入应用写作研究中，拓宽了研究领域。这些使得他后来在行政管理的道路上越走越宽广，并在学术研究方面做出了更高的成就。当年引起轰动的是，他从哲学角度论证了公文中“抓大放小”存在的问题，《内部参考》2001年7月9日以《从哲学和政治的视角看

“抓大放小”》为题，发表了这篇引起海内外关注的文章，为学子们心系祖国建设发展带了个好头。

洪教授认为，真正有才华的老师，只讲重点难点，在学生自学的基础上，老师将这门学科的前沿、外延，以及国内外最新的动态告诉学生，引导学生自己探索。这就体现了他不局限于所学课程，而重于思维训练和视野拓展的精神。对于学生在学校选修双学位的问题，洪教授认为，选修双学位虽然会有占用时间多、课程冲突等问题，但从长远来看，学一门本专业之外的学科对个人的素质提升有着绝佳的好处。选修双学位的益处不仅仅是拿到双学位证、充实简历，还能通过这种高效率、高质量的方式拓宽自己的知识面，使交叉后的知识发酵内生为创新动力。

书山有路，洪教授以笔为径，开拓出了属于自己的一片天。写作这个爱好贯穿于洪教授的治学之路，在采访过程中就能看出，老先生对写作的热爱，可谓是“书卷多情似故人，晨昏忧乐每相亲”。他的《品茶》发表后，被众多读者争相传颂。

洪教授认为写作能力相当重要，虽读书破万卷，但若没有动笔，读书就是白读了。他告诫同学们，要有意识地将文字变成自己的文章，无论是考研还是找工作，文章都是必要的筹码。洪教授还陈述了他在行政管理专业招研究生的经验，那就是以文章的发表量为重要考核标准，在了解学生的知识面后，综合素养决定最终结果。

黄海涛是洪教授的一个得意门生，大学期间热衷写作。在洪教授指导下，他自大学三年级起就能够以稿酬养活自己，在《中国教育报》《中国青年报》《光明日报》都发表过文章。他凭借写的1600篇文章被《中国青年报》报道，受到珠海市委的关注，直接被录用，现在已经成为处级干部。洪教授眉间洋溢的欣慰神情，大概是他在花甲之年，教书育人之后所回忆起的最大幸福之一了。

培根有言：“读史使人明智，读诗使人灵秀，演算使人精密，哲理使人深刻，伦理学使人庄重，逻辑修辞使人善辩。”洪教授在访谈中反复说道，要多读、多思、多悟、多写。谈话间，他站起来为同学们画图解释："如果你只读一个专业，你只能从事一个职业，如果读了两个专业，就可以从事四个工作，如果你的专业达到了三个，你的能力将是十倍的增长。所以一定要把知识面扩大到三，这其中以哲学为重。"洪教授特别注重哲学的普及，谈话过程中，还热情地为同学们推荐了哲学入门读物——艾思奇的《大众哲学》，以及胡塞尔、海德格尔、伽达默尔、阿伦特等哲学著作。

洪教授的又一重要教育理念是知行合一。"知"是理论上知识的吸收和理解，"行"是实践中知识的运用和精准掌握，"知行合一"才能达到对一项研究足够深入的探求和分析，才能成为洪教授想要培养出来的，国家真正需要的合格人才！

洪教授在指导2005级学生毕业论文时，发现学生王丽娜的论文虽有一个不错的选题，但是内容太过空洞，洪教授反复要求她深入到城市流动人口之中调研，并要求以图表数据为依据进行论文阐述。经过反复调研，一篇名为《城市流动人口管理：政府的服务缺失与重建》的毕业论文，获湖北省优秀毕业论文一等奖；洪教授还带领他的学生到归元寺、长春观进行调研，在这些寺庙调研的过程中发现女人比男人更容易有宗教信仰，老年人比青年人更容易拥有宗教信仰，穷人比富人更容易有宗教信仰等等，由此得出有宗教信仰的人以社会中的弱势群体为主；洪教授最有趣的一次调研是在武汉三镇的公交车上假扮残疾人，比较武汉各个地区人群的让座情况。最终发现武昌比汉口的让座率高，汉口比汉阳的让座率高。由此再归纳产生此结论的各种可能理由。

洪教授就是要通过这一次次的带领学生们实地调研的经历让学生们多思、多悟、多写，让学生们意识到理论与实践相结合的力量才是最强大的。他要求学生治学要有问题意识、价值意识、规范意识、创新意识，所以他的学生中，有的当了省长、市长，有的成为国家的栋梁之材。他领衔的湖北省重大调研课题获省长批示、文化厅发文，全省实施。

洪教授的教育理念体现了他紧跟时代、重视现实的个人风格。《论语·公冶长》中有一句话："闻一以知十。"它指的是学问厚积的人能融会贯通，善于由此及彼。洪教授便是如此，在深厚的知识积累下有着一颗火热的教书育人的心，以东风化雨之情，春泥护花之意，栽培莘莘学子成为傲人之才。

老当益壮，青云之志

洪威雷教授已经年近七十，但是仍然精神矍铄。即使已经到了颐养天年的年纪，洪教授依然放不下他的学术研究，并且如他最初的爱一般，醉心于他的学术研究。

当谈及他的退休生活时，他满心挂念着的仍是他日夜进行的学术研究。洪威雷教授说："每个人的志向不同，我觉得还是应该钻研自己感兴趣的东西。"洪教授是一个视学术如生命的人，终其一生都投入在学术研究方面。所以，退休后的洪威雷教授并没有结束学术方面的研究，甚至比之前干劲更足。退休后的生活让洪威雷教授有了更多的时间研究自己更感兴趣的地方。"以前的研究是为了完成教学与考核任务，受到诸多限制，现在我可以思我所想，做我所思，这更有价值。"现在的时间比较充裕，往年在职做科研时总是有完成任务的性质，必须要发多少文章，要主持多少课题。现在可以把自己的内心的东西讲出来，以推动社会发展，洪威雷教授觉得这一阶段的研究更有价值。洪威雷教授谈及此，内心的喜悦已经抑制不住地表现在他脸上。从中可以看出教授对他研究的内容怀着最朴素的热爱，不掺杂任何功利目的。

问到近十年来教授专攻的公务调研学，教授解答道："公务调研是管理决策所必需的，中国与西方发达国家在调查研究上还有很大差距，随着互联网与大数据的结合不断紧密，调研变得更为重要，只有利用好一切资源，调研才会更准确，最终决策才会更科学。"教授无时无刻不心系天下、以前瞻性的目光怀抱忧国忧民的情怀治学。

教授同样对那些一心逐利，为一己私利做象征性研究的人进行否定。在教授纯净炽热的心里，自然是不会接受这样不纯粹的学术研究。在教授心中，他的学问就是他的爱人，对他的爱人至真至爱，给予它最纯粹的感情，是对这一门学问的尊重，也是对自己研究的艰辛历程的尊重。所以在退休之后，教授的研究成果反而更加丰富。这些研究是教授最大的乐趣，只要可以与学术相伴，教授无怨无悔。

其实洪威雷教授还没有完全退休，和一些完全退休了的老教授还是有区别的。很多与他同龄的退休教师逐渐与时代脱轨，许多老教授退休以后在家带孙子，甚至有的学起陶渊明“开荒南野际，守拙归园田”了，完全断绝了和学术研究的联系，但洪教授却从没有停止研究和学习。洪教授不只是继续进行学术研究，并且非常与时俱进，教授以自己始终不灭的热情紧跟时代的步伐，常常接触新鲜事物，并且愿意将新事物纳入自己的研究之中。为了更好的深入研究，他对逐渐兴起的大数据进行了解，而这些了解是他学术研究所必需。所以，近些年兴起的“互联网 +”、“大数据”之类的比较新潮的领域，洪教授对其也有自己独到的观点，并整理成文，公开发表。

“人的价值，人的才华一分一秒都不能浪费。”在晚年，洪威雷教授退休后仍然笔耕不辍。他先后共主持了 4 项省部级课题，出版了 9 本专著，发表了四十余篇论文与评论。教授专注执着的劲头丝毫不逊甚至更有甚于任职期间。教授就这样在兢兢业业中做学问，在笔耕不辍中朗乾坤。

近年来，洪教授应邀到广西、福建、江西、湖南、广东、山东、浙江等地讲学，除为新入职教师培训讲授《从国学视野看如何做一名优秀教师》外，大多为处级、厅级干部培训讲授《领导干部应具备的综合素质》和《公文写作中常见的问题及其解决的对策》，仅在湖南省委党校、湖北发展改革委员会讲授就有 7 次之多。

洪威雷教授除了搞学术研究以外，最喜欢的便是旅游了。《游褒禅山记》有云：“世之奇伟、瑰怪，非常之观，常在于险远，而人之所罕至焉，故非有志者不能至也。”想要看到常人所看不到的景色，就要去常人所到达不了的地方，这就是旅行的魅力所在。旅游是一个学者人生经历积累的重要方式。洪威雷教授差不多已经看遍了中国的大好河山，除了西藏，其他的地方都已经留下了洪教授的足迹。洪教授在旅行中充实自己，丰富自己的人生阅历。退休以后，洪教授有更多的时间去旅行了。虽然洪教授年逾花甲，但是精神矍铄，身子骨硬朗。“旅行不仅可以丰富头脑，还可以强健体魄。”洪教授建议青年学生，要在年轻的时候多出去走走，锻炼自己的身体，磨炼自己的意志。

教育部在全国遴选五位应用写作专家，于 2011 年 3 月 17 日、6 月 17 日、8 月 12 日参加研讨党政公文写作规范性问题的会议。湖北大学洪威雷教授连续三次当选。是什么原因让一位普通高等学校的教师能如此引来教育部的关注？在 2005 年第一期《应用写作》刊物上，可以看到该刊在庆祝创办 20 周年的专刊上清晰写明“我国应用写作界著名学者、中国应用写作学会会长、湖北大学洪威雷教授”，作为一份全国应用写作核心期刊，对一名学者的修饰词是需要十分慎重和严谨的，又是什么原因在这样一个重要的专刊上，洪教授称得上“著名”二字？以上所述已经为大家提供了答案。

这就是洪威雷教授——一个屹立于应用写作学高峰，仍然在探索着更高峰的巨人。但洪教授很认真地说：“巨人，真的谈不上。但入伍当兵的五年历练，锻造出了披坚执锐的毅力、攻坚克难的性格、凿壁借光的精神，加上高人指点、贵人相助、小人挑刺，才成就了今日的自我。”

学子访学人采访纪要

团队成员：带队老师张程，学生均为 2016 级：电子商务及法律郑俊曼、法学刘欣、法学杜霞卿、法学罗卓然、行政管理邱钰婷、公共事业管理曹丽颖。

采访教授： 政法与公共管理学院行政管理系洪威雷教授。

采访过程： 2017年暑假，我们有幸与洪威雷教授相约湖大本部政法院。和洪教授交谈，让我们感觉如沐春风，受益良多。一位优秀的老师，是这个社会的巨大财富。在如今这个浮躁的时代，潜心学术的人越来越少。而洪教授却始终如一，不忘初心。这让我们这些刚迈入大学校门的学生深受感动。“大学之道，在明明德”，品格的塑造也是大学的重要任务。洪教授让我们知道了，品格比学识更重要。他以自身做表率，告诉我们，怎样才是“德艺双馨”的教育工作者。

洪威雷教授与走访团队合影

我的师父威雷先生

/黄海涛

名不输权，学术传威，如雷贯耳。这便是海内外应用文写作学界的泰斗、湖北大学著名教授洪威雷先生，我的师父。

世事纷扰，红尘迷茫。能认识先生，实在是我的运气：没有先生诲人不倦的领航引导，也许我不是一名斤斤计较的贩夫走卒，就是一介躬耕陇亩的山野村夫，野百合决不会有怒放的春天。

一

我出生在大别山革命老区农村的一个贫苦家庭，自小家徒四壁，食不果腹。其实我读书算是比较笨的一类学生，理性思维迟钝，用现在的话说叫作“学习困难综合症”的，但我仍然相信勤能补拙，并且还妄想笨鸟先飞。奇迹自然没有如期而至，高考放榜，“解名尽处是孙山，海涛更在孙山外”。当心事淹没在流火的七月，当暴风雨摧毁了希望之舟，我只有祸不单行地远走武汉，在一处建筑工地上接受工人阶级再教育，白天汗流浃背扒分挣钱，晚上悬梁刺股自我反省。我痛定思痛暗下决心，“攻关莫畏难，苦战能过关”，自己明年一定要金榜题名出人头地，而且一定要昂首挺胸上重点名校一雪前耻。没有那次刻骨铭心的刺激，也许今生我无缘求学于先生。带着打工挣下的些许血汗钱，第二年我重返战场，高考成绩尚可，但进不了什么名校，我就干脆选报湖北大学，本来想读财经类专业吃饱饭，结果学校却阴错阳差将我分配到行管系，于是乎，无缘的错过，有缘的见过，我就很自然投到威雷先生的门下，真可谓“有心栽花花不发，无意插柳柳成荫”，幸运地成就了我这个竖子。

记得第一次上写作专业课，风华正茂的先生健步走上讲台，人如其名地扫了学生一眼，开始自信而坚定地自我介绍道：我就是叫作洪威雷的，副教授，负责教你们应用文写作，教学相长，希望我们师生合作愉快。那一口浓重的鄂东方言，正是我老家纯正的乡音，忽如一夜春风来，陡然冰释了我与先生咫尺天涯的距离。正当我在暗暗称奇之时，先生问道：在座的同学中可有读过我国四大古典名著的？我举起手来，并自报了家门。先生如同欣赏大熊猫一般看着茕茕孑立形影相吊的我，“硕果仅存，总算没有让我彻底失望”。

接下来，先生把我当作种子选手重点培养，因材施教。他的想法是，既然邓小平在经济上能够让一部分人先富起来，然后再带动大家共同致富，那么，在写作上为什么不让有基础有潜力的学生先写起来，然后再带动大家一起共同写作呢?！实践证明，先生触类旁通，这种匠心独运的教学方式，不愧是远见卓识，高人一等，成效自然不俗。

大二上学期，当听说有一位生物系的同乡居然跨界发展，在报纸上发表了几篇新闻报道时，我便开始蠢蠢欲动，也企图在新闻及其评论方面有所涉猎，当个“两栖”明星学生。先生知道后，不仅没有责怪我没有循序渐进异想天开，反而和颜悦色鼓励道，没问题，你先自己试水一下，且看看你的悟性如何。当然，对于我这样的门外汉，完全没有受过系统的新闻专业训练，确实有点惴惴不安心里没底。但我没有去新闻系听课，而是想靠自己另辟蹊径。于是，一有空我便跑到图书馆，开始废寝忘食地研读报纸，而且一看就是一个月，反复揣摩，未几便将《人民日报》每个版面的栏目设置、题材内容、文字风格、篇幅长短、新闻标题和编辑喜好，竟摸了个八九不离十，并不断进行对标模仿、刻苦练习。我认定新闻就是刚发生的新鲜事，要写好新闻就得讲好故事。我向先生汇报了自己的所作所为，先生欣喜异常：你走的路子很对头，研习方法得当，这说明你在新闻方面的悟性不错，不要受所谓传统专业条条框框的限制；不要怕别人说你在走旁门左道野路子，看准了就大胆地试、大胆地闯，不管白猫黑猫，抓住老鼠就是好猫，邓小平的话在学术上也是一脉相通的。继续努力，你会成功的，我静候佳音。得到先生如此的首肯，我有如六月里喝了雪水一样，备受鼓舞：绝对不能辜负先生的殷殷厚望。

“小马登程嫌路窄，雏鹰展翅恨天低”，不知天高地厚的我决定大胆“弄斧到班门”，竟然直接向《人民日报》投稿问路，我才不要牛刀小试呢。接下来就是象热锅上蚂蚁一样焦急等待，每一天对我来说都是一个漫长的“烤焰”。一个月后，我的新闻处女作《农家唱起卡拉 OK》居然在《人民日报》群众来信专版发表了！初试啼声，开张大吉。先生闻讯大为惊叹：不鸣则已，一鸣惊人。要知道，这可是在校大学生以自由撰稿人的身份独立在当今中国最高新闻媒体发表文章，湖北大学尚无此先例呀。他还告诉我说，你知道我为什么不直接教你新闻写作常识么？纸上得来终觉浅，只有自己探索出来的东西，印象才深刻，经验才管用，才适合自己。故给予恰如其分的引导与恰到好处的鼓励才是你最需要的。原来如此。先生说，你初出茅庐即一步到位地走完了新闻专业学生终其一生也许都达不到的目标，可喜可贺；但可千万别因此骄狂浮躁，下棋找高手，你的对手并非别人，而是要战胜你自己，过了这道关，你将前途无量。这可真是一语惊醒梦中人！先生之功，深不可测呵。

先生对我特长发展的引导把握得精准到位，四两拨千斤，所以才收到事半功倍之效。扬帆启航的日子，在先生画龙点睛式的倾心点拨下，我一发不可收，不断有新作相继在各大报刊发表，至大学毕业时，已有一百多篇计十万余字，一些文章还被香港《文汇报》《青年文摘》等报刊不时转载，而且还创下了湖北地区在校大学生以自由撰稿人的身份在

《人民日报》独立发表两篇文章的记录，且将该记录保持至今。

我担任了学生通讯社社长后，便努力践行先生的执教理念，在我的带动和指导下，行管系新闻写作一时间蔚然成风，文学爱好者如雨后春笋纷纷涌现，学生的文章更是不断见诸各大报刊，成为武汉高校一道独特的人文风景，也让一些新闻专业的教师和科班出身的学生觉得不可思议：洪威雷教授真是“雷人”，别具一格，不同凡响。

二

梦在前方，路在脚下。专注而疯狂地采访写作，酸甜苦辣都曾经有过。实事求是地说，我大学期间，除了先生的课外，我都未上心且经常“身在课堂心在外”，神散而形不散的结果是，一些课程成绩平平乏善可陈，有些还是涉险过关，只是未挂科而已；因为发表文章可以加分，于是每学期我还居然可以拿到甲等专项奖学金，让学友们捶胸顿足大呼“悠悠苍天，何厚于彼”。一些任课老师也经常向先生投诉说，黄海涛怕是给你惯坏了，上课都不作笔记，不知整天在胡思乱想什么，这样下去可不成，你得出手管管才是。先生闻言都是一笑了之。

当然，常在河边走，岂能不湿鞋？麻烦很快不出人意料地来了。我采写的一篇题为《长吻竞赛，重奖千元》的新闻报道在报纸发表后，被《羊城晚报》和香港《大公报》转载，引起宣传文化部门的高度重视，吓得武汉市那家始作俑者惶惶不可终日，打听到先生的住处，怒气冲冲找上门来讨说法：我都招谁惹谁了？你教的好学生点了一把火，我的生意今后还怎么做下去？我要起诉他，教不严师之惰，你也得负连带责任！先生听了哈哈大笑：苍蝇不叮无缝的蛋，请问这条新闻报道的是不是事实？辱骂和恐吓绝不是战斗，你觉得你有胜算赢得了官司么？相反，不用像明星一样花钱炒作，黄海涛同学托你的官司之福岂不是成了新闻人物，而且还有了源源不断发酵的新闻题材？如果你想告，我们奉陪，悉听尊便。此公一下子像泄了气的皮球：洪教授，不打不相识，我收回刚才说的话。您主意多，支支招帮帮我们吧，否则舞厅立马就要关门大吉了。先生抖出了锦囊妙计：你先按政府的要求整改，我让黄海涛再重新从正面的角度报道一下，可化危为机。该老板转怒为喜，遂千恩万谢而去。

在湖北大学，先生就像儿歌里唱的“母鸭带小鸭”，简直成了我遮风挡雨、如影随形的护身符，每每让本应“文责自负”的我逢凶化吉、遇难呈祥。不仅如此。因为先生学富五车才高八斗，写新闻评论和社会纪实类的文章时，我还经常拿先生当访问对象，请他点评发表高见，角色有点类似江苏电视台“非诚勿扰”相亲节目中为征婚者指点迷津的黄涵老师，但先生对义务“特约评论员”一职从不推辞，似乎无所不知什么都懂，每次都现场答疑，且见地都极具专业素养而又新鲜深刻，让我佩服得五体投地：下次更精彩，敬请期待。我经常在想，先生博古通今，声名远播，各大报刊的编辑肯发表我的文章，大约是看中了先生超凡脱俗耳目一新的妙论，而我的文字只是标配红花的绿叶、抛砖引玉罢了。后来，武汉晚报一位资深编辑印证了我的推测：学界大佬为你“点石成金”，不遗余力提携助力，海涛同学是何其幸运之甚！

洪威雷教授与黄海涛合影

三

我是在饥寒交迫中度过高中三年的，到了湖北大学，我依然要亲自出马组织一个单人财务委员会，绞尽脑汁解决我迫在眉睫的生计问题，但收效甚微。口袋没粮，心里就慌。我有些灰心丧气，大一下学期一度准备退学去打工去种田，没有经济基础，作家梦不过是画饼充饥望梅止渴的海市蜃楼。当告诉先生我的决定时，先生心情大恸非常震惊：没有风浪的年华是浅薄的。退却没有海阔天空只会前功尽弃，其实成功与失败往往只有一步之遥，我们来共同努力，就没有解决不了问题；如果半年后仍不见起色，我帮你办退学手续。

先生的话如同教堂的赞美诗，一刹那间，新的意境醍醐灌顶似地激荡着我。是的，我需要“仰望星空”，但更需“脚踏实地”。或许偶有乌云会遮住憧憬的小窗，但越是憧憬，越要风雨兼程，用不变的信念，用加油的实干，在迷茫中寻找智慧，在困顿中寻找出路，在坚定中夯实自信。我点头应声留下，我拿饥饿赌明天，我用文章换此生。先生将我介绍到湖北大学的印刷厂做计时工，并教导说，文章是你安身立命之本，写文章挣稿费也是个办法。到了大学三年级，我基本能用稿费东拼西凑维持生活了。从此，我几乎成了先生家的一员，每个周末，我都要去他家改善伙食，“饱食终日”，好在师母从未嫌弃我这个乡下穷学生，对我总是笑脸相迎，让我感激涕零到如今。

可以说，父母给了我生命，先生给了我未来：于我而言，惜才如命、宅心仁厚的先生不是慈父却胜似慈父，他在人生最为紧要的关头，挽救了我，让我有机会先生存而后发展，让我那险遭退学暗算不体面的命运得以乾坤扭转。

大学三年级时，我写了入党申请书。但对我有成见的个别老师如同赵太爷不许阿 Q 革命一样，百般阻挠。先生很是生气地专门找上学院党委书记理论：不是要根正苗红么？德看主流，才重一技，我们党组织就要吸纳这种未来的精英分子呀！我来当他的介绍人，我愿意为他担保。党委书记无限感慨：用老话说，洪教授你对黄海涛可是爱出了相呵！于是，在先生仗义执言“干预”下，我顺利入党成了先生的同志。

快要毕业了，由于开始实行就业“双轨”制，大多数人一片茫然，不知明天早餐在哪里。一天上午，风头正劲的知音杂志社编辑部主任专程登门拜访先生，想请先生推荐可堪重用的采编人才。先生不假思索地指着我道：近在眼前，这位便可胜任，可能身上有点刺。该主任当场答应“弃瑕录用”。当《中国青年报》对我进行了长篇专题报道后，全国各大报刊纷纷转载，四年寒窗无人问，一朝成名天下知，一时间成为全国高校的“闻人”。先生喜出望外，“苦心人天不负，三千越甲可吞吴”。接下来的事情就顺理成章了，令人垂涎三尺的新华社、省国税局、省教委等二十多家用人单位纷纷主动联系，热情邀请我加盟，创造了湖北大学毕业生辉煌就业的历史记录；特别是时任广东省委常委、珠海市委书记的梁广大同志还委托市委办公室来电问我是否愿意南下珠海工作。先生建议说，去经济特区吧，工资待遇肯定不低，而且珠海毗邻港澳，得改革开放风气之先，可能更适合你发展。我点头称是深以为然。

我想先去珠海探营，当我毕业登程南下时，先生竟然一下子拿出两个银行存折，将平时自己背着师母悄悄积攒的2000元“私房钱”全部取出，交给我作路费：“海涛，穷家富路，只有这么多了，一路顺风啊”！我一时无语凝咽，泪如雨下：先生之恩，真不知今生如何才能涌泉报答！

四

先生治学，高山流水。先生家里，书房之外，客厅、卧室、饭堂甚至于洗手间，到处都是书，风声雨声读书声声声入入耳，家事国事天下事事事关心。先生治学不慕虚名，极为严谨，反对极端的“单纯学术观点”及其闭门造车，坚持理论联系实际，注重调查研究，主张学术研究必须紧扣当代社会现实，与时俱进地活到老学到老而绝不倚老卖老，因而，先生学术之树长青，退休之后，鲜活成果依旧迭出，经世致用，大受全国各地党政机关欢迎，争先恐后邀请他去讲学。但先生从不拿一些不明不白的钱，说些不三不四的话，更鄙视一些非学术性的喧闹。武汉一所名校请先生当二级学院的院长，没有专业师资，却要求招生开设专业课。先生毅然放弃了丰厚的年薪，挂冠封印，飘然而去，以免动摇自己一世清名，落下误人子弟的骂名。

烈士暮年，壮心不已。先生经常说，我的成果不是白纸黑字的学术著作，而是门下的得意弟子。这可就让学生汗颜了：我既未发财致富当老板，又没青云直上做高官。板凳要坐十年冷，文章不写一句空。在珠海党政机关，我一直皓首穷经地从事文案工作。后来，我才通过公开竞争上岗，从幕后走向前台，却“投笔从戎”当了广受诟病的“城管”。但先生可不这么看：行行出状元，事在人为，只有主官才有施展才能的舞台，该是你厚积薄发之时了。为了扶上马送一程，先生还不远千里，一把年纪居然亲临珠海现场，面授机宜；为了尽快出成果，让我这块“金子闪光”，他放下身段，每年都必来珠海为数字城管亲自授课，传经布道；这可是莫大的福气、难得的殊荣。先生是别出心裁把学生当作现实版的“学术”来研究，所以每每切中肯綮，能够成功启迪未来。

也许是“世无豪杰，遂使竖子成名”。三年后，先生果然没有失望，珠海数字城管脱颖而出一举成为广东省推广的标杆，全国业界的示范，成功经验进了住建部的全国培训教材，广东省委的《南方日报》称赞“数字城管是珠海的又一张全国名片”，中共中央的《人民日报》更是浓墨重彩地用了半个版面进行了报道，再次轰动了全国城市管理业界——这可是中国最高媒体第一次出面为长期被妖魔化的“城管”正名。

“问渠那得清如许，为有源头活水来”。过去、现在、未来，从来都是三点连成历史的趋向；而“致敬”式的动人述说，是在珍视着那些终将成为奋斗序篇的过往。“始不垂翅，终能奋翼”，我深知，天上不会掉馅饼，努力奋斗才能梦想成真；我更懂得，为者常成，行者常至。所以成就取得再多也不敢骄傲自满，再靠近梦想也不敢稍有松懈，因为在我的背后，永远站着一位山高水长的智者，那便是于我恩深似海的师父洪威雷先生。

作者现任珠海市城市管理指挥（应急）中心主任

呦呦鹿鸣，示我周行

/廖启涛

在穿越荒漠时犹如驼铃声声的呼唤，在跋涉山陵时犹如圣湖温情的等候。洪老师的教诲和关心，如一束光，曾经照亮学生迷蒙灰暗的路；似一脉火，依然温暖我羁旅尘俗的心灵。

我是来自江汉平原的一介贫寒农家子弟。刚进湖北大学时，母亲病重已卧床数载。母亲的痛苦和父亲的焦灼，以及吃饭钱的紧巴巴、草根出身的自惭形秽等等始终困扰着我，让我如处荒漠，心情灰暗苦闷。

照亮心灵的第一束阳光，来自洪老师。在大一下学期的一堂写作课上，洪老师表扬了我的一篇稚作，并鼓励我修改后向外投稿。当这篇因为思念母亲而随手涂鸦的散文《我是一只风筝》在《武汉晚报》发表时，自己第一次感觉到阴郁的天空有了一抹亮色，茫然的生活有了方向。当时，本不擅文字、天资驽钝的我暗下决心：一定要证明自己，不辜负老师的赏识和期待，也为了母亲绝望中的希望。

课余写作是辛苦的，经常白天实习采访，晚上挑灯夜战。但我又是幸运的，在大学从事业余写作的三年多时间里，当时担任中国应用写作学会会长的洪老师给了深切的关爱和鼓励，经常在课堂上、老师家里和沙湖边，为我开小灶导读经典、指引写作路径、讲述写作经验，并让93级师兄黄海涛手把手地“传帮带”，让我从一个写作门外汉，逐步得窥其法，到大三时即在《人民日报》《光明日报》《中国青年报》等媒体发表100多篇新闻、散文作品。

洪老师不仅传授我写作知识，更重要的是教我为人之道。忝列门墙、与老师相处四年，老师渊博深邃的学识、谦虚大气的品格、丰硕的学术成就、强烈的人文情怀，令我折服而尊崇。他经常以何建新、黄海涛等师兄的事迹为例教导我“苦难是一所大学”，为弟子打开心结，勉励我迈过人生一道又一道坎。世事纷扰，红尘迷蒙，毕业之际老师又反复教导我们要正道直行，守住中国文化的根脉，坚守内心的精神家园。毕业多年后与老同学谈起洪老师，大家都肃然起敬、尊崇备至，多希望能多听一听老师的谆谆教诲。

“呦呦鹿鸣，食野之苹。德音孔昭，示我周行。”而今已毕业 21 年，正如《诗经》里面所说，当年的我如同一只在野外茫然不知归的小鹿，是老师指引我人生方向，教我知识。永远感恩洪老师，衷心祝愿洪老师和师母福寿康宁！

作者系国网湖北省电力公司党建部宣传文化处处长

柿子树下

/戢　学

2018年初秋的午后，又回到久别的湖北大学校园。行走在老文史楼旁（现物电学院大楼东侧）的小路上，经过秋后一场大雨冲刷的天空显得湛蓝湛蓝的，像颗巨大的宝石，两旁数棵高大的柿子树依然并排屹立着，我停下脚步深情地凝视着路口右侧第一棵柿子树，十来米深灰色的树身色彩更浓了，几十厘米的树径似乎又壮了一圈，树冠与对面一棵树冠俨然相互交错成荫，树枝上满挂金黄色的柿子……看着眼前的景象，黯淡了许久的记忆门窗，又一次听到轻扣的声音，不禁想起了发生在那个相同季节的一件往事来。

那是在20世纪70年代中期，大学校园内几个懵懂活泼少年，在那个物质匮乏的年代，经不住那已成熟果实的诱惑，结伴爬上高大的柿子树，采摘那一个又一个眼馋许久的果实。我为了摘下枝头那个又大又圆的柿子时，脚下一蹬用力过猛，“嘭”的一声从树上摔了下来，顿时，觉得天旋地转躺在草地上一动也不动，急得小伙伴们只晓得哇哇乱叫，正在措手无策之时，恰好经过的一个身着军便装的青年人，立即从草地上把我抱起快速向校医院跑去。

“小家伙，刚刚医生仔细检查过只是轻微脑震荡，万幸没有摔在水泥路上，以后可要注意安全噢！”说完这些，朝着渐渐清醒的少年挥了挥手，迈着有力的步伐离去，留给我的是远去的背影。事后，目睹这一幕的父母同事告诉我，那位青年人是中文系教师洪威雷老师。从此，开启了一段我与先生交往的情缘！

时轮不停地行走，少年也在不断成长。他们在各自的轨道运行，不曾想到缘分又一次交汇在大学课堂里，1980 年代初我迎来大学写作课程的第一节课，因为上初中以后一直在外地求学，已有六七年未曾与先生谋面了。上课铃响了，学生们纷纷跑进文史楼东三楼大教室，安静地坐在拐手椅上拿出《写作教程》教材，只见一个熟悉的身影从教室后门走向讲台，定眼一看，啊！教我们写作课的是洪老师。先生依然是那样充满青春的活力，课堂上，他语调激情澎湃，讲授诙谐生动，为我们打开了一扇学习运用写作规律技巧之门。

随着课时的不断展开，我越来越喜欢写作这门课，认真地听、仔细地记。至今，还能清楚地记得两次课案。

其一，先生联系自己实际，谈到在部队写新闻稿如何给文章起个好题目，怎样引起读者注意。他现身说法："我在部队担任宣传报道员时发表在解放军报的一篇报道，素材是部队支农，有一个战士为了给乡亲多挑肥，把老乡的一条扁担压断了，事后战士买了一条新扁担赔给老乡，老乡得知详情后，感动得泪流满面，当年给国民党军拉去当挑夫，受尽压榨欺凌，共产党毛主席的人民军队不仅帮助老百姓，还严格遵守'三大纪律八项注意'，我将在这条扁担上刻下'爱民扁担'几个字，永远不忘人民军队的军民鱼水之情。"题目是《一条扁担的故事》，先生以自己这篇文章为例，从题目的拟定，到具体素材内容的取舍、提炼到文章主题升华，从理论到实际为我们以后如何写好新闻稿作了很好的示范。

其二，讲授到文章结构章节，先生强调应在广泛收集材料的基础上，拟好提纲并从中重点渲染源于生活的奇闻奇事。他从祖国丰富的文学典籍中筛选出柳宗元的《贺进士王参元失火书》一文，详细进行了分析和讲解："该文能够收入《古文观止》书中，就在于奇；按常理朋友家发火灾应及时慰问才对，他却违背常理去写贺书，一下子给读者抛出悬念……"如此深入浅出见之有物的讲演，加深了学生对讲述概念的认识和理解，让我们懂得文章奇妙所在。三十多年过去了，聆听先生娓娓道来仿佛就在昨天。

《写作教程》科目教学结束了，并没有中断我与先生的密切联系，我经常到先生家中请教并不时把平常写的习作请先生指点。1980 年代后期先生教学、社会活动日益繁忙，每次先生总是耐心评论并提出修改建议，面对后辈表现出足够的耐心和细致，从不觉得自己已是著作等身、身居写作教育界名家之高位，其谦逊、平易近人之美德可见一斑。

毕业之际，一个傍晚，我特地来到沙湖之滨先生家中辞行，七月的江城流星似火，先生提议到沙湖走走。湖堤上柳枝轻拂，湖面吹起的热浪阵阵，师生俩走在湖堤上，面对即将步入社会的学生心里是忐忑不安，向先生提出："老师，请您再传道一次吧！"先生回答："谈不上什么传道。首先，祝贺你即将成为工业局干部学校一名理论教员，我们以后可是同行哩！在你踏上新的工作岗位之际，结合我当师直属宣传部新闻报道员到当大学教师的经历，对这些年来的人生感悟谈两点：一是，文科生应勤于阅读、勤于动笔，活学落实到妙用上；二是，有了知识的宽度，才能拥有职业生涯的高度。"直到月亮已露出脸儿，星儿点点布满苍穹，师生俩还在交谈，先生好似许多、许多还未讲授完，学生好似许多、许多疑惑未求解透……

1991 年，已经是我担任理论教员的第四个年头。春季刚开学，就接到一封来自先生的信函，请我加入他的系列专著创作团队，我仔细看了创作提纲，揣思自己功底不够，迟疑未决期间，又收到一封先生的来信，信中对我的"才华"大加肯定，并坚信我能做好。在先生的勉励下，围绕创作计划，大量阅读、收集相关资料，根据自身几年来对武汉市轻工业行业所做调查研究，放在著作实例中，完成了《应用写作》《秘书学》等三部国家一级出版社发行著作。

正是先生的勉励和鞭策，我逐步养成广泛阅读和认真思考的习惯，这为日后的文字工作打下良好的基础，并能适应不同工作环境的需要，很好地完成理论教育和行业干部学历教育工作，并积极进行行业调查研，形成来自一线调查报告，为轻工业局领导决策提供基础依据，所教授的《写作》《哲学》《政治经济学》等课程深受广大学员欢迎，成为学校优秀青年讲师和工业局社会实践调查优秀工作者。

1994 年 8 月，已任教七年后的我调入金融战线工作。面对从国有银行向国有股份制商业银行转轨的初始，这样一个全新的工作领域，改革之路错综复杂，作为分行人事管理一员，我积极参与辖内绝大多数网点调查研究，从产品分析、成本核算、网点选址、干部员工配置诸多方面逐一选样调查，写出各类调查报告供行领导甄选决策，为银行分支机构合并转型作出有力支撑，被分行及市、区评为优秀人事干部，并于世纪之交被选派到省直支行担任负责人。在中国共产党成立八十周年之际，省分行党委授予优秀党务工作者荣誉称号。

回顾三十年来，能够不断得到成长和进步，获益于中国伟大的改革开放，自身能够有幸参与其中，把所学知识服务于国家，贡献一份微薄之力。感谢伟大时代赋予的历史机遇！感恩父母的精心培育！感谢师长的谆谆教诲！

人的成功不在于做多大的伟业，拥有多少财富，而在于为国家、为社会、为家庭竭尽所能。只有不断丰富自身，从细微之处的小事做起，并兢兢业业做到最好，力求更大地、更多地回报国家、社会、家庭，方能实现更大的人生价值。

回忆，它活在于过去，存在于现在，却能影响将来！

时光匆匆流逝，过去的岁月已渐行渐远。宇宙浩瀚、芸芸众生，万事万物复而周始，呈现出色彩缤纷的大千世界，人生总会有一段经历、一段往事，留存在人们内心；总会有一帧画面，化成难忘的记忆。定格在柿子树下演绎的一幕永这铭记于我的心中。常言：读书破万卷不如行千里路，行千里路不如阅人无数；阅人无数不如名师指路。经师易得，人师难求！能有缘分几十年与先生同行在人生路上，甚幸！路正长，还期不断得到先生赐教我于迷雾之中！

作者系湖北大学中文系 1983 级学生

现供职于中国银行湖北分行

一次恩施之行的意外收获

/田绍文

2004年秋，我奉命赴恩施进行为期一周的采访和调研。说来也巧，从分管领导那里得知，我大学时代的写作学老师，中国应用写作学会会长、湖北大学教授洪威雷先生在此期间正好应湖北民族学院院长之邀，到位于恩施的该校讲学。当时极想邀请老师与我同行，但又担心他不肯纡尊降贵，经受十余个钟头的山路颠簸。不想，接到我的电话后，洪老师只询问了一下去恩施的时间和方式后，就愉快地接受了我的邀请，并且当即与对方协商好了到达的时间和方式，让对方退掉了早已预订好的火车票，和我一道乘车前往恩施。短短一周的恩施之行，给我带来了不少意料之外而又终身难忘的收获。

出发那天早上，天气晴朗，秋风送爽，便于出行。为了节省时间，洪老师并未要我们去他湖北大学寓所接他，而是自己打出租车赶到省民政厅车队，令驾车的小马师傅感动不已。因在省民政干部培训中心担任兼职教授多年，洪先生和多次承担接送任务的小马师傅并不陌生，两人只简单地客套了几句“今天又给您添麻烦”“能为教授服务感到很荣幸”之类的话后，车子很快就上路了。

车子一出武汉市，上了高速公路便一路狂奔，沿途江汉平原美丽的景色我们都来不及悉心欣赏。临近晌午时分，著名的野三关镇就展现在我们的眼前。这野三关是武汉经汉宜高速公路到达恩施的必经之地，有关资料记载：“野三关是北纬30°线上自江汉平原进入中西部的第一个海拔制高点，是离东部最近的西部，离平原最近的高山。”

小马师傅提议，按惯例武汉与恩施间往来的车辆基本都在野三关稍作停留，便于进餐并为车子加油。我和洪老师表示赞同，于是车把我们送到一家名为“姊妹餐馆”的小店后，便径直到附近的加油站加油去了。小餐馆规模不大，但显得干净、雅致，颇有土家风格。老板热情、爽朗，谈吐不凡，说起店名的来历，笑得前仰后合。原来，按照当地的习俗称谓，兄妹、姐弟皆称“姊妹”，而非专指“姐妹”。他们兄妹几个乘改革开放的春风合伙在此地开了一家餐馆，全家从此过上了虽然辛苦但却丰衣足食的幸福生活。后来，弟妹们各自开了新店，老店名留给他这位兄长继续沿用，所以，便成为人们取笑“姊妹饭店”无姐妹的谈资。

在姊妹餐馆吃完午饭后，我们休息了一会儿，准备继续赶路。没走多远，迎面过来的车辆告知前方不远处遭遇山体滑坡，有几辆外地小车被土石掩埋，乘员生死未卜，当地正在组织抢救人员，抢修公路。这一消息令我们大吃一惊，若不是在野三关镇上稍事休息，我们一行极有可能赶上这场灭顶之灾！

正在我们庆幸此行幸免于难之时，我们在回头路上不巧又遇上了地处悬崖的一处路基出现了垮塌迹象，剩下的路宽仅容一车通过。临近危险地段，小马师傅让我们几人下车步行，他一人独自驾车通关，我们暗中不禁为他捏了一把汗。就这样人车紧贴山边谨慎前行，总算顺利地过了险关。

连涉两险，洪老师处变不惊，泰然自若，一边安慰我们说“没事儿，退回去后绕道而行也花不了太多时间”，一边讲他以前了解到的一些关于民政工作的故事给大伙儿压惊。记得有一个故事，说张牢生厅长到恩施检查指导工作，回汉的路上，快到宜昌市时，为不给当地民政部门添麻烦，让司机把车开到离公路不远的一个小山村的村头，带着一行人步行到一户农家了解灾情，顺便看看能否就地解决午餐问题。朴实热情的村民把他们当成乡上的领导，硬要留他们吃午饭，说话间吩咐家人从墙上取下腊肉准备加几个菜。看到乡亲们盛情难却，而且的确也到了吃饭时间，张厅长不好推辞，于是顺势说道："那好，答应我两个条件，一不加菜，二请按规定收费。"就这样简简单单地吃完午饭、付完餐费告别主人一家后迅速赶回武汉。后来，主人听说来人是湖北省前省长张体学同志儿子、省民政厅张牢生厅长时，不觉大吃一惊，逢人便说："跟他父亲一样，没有一点架子，真是党的好干部！"

第二个故事，说的是张厅长带人下乡落实救灾政策，车子陷入某地路中泥坑出不来，一行人焦急万分，却又无计可施，路过此地的群众看到有小车在泥坑中动弹不得，抱着看笑话的态度阴阳怪气地你一言我一语，张厅长听了也不气恼，耐心而又和蔼地对大家说："各位乡亲，我们是民政部门下乡落实救灾政策的人员。"话音未落，一群人争先恐后，推的推，拉的拉，硬是把小车从泥坑里拽出来了。在乡亲们心目中，民政人是为老百姓排忧解难办实事的人，从不对人民群众搞"吃、拿、卡、要"之类的那一套，现在他们遇到难处了，应该挺身而出，真诚相助。

讲完这两个故事，洪老师深有感触地说，多么好的人民群众啊！作为党的干部，身为人民的公务员，我们只要能做到心为民所想，利为民所谋，权为民所用，人民群众自然会和我们心连心、共进退、渡难关、办成事。我们有什么必要将他们视为洪水猛兽，令他们动辄得咎？现在有的地方干群关系十分紧张，洪老师认为当地的干部应负相当大的责任，他说自己在讲课时曾当着许多干部的面直言不讳地这么说，对此，我深表赞同。

小汽车在蜿蜒起伏的盘山公路上一会儿盘旋而上，一会儿顺势而下，在即将到达恩施市区的一道山谷里，忽然发出"嘎嘎"的响声，我们心头为之一紧。小马师傅连忙把车停在路边，打开车盖进行仔细检查。洪老师走下汽车，环视四野，说道："景色不错啊！你看，明月当空，月光皎洁；凉风习习，令人神清气爽呢。"我正感叹此行一波三折，险情连现，不料他竟雅兴大发，以浓重的家乡口音念起了李白的五言古诗《关山月》：“明月出天山，苍茫云海间。长风几万里，吹度玉门关。”念到这里，他又开始评论：“仅此开头几句，即可见此诗气势雄浑，境界开阔，足以惊艳世人，震古烁今，尽管它不过是一首抒发离人思妇之情的诗歌。”紧接着，他又继续借题发挥：唐代诗人赞秋月、咏秋露的诗句数不胜数，如李白《峨眉山月歌》“峨眉山月半轮秋，影入平羌江水流”一句即颇有诗情画意，张九龄的“海上生明月，天涯共此时”，李峤的“他乡有明月，千里照相思”，不知引起多少客居异乡人们的共鸣；杜甫“露从今夜白，月是故乡明”（《月夜忆舍弟》）激荡着游子对故乡的深切思念。总之，观秋景、赏秋月、赞秋露、增秋兴，对于文人雅士来说，简直是一种难得的享受啊。

正在洪老师面对着山谷、明月、险境大发感慨的当口，小马师傅站直下蹲了很久的身子，用毛巾擦了一把满脸横淌的汗水，笑着说：“修好了，修好了，请教授上车喽!”我们一边笑称他是年轻的“老师傅”，一行人迅速地上了车，赶到恩施时，已是晚上九点多钟了。恩施方面的接待人员得知我们一路险情后，不禁大为惊讶。

当晚，我躺在招待所的床上，辗转反侧，久久难以入眠，有一个问题老是想不明白：遇到同样的险境，洪老师为什么能做到如此淡定，若无其事呢？在随后几天的几次活动和闲聊过程中，我总算找到了问题的答案。

在我的采访活动和调研活动结束后，洪老师推荐我到湖北民族学院作一次关于新闻写作方面的学术报告，对象为中文系学生和青年教师。为了让这次活动达到理想的效果，他真是煞费苦心，怕我有“轻敌”思想，他说这里的年轻人普遍好学上进，基本功相当扎实，没有一定的实力是很难征服他们的，小心被轰下讲坛呢！另一方面，担心我产生畏难情绪，他又鼓励我说，你在武汉等地的高校都讲过多次，还怕在恩施的高校开讲吗？事后，洪老师告诉我，据了解，学术报告厅里座无虚席，中途无人退场，反响很好。我知道，老师对我关怀备至，这是他在鼓励我，以后要倍加努力，以不负恩师的厚望。

为了给当地的旅游开发提出一些意见和建议，恩施方面诚邀洪老师参观几处风景名胜和刚开放的土司城。我在陪同参观的过程中，对全国唯一一座规模最大、工程最宏伟、风格最独特、景观最靓丽的土司文化标志性工程不以为然，小声嘀咕了一句："都是些假玩意儿！"洪老师闻听此言后，立即正色道："话可不能这么说，土司制度从兴盛到消亡，虽然不过数百年，但它毕竟真实存在过。我们看到的土司城虽然是新建的，但它是根据历史的记载艺术地再现真实的历史，作为一处重要的景点，它突出民族特色，展现民族风貌，对传承民族文化、促进民族团结和地区发展，必能起到多重积极作用。"

无论谈及哪种事情，洪老师总是金句不断。谈与人相处，他说要看人长处，记人好处，帮人难处，谅人错处。谈成功之道，他说必得高人指点，贵人相助，爱人支持，小人监督。谈文人相轻，他说大家都遵从"仁义礼智信，温良恭俭让"十字信条，相轻变相亲。谈遇事不顺，他说事出反常必有妖，蹊跷之处定有因。谈读书思考，他说读书多，就能站得高，看得远，想得通，看得开。谈言论自由，他说不懂时别乱说，懂得时刻别多说，心乱时慢慢说，没话时就别说。谈幸福生活，他说心中无恨，脑中无忧，生活简单，多些付出，少些期待。

总之，洪老师偶有所言，必臻绝唱，使人有如醍灌顶、茅塞顿开之感。

为期一周的恩施之行很快就结束了，我如期完成了自己的采访和调研任务，但和洪老师一起经历过的所见所闻所思所感却始终在我脑际萦绕。今年适逢恩师七秩华诞，故特写就这篇短文，以表达我对洪老师的怀想、景仰和感念之情，衷心地祝福他青春永驻，福寿绵长！

作者系湖北大学中文系 1979 级学生

初心常在

/孙　旋

记得第一次见到洪老师是 1982 年的 9 月，那是我成为武汉师范学院（现为湖北大学）中文系学生的第一个学期。来自湖北各地热爱文学的精英荟萃，结为四年同窗。和所有初次踏入大学殿堂的学子一样，对大学校园尤其是大学老师充满好奇与期待，在由文学史、文学理论为主的中文系课程里，有一门写作课，而写作课的老师就是洪老师。相对于文学掌故不断的文学课堂，写作课在内容的趣味性上优势欠缺，但是洪老师的写作课却别有情调，引人入胜。

三十年前，洪老师正当年富力强的青年时期，上课时精气充沛、激情昂扬、风趣幽默、个性鲜明。洪老师上课特别有激情，声音大且富有节奏感，还伴有丰富的肢体语言，学生上课打瞌睡是万万不可能的，但洪老师方言明显，普通话不容易懂，上课间曾自嘲自己方言难懂，说自己的新洲话难懂只是第二，第一是黄（fang）陂话（fa），然后洪老师就快速举例说：黄（fang）陂人民广播电台现在开（ga）始广播，引起同学们哈哈大笑，课堂气氛一下就活跃起来。有一次，洪老师讲到语言的生动性时，举了一个例子，说的是女性脸上粉扑太多不好看：粉多了，不能抹，一抹粉直落；粉多不能笑，一笑粉直掉；粉多不能抠，一抠几条沟。这段文字经洪老师用方言普通话说出，加上手势配合，显得生机盎然，活灵活现，顿时一股浓郁的生活气息扑面而来。

还有一件事，有次洪老师讲到写人这个章节，告诉同学们要找人最显著的特征来描写。课后布置了作业，每人以“药罐子”为题写一篇作文，但因为洪老师的方言普通话，有同学听成“油罐子”即油壶，写了一篇状物文章，洪老师批阅如下：文不对题，但对油罐子描写很形象，89 分。洪老师的真率坦荡和对学生的体恤爱护也依然温暖着我们。时隔多年，同学们每每谈到这些，都会会心一笑，仿佛回到昔日的大学时光。

大学毕业后，自己也成为一名中文老师，时常会从《写作》《应用写作》《秘书》版等学术刊物上看到洪老师的论作，洪老师在《光明日报》《人民日报》为写作发声发力，在以不懈的努力为写作领域开辟了新天地，成为我国应用写作界著名学者。每每看到洪老师的创作，感佩的同时也倍感自豪。

前两年在一次学术会议上巧遇洪老师，六十多岁的洪老师并没有太大变化，仍是容光焕发，充满活力，发言思路清晰，中气十足，走路健步如飞，精神饱满，许多年轻人都自愧不如。开会间隙，与洪老师聊起在湖大读书时的往事，时隔三十多年了，洪老师对中文系八二级的很多同学记忆犹新，仍能如数家珍，一一道来。会议结束那天，洪老师偶然得知我颈椎不好，立马要教我一种有利颈椎病康复的健身方法，但因当时临时有事，洪老师说第二天早上在酒店餐厅教我具体方法，第二天早上我要返程，急性子的我早早吃了早饭，没有等洪老师就离开酒店直奔火车站。火车启动时，收到洪老师发来的短信，说早上去餐厅没有看到我，估计我已离开，所以短信告知颈椎健身方法，并一再嘱咐要注意锻炼，保重身体，心情舒畅。看到长长的短信，心里又愧又暖，没想到自己的随口一说，却让老师牵挂于心，劳神费心，老师不辞劳苦一字一字打出短信，让我倍感温暖。洪老师的真诚热心从未改变，老师的重情实在也犹如从前。

喜闻今年洪老师七十岁寿辰，老人家至此已执教四十三周年。洪老师对教育事业的拳拳之心殷殷之情，对后辈的爱护关怀培养扶持，对学术的敬畏执着锐意进取，一直是我们做学生的榜样和旗帜。值此之际，衷心祝愿洪老师健康长寿，家庭幸福！春晖映大地，桃李遍天下！

作者系湖北大学中文系1982级学生
现任湖北经济学院新闻与传播学院教授

好老师是一束光

——记洪威雷老师二三事

/周　勇

二十八年前，我刚步入湖北大学行政管理系，那时候洪威雷老师教我们应用文写作。

记得那时的洪老师如父。如父一般慈眉善目，满脸都是慈爱。如父一般操心关切，满眼都是关爱。我大一时，由于体质比较弱，不经意还被送去住了几天医院。回学校后，下定决心要好好锻炼，增强体质，所以决定晚上到学校操场跑步。记得有一天在操场上遇到洪老师，洪老师笑呵呵地陪我走了两圈，边走边交谈，说自己有朋友在医院，问我需不需要他介绍去做个体质检查看看如何调养。虽然只是偶遇的交流，但洪老师的这份关怀，我至今仍记忆犹新，心存感激。

记得那时洪老师的课堂生动、实战。印象中的洪老师每次给我们上应用写作课都是满面笑容，带着浓厚新洲口音的普通话总是那么铿锵有力、抑扬顿挫，节奏感强。上洪老师的课，从来都没有睡意。还记得洪老师给我们讲调查报告的写作，他用的都是自己写的调查报告案例，结合亲身经历讲自己如何作调查、谈自己写调查报告的感受，以及写出来的调查报告所起的效用，娓娓道来，感觉每堂课都时间过得太快。那时我的感受就是身体力行，知行合一是做好学问、当好教师的要义，对洪老师的作为也是肃然起敬。

应用文写作基于“写作”，重在“应用”。感恩洪老师将我引入应用文写作的殿堂。写作不仅是一种能力，也体现了一个人的素养。文如其人，应用于此，也是不为过的。如应用文一样，做事要踏实，做人要朴实。在大学学习期间，学的不仅是应用文，也是一种言传身教，知行合一。现在自己也是一名高校教师，深知言传身教的要义与知行合一的大义。

大学毕业后到高校工作，由于所学专业及学识，学校开设了应用文写作的课程，我是主讲教师人选。作为大学学习的一门课，工作了以此“谋生”就要教这门课，对我而言，确是一个挑战。但好在有专业的自信，有洪老师的强有力的后盾，用着洪老师编写的应用文写作的教材，践行洪老师教授的学识与技巧，那种教学的自信满满，足以填补年轻气盛的我初上讲台的缺憾。

除了授之以鱼，洪老师还传授给我另一种渔。带着我做应用文写作的相关研究与教学。最初工作的那几年，与洪老师一起编著了《应用文写作学新论》（中华书局）、《事务文书写作》（北京师范大学出版社）等应用文写作的书，还在《应用写作》杂志发表了数篇写作文章，如《公文修改“六看”法》《合同写作“三择”与“三看”》《商务洽谈纪要写作刍议》《商业计划书写作刍议》《人力资源工作说明书的写作》《经济管理类报告中的图表运用及选择》等等，这些文字成果，成就了我较早地通过写作切入教学研究相长的模式，成就了我高校教师职业生涯顺利发展之路。还要提及的一件事，就是现在由于专业发展的变化及自身的发展转型，应用文写作的课程不再在学院作为选修课开设了，其中原因之一，就是有的主任指导系学生选课时，就说，不是周老师上的应用文写作，就不用选修了。虽然，对此我颇遗憾，但是也颇自豪，因为从某个方面看，我的这门课程还是教得非常好的，学生不仅是选课，还是选老师呢。每每回忆这些过往，情不自禁地要感恩敬爱的洪老师，感恩老师无私的指引与提携！

虽然从湖北大学毕业了，但是我一直很自豪，我是地地道道的“湖大人”，前前后后在湖大十年的求学经历，使我秉承了湖大的优良学风与校风。作为湖大家属，住在湖大，也与洪老师偶有不期而遇。每次遇到洪老师，听到的都是鼓励与赏识，他是用这种赏识来激励我更加努力，更上一层楼。我发表了文章，电话中会有洪老师的祝贺；我学会了驾驶技术，言谈中会有洪老师的帅气赞赏；我评上了教授，面谈中会感受到洪老师的肯定与喜悦。每每想到这些，不禁深深感谢洪老师的栽培与持续的关注和鼓励。

我想，洪老师是一束光，威雷之前的那道闪电，点亮天空的那束光，指引行程的那束光，照亮前路的那道光。

作者系湖北大学行政管理系 1995 届学生
现任武汉科技大学教授

大学学什么

/周立生

2019年是恩师洪威雷教授七十寿辰，也恰逢家母七十寿辰。父母给了生命，恩师指明前程。我们这一辈人生长于社会大变革的年代，经历了早年的贫穷和无知，到青年的狂野，直到中年的淡定或漠然，能否做到不惑不敢说，但知天命是必然的。对于七十年代出生的人而言，上不上大学对人生是决定性的，虽不一定登得了“天子堂”，但大多是通过大学这条路径脱离了“田舍郎”的命运，我们这一辈人，甚至洪老师那一辈人都是通过大学学习改变了人生命运。时代在发展，我们现在面对的一个问题是，当超越了谋生和就业这一基本需求后，大学应该承担什么样的功能，假设把大学作为一个拟人化的工厂，它应该产出什么样的产品？或者换一个说法，当闯过独木桥的万千学子，进入人生下一个重要的中转站，他（她）们应该从大学获得什么样的动能？笔者不是教育工作者，也不敢对教育体制妄加评议，只是结合现状，发表一点看法。

蔡元培先生对大学有一段经典名言：“大学者，‘囊括大典，网罗众家’之学府也……此思想自由之通则，而大学之所以为大也。”当今网络社会，“囊括大典”对很多大学都不是什么难事，学生学习的途径和选择也很多，“网络众家”则是相对意义上的事情。总而言之，在大学要好好学习，纵然学校和专业千差万别，但学习的路径和方法还是相通的。

第一，博学通识。中国自古就主张做学问应“博学之，审问之，慎思之，明辨之，笃行之”（《中庸》），西方发达国家通识教育（General Education）很早就进入到高等教育体系，我国真正意义上的通识教育是近十年来的事情。我们在相当长的一段时间，高等教育太过于强调学科细分，过于强调专业。比如医学专业，我们过去就有 7 年一贯制的临床医学专业，而西方医学院的学生本科基本都不是学医的，但要求本科必须有扎实的综合教育。非常荣幸的是，在大学期间，尽管我们也是一个很细分的文科专业，但学校前瞻性地开展了类似的通识教育，当时叫做交叉学科教育，给我们这些文科专业的学生讲授物理学和数学的系统体系和思维方法。虽然我们对一些高深的理论并不能弄明白，甚至对一些概念也是一知半解，但这些课程扩大了我们的知识面，开拓了我们的视野，我们在工作中也尝试用系统的思维思考宏观问题，用规范的方法解决具体问题，终身受益。博学通识的功效是多重的，笛卡尔就说，“语言文字，是通晓古书的必要条件；寓言里的机智，可以振聋发聩；史传上的丰功伟业，可以激励人心；精研史册，可以有助于英明善断；遍读好书，有如走访著书的前代高贤，同他们促膝谈心，而且是一种精湛的交谈……雄辩优美豪放与伦比；诗词婉转缠绵动人心弦；数学有十分奥妙的发明，用处很大，既能满足好奇心，又能帮助各种技艺，减轻人们的劳动；宣扬风化的文章包含许多教训、许多箴言，劝人淑世为善；神学指引升天大道；哲学教人煞有介事地无所不谈……博学旁通，连最迷信、最虚妄的东西也不放过，是有好处的，可能知道老底，不上它们的当。”（笛卡尔《谈谈方法》）

第二，阅读能力。阅读的重要性已经取得广泛的社会共识，在西方一流大学都有长长的书单，不同学校因其历史和学科体系的差异，书单也不同，这些书单都是本专业之外的经典和流行读物。因此，阅读不仅仅一种文学属性，它是系统提升人文、历史、自然和科学素养的必经渠道和工具。有研究表明，我国中小学生的阅读量大概只有同期美国小学生阅读量的六分之一，估计大学生的阅读量也不会好到那里去。从专业教育的角度，一篇严格的论文，仅仅就“文献综述”这一项就需要大量的阅读量来支撑，没有对本专业或本领域文献的全面掌握是写不出符合要求论文的。阅读量是基础，海量阅读的背后，是要具备系统的分析、归纳、提炼和总结能力，没有这些能力做支撑，阅读就是无效的，最多就是一些零散知识点的记忆，形不成自己的思想和方法，也写不出高水平的论文。在大学期间，洪老师每门课程基本上都给我们列有阅读书目，书目除覆盖本课程或专业外，还涉及相关专业甚至不相关专业。

第三，写作能力。20 世纪八、九十年代是文人辈出、文学繁荣的年代，每一个大学生都可以自诩为文学青年，都有一个文学家的梦想。那个时代毕业的大学生都自觉不自觉地进行写作训练，写作的基本功是相对扎实的。洪老师是中文专业大家，教授我们写作课虽然信手拈来，但对我们要求极其严格，基本每节课都有课后写作小作业。我们写的东西洪老师都认真批阅，质量较好的鼓励大家向杂志报刊投稿，在本科期间，同学们发表文章也不是什么稀罕事。有的学生硕士研究生期间就能发表专著，与洪老师的倾力教育辅导是分不开的。反观当前，硕士研究生在就读期间能发表一篇科研论文已经是凤毛麟角了，当然现在毕业的学生，也有优点，PPT 做得眼花缭乱、美轮美奂，但一篇 word 文档的文章都写不全，“诗人”或“文学家”更是绝迹了，不能不说是一种遗憾。写作能力其实是一个人学习能力、阅读能力、逻辑能力、语言能力及组织能力的综合体现，写作能力的培养也是一个系统的过程。我国虽然从初小学阶段就开始作文（写作）训练，但基本上是以叙事为主，论文也是以“八股文”式的三段论，主要还是为应试服务的。在西方发达国家，中学生就开始培养专题甚至科学研究的论文写作，这不仅能提升学生的人文情怀，也能提高学生的科学素养。

第四，方法论。在我的印象中，洪威雷教授是第一个在课堂上提出大学学习的核心是方法论的学习这一观点的，他指出方法论主要包括学习的方法论、研究的方法论、工作的方法论。可以说，方法论的学习是提升通识水平，提升阅读能力和写作能力的“加速器”，好的方法论的确可以做到事半功倍的效果。洪老师的专业授课虽然以写作为主，但是在他的课堂上经常出现伽达默尔、黑格尔等哲学巨匠的思想，引导我们从哲学的角度，尤其是方法论的角度去思考问题，不仅仅是写作问题。方法论的重要性正如笛卡尔所说，能“使人的知识不断增长，一步步提高到人的平庸才智和短暂生命所能容许达到的最高水平”（笛卡尔《谈谈方法》）。

离开学校已经二十多年，大学也在发生翻天覆地的变化，学生的学习条件和环境更加优越，他们的基础素质也更加优异，但面临的社会竞争也更加激烈。不管是学生还是家长，甚至大学本身，把学生就业放在重要的位置，这也无可厚非。但安身立命之外，还是应该有更高的社会理想，只有这样，大学才会成为大学，学子才能成为骄子！

作者系湖北大学行政管理系 1991 级学生

现供职于泰康保险集团有限公司

难忘师恩

/刘有生

今天是2011年12月6日，我收到了洪教授发来的短信：有生好！今日翻阅记事本，看到的电话号码，又勾起对你的回忆，你好学善思，脑子特灵，既重情又重义！现在我将我的邮箱告诉你，方便以后我们联系。

刹那间，我羞愧难当，心中五味陈杂，竟久久不能平复。

洪教授是我大学时代最尊敬的老师，他教授我们的课程是“应用写作”，即政府，企业公文写作的课程。按理讲，这是门技巧调练专业课，但洪教授却把大量的课堂时间用在“传道，解惑”上，“授业”的技巧训练大而化之。对于写作，教授强调最多的是“感悟”二字。是故言为心声，有感而发，文章在字里行间才能传递出生命和价值。再华丽的辞藻，再精妙的修辞，都只是风骨外在的皮毛，属于炫技的范畴。犹如高堂大屋，第一是栋梁的基础骨架，然后才有飞檐琉璃添姿增彩。而如何感悟人生，洪教授运用的不是高高在上的灌输，更多的是分享和启发，对于“少年不识愁滋味”的大学生，青春和梦想肆意碰撞，多的是冲动和激情，稀缺的是思考和感悟。人生阅历的贫乏，注定使他们的梦想大都建立在虚幻之上，华业后进入社会即遇寒流，四处碰壁而感伤“理想照不进现实”。洪教授的感悟教学：除了分享他自己的人生故事和感悟之外，教授还为我们罗列了必读书目。在教授的指引下，《写在人生边上》《将饮茶》《人啊人》这些对人生和社会的思索和拷问，或深或浅地撞击着少不经事的心灵。我们发现，教授不是教我们为写作而感悟，而是学会思考，学会做人，学会生存，为人生积累生活智慧，为思想的翱翔装上翅膀。

只有我自己才能体会，这是我求学生涯的重大转变。大学之前，贫困苦难的生活经历，压迫着我对于读书的目的简单而纯粹，那是唯一能改变命运的独木桥。我寒窗发奋只是为了洗净黄泥，吃上皇粮，让母亲和家庭摆脱贫困之苦。分数就是我的目标，学习就是接受灌输，死记硬背，毫无乐趣可言。当我不再为分数而拼命读大学时，是洪教授的感悟教学开启了我封闭的思潮，那时，我由专一关注分数和前途，转向开始学会自己思考人生，阅读社会。我明白，人们不仅需要有界的物质生活，精神世界的自由和无界，那才是人生终极努力的方向！

感谢恩师，在我最为重要的人生阶段，给我奠定了这么好的人文精神基础。二十年过去了，虽然商海浮沉，我终能恪守人生信念，不被名利金钱所累：虽然人生无常，历尽坎坷，我犹能用思考的钥匙，解开一道又一道人生死题。大学之大，在于大师。洪教授于我，就是我尊敬和爱戴的大师！

作者系湖北大学行政管理系 1987 级学生

丹心化育诸桃李　泽润门生如煦阳

——记恩师洪威雷教授

/刘为民

1992年是中国历史上一个载入史册、激荡人心的年份，天地间滚滚春潮，征途上浩浩风帆，春天的故事在神州大地流传，改革开放的春风吹遍城市乡间。这一年梧桐叶黄之际，武陵莽莽群山中的我，宛如时代潮流裹挟而跌宕起伏的一片无根之叶，从一所名不见经传的高中考入湖北大学行政管理学系学习。在这里，我度过了懵懂青葱岁月，经历了人生悲欢离合，最幸运的是，遇到了此生令人念念不忘的恩师——洪威雷教授。他春风化雨的教诲和无私慷慨的帮助，推动我完成了人生转型与生命蝶变。

20世纪90年代初，大学尚未步入狂飙突进的暴发式扩招轨道，进入大学既是一次稀缺的身份镀金机会，也是个体能力与恒心毅力接受大浪淘沙的历练过程。在那个时代，大学生活尚余一丝田园牧歌式的味道，但市场挟带的强大能量和人类天生的无限欲望交相缠绕，已经让象牙塔的大门悄然洞开。身处其中，涉世未深的我们也不经意间窥探到了大学平台的一些内在奥妙与微妙之处——它既是学术研究与思想创新的殿堂，也是检验学者真伪与理论成色的疆场。

二十多年后细细回忆，大学期间，我们至少接触或见识了数十位风格迥异的教师。有的儒雅洒脱，善用思想与人格的魅力吸引学生；有的淡泊宁静，甘坐冷板凳，一心致力于学术研究；有的宽容大度，平和看待物欲升腾之际的各种社会乱象；有的尖酸刻薄，指东骂西，仿佛人间无正道、世上无好人；有的势利跳梁，即使坐在教室最后一排，也能闻到他急于攀附权贵的浓烈腥臭之气。大学是时代变幻的“镜像”，映照着知识分子内心的坚守与放弃，折射出人性的光辉与幽暗，形塑了社会巨变时文人的风骨与媚态。在这千姿百态的文化大观园中，洪老师是一道让人高山仰止的亮丽风景线。

第一次认识洪老师，是在写作课上。像往常一样，同学们预期没啥意思，于是，有的窃窃私语，有的翻看自带小说，有的趴在课桌上等待入睡补觉。洪老师一开讲，大家都不约而同地笑了，因为这是一口武汉人戏谑的地道新洲话。但是，他毫不在意，首先抱歉不会说普通话，然后转入正题，不疾不徐，抑扬顿挫，极富节奏感和现场感。五分钟过后，窃窃私语的人闭了嘴，看小说的人忘记了翻页，趴桌睡觉的人抖擞了精神，一个班四十多人仿佛被一股神奇魔力所牵引，时而会心微笑，时而点头沉思，时而埋头抢记。讲到紧要处，大家屏住呼吸，睁大眼睛，生怕少听一句、漏记一行，唯恐破坏氛围，整个教室只有先生一人激情四溢、闪耀着思想光芒的声音在久久回荡，绕梁不绝。

先生授课是一种艺术，座中听者则是一种享受，常常让人不由自主想起白居易的名篇《琵琶行》。在三尺讲台上，他眉头紧锁、表情严肃地提出问题时，一如“冰泉冷涩弦凝绝，凝绝不通声暂歇”；他痛陈时弊、直指问题要害时，恰似“银瓶乍破水浆迸，铁骑突出刀枪鸣”；他条分缕析、掷地有声地总结时，大有“曲终收拨当心画，四弦一声如裂帛”的铿锵气概。最妙的是，他会适时留下一段空白，让听者思考回味。置身其中，你仿佛在朗月之夜与香山居士一道，共享精神盛宴，接受灵魂洗礼，体验“东船西舫悄无言，唯见江心秋月白”的悠远意蕴和“此时无声胜有声”的玄妙境界。

上洪老师的课，不用担心点名，不靠纪律约束，但大家自觉到课，洗耳恭听。有时候，他也会在课堂上分享自己的人生经历，告诉我们如何直面挫折、适应社会。作为共和国的同龄人，他小时经历过饥荒、文荒、学荒，饱受过贫穷、苦难与非议的困扰，因而显得愈发坚韧、博爱、宽容。先生不知道多少年宵衣旰食，多少天挑灯夜读，多少次忘我苦修，才练就了扎实厚重的理论功底和行云流水的讲课艺术。苦心人，天不负，1987年，洪老师成为湖北省少数几个破格从助教直接晋升为副教授的青年教师之一，这在当时引起了不小的轰动。他告诫我们说，走上社会后，有人会刻意拿着放大镜看你的缺点与过失，你必须未雨绸缪，用过硬本领和平常心态披荆斩棘，咬牙闯过难关，达致生命新境界。先生所分享的这些人生经历，如同暮鼓晨钟一般让人醍醐灌顶、震撼启迪。当我日后在学习、工作中倦怠懒散时，常常会不由自主地想起先生当年温情动人的话语和温和坚毅的目光。

1996 年，我考取硕士研究生，并如愿成为洪老师门下弟子。在学术研究上，他非常宽容大气，从不硬性指定研究生局限于某一学科、某一专业或某一问题，从不轻易否定别人的想法与主张，而是一贯倡导“博观学广”的治学之道，希望每个人在自己感兴趣的领域日久积累、不断沉淀进而发掘创新，想人所未想，发人所未发，在学术朝圣的漫漫长路上取得真经。每当我们遇到一时无法理解的难题，他会随时放下手中事务悉心指导，引领我们明晰前进的方向。学生一旦有学习心得或研究成果，他比自己研有所成还高兴，不仅热忱鼓励，还积极推荐。他对我们放手放心，我们觉得先生贴心暖心。

洪老师指导的那一届研究生共有三人，我们彼此之间互帮互助，互促共进，经常一起邀约到洪老师家里请教探讨。沙湖之畔，明月一轮，清茶一壶，师生三四人，上究天文、下说地理，远评历史、近言现实，纵论学术、畅谈人生，何其乐哉！二十多年前的这一幕幕温暖瞬间，似乎犹在昨日，近在咫尺，触手可及。然而，时光不待人，弹指声中，先生已年届七十，而我们也正行走在“知天命”的路上。

读研的第二个年头，天降不测风云，我父亲突然因病去世，他是家里的顶梁柱。顶梁柱倒了，我顿时觉得人生一片迷茫，仿佛被世界遗弃而孤独无助，精神几乎陷入崩溃边缘。洪老师敏锐察觉到我的情绪变化，了解到我家中的变故，专门找我谈心。他委婉地劝慰我，他四十多岁了，与父亲见面不足十次，自己从小跟随祖母长大，吃了不少苦，与祖母感情格外深厚，祖母去世后很长一段时间失魂落魄、寝食不安，后来他慢慢调整自己的心情，觉得应该以更好的生活姿态才能告慰亲人在天之灵。那一瞬间，温暖充溢心头，我体会到了先生的良苦用意。此后，他不仅对我学习上关心，还在生活上关爱，有时特意让师母做好饭菜叫我一起用餐。多年后，每当想起这温馨的一幕，我眼里仍饱含泪水，心中充满感恩。我知道，这其中不仅仅蕴含为师之责，更彰显长者之义、人性之美。古人云：一日为师，终身为父。此之谓也！

三年硕士研究生学习倏忽而过，临毕业时，市场经济的熏染与冲击，已悄然唤醒了蛰伏在中国高校的商品欲望和资源意识，并成功释放了扩招这一毁誉参半的“魔盒”，前所未有地制造了求职者人满为患的买方市场，就业形势发生了翻天覆地的变化。市场的残酷与真实，既让人感到迷惘与压力，也让寒窗苦读的我们心有不甘。接连几次碰壁后，我们找到了洪老师。他一方面替我们担心着急，另一方面也想方设法积极推荐。记得某市委机关招人，洪老师正好有同学和熟人在其中任职，他立即与他们联系，并让我携带他手书的亲笔信前去报名。在洪老师的关心下，我得到这个机会，成功报名，经过笔试面试，顺利进入了市委宣传部工作。其他两位同学也分别找到了心仪的职业，如今都在各自岗位上做得风生水起。

苏轼谪居黄州时曾写到，“回首向来萧瑟处，归去，也无风雨也无晴”。尽管我达不到东坡居士旷达超然的人生境界，回望身后走过的路，也生出无限感慨：浮生若梦，人一辈子可能会遭遇许多坎坷，品尝万千艰辛，经历无数伤痛，那些在生命暗夜里带给你光明、在情绪低落时赋予你勇气、在事业无助时给予你希望的人和事，定会让你终生牢记、倍加珍惜。与此同时，我也想起了韩愈，他在《师说》中写到：“师者，所以传道授业解惑也。”在洪老师身上，我觉得除了“传道授业解惑”之外，还有中华深厚文化底蕴中所包含的“己欲立而立人，己欲达而达人”的朴素情怀。从“传道授业解惑”上升到“立人”，这何尝不是古来圣贤所追求的另一种形式的“为天地立心”？先生以自己几十年如一日的言行，郑重履践了“传道、授业、解惑、立人”的师道尊严与慈悲胸襟，成为师道沦落、人心迷失之际一道清晰高耸的航标。他播下了希望，付出了情怀，绽放了未来，收获了境界。多年后，每当我们想起在洪老师门下度过的流芳岁月，均有如沐春风、如浴煦阳的温暖记忆。

洪威雷教授与刘为民合影

毕业后，洪老师仍然一如既往地关心我们三人，经常在电话里关心我们的工作、学习、生活情况，鼓励我们勇于创造、追逐梦想。像对待自己的子女一样，他一一参加了我们三个研究生的婚礼，并送上真挚的祝福。记得我结婚时，他给我写了一封极为别致喜庆的贺信，我至今保存。而我那位在宜昌工作的丁师兄结婚时，洪老师不辞辛劳，驱车四五个小时赶到现场祝贺，让丁师兄大为感动。

工作几年后，因为家庭和事业发展的缘故，我决定报考北京大学的博士研究生。洪老师积极支持，并联系北大毕业的孙玉文老师，让我当面向他请教。2003 年，我有幸考取北大政府管理学院博士研究生，脱离原单位，前往北京重启学生生活。临行前，我向洪老师告别，他语重心长，半含期待，半是不舍。收好行囊，作别江城，我带着感动再次出发，奔向千里之外的北京。三年读博时光，不仅经历了学业炼狱般的锻造，更开启了人生全新的起点。毕业后，我和夫人一起到江苏工作，虽然不能像以前那样经常见到洪老师，但心灵一直紧紧相联。刚到江苏时，他专门给我写信，引用历史典故，教我如何调整自己，以适应激烈竞争的社会，还在电话里叮嘱我照顾好自己，关切之情，溢于言表，犹如父母，令人唏嘘不已。

2016 年国庆节，我专程前往武汉，看望洪老师。可喜的是，多年不见，他依然精神矍铄、身体硬朗、谈兴甚高。在武汉期间，他执意请我和同学吃饭，并赠送我《全球化视野下的汉语应用文研究》一书，书中扉页有先生的亲笔签名。他把书交给我时，似乎不经意间说了一句："送你一本书，里面有我参会的几张照片，留作念想。"刹那间，我怔了一下，鼻子有点发酸。临别之时，洪老师坚持把我们从家里一直送到小区门口，一再叮咛，依依不舍。走出老远，我回头一望，发现先生仍伫立在原地，我连忙挥手，转过身来，双眼已经模糊。我无以言表，唯有心中默默祈望：此生有缘，虽为师生，情若父子，但愿有来世，我依然做您的学生。

作者系湖北大学行政管理系 1996 级硕士研究生
现任江苏省委编办处长

亦师亦父洪钟威雷

/韩玉晔

洪老师的名字霸气，更霸气的，是自我感觉与老师的缘分。

我与老师，同一个生肖属相，同一个星座，这好像是冥冥中的天定，从1992年进入湖北大学，从此学习、工作、生活在武汉这座城市，老师都是一个亦师亦父的存在。

在湖北大学七年，老师首先教的是公文写作专业课，其实不记得课程的具体内容了，印象中老师的课总是特别受同学欢迎，讲写作技巧的似乎不多，却总有许多或趣味或励志的段子，一口乡音浓郁的非标普通话，居然毫无交流障碍，总是听得全班同学或满堂大笑，或群情激昂。

当时只觉得公文写作就是格式规范问题，后来慢慢发现，老师讲课，更多讲的是如何做人，做一个适应社会的人，做一个如何与领导、与同事、与朋友打交道的人。这些融汇在课堂生动案例中的做人道理，其实远比那些规范的应用写作范例，更深刻的影响着我。当然，我的应用文写作，也从来不会犯基本的错误，当后来看到同事出手的各类错误百出的应用类文本时，常常怀疑，他们的大学，难道不教基础的应用写作课吗？

老师所讲的案例中，最多的是励志类的师兄师姐。他们或出身贫寒，而不缀斗志；或坚忍不拔，终圆梦想；或思想领先，创造奇迹……这些传说中的大神，作为老师的骄傲，一直成为我们默默追寻的目标，非常笃定地激励着我们，每个人都不普通，都可以有所作为。我想，这是老师所教过的最伟大的真理。

记得老师为我们开过许多书单，老师推荐的书，内容涉及面非常广，有文学类、历史类、哲学类，关乎认识世界的方式，思考问题的策略，以及文史哲基础知识，当时很多书读不下来，从图书馆反复借过几次的都有，现在家里还有一本《混沌学》，至今读不下去，直到看到火爆的社会大学——“混沌大学”开课，突然发现，老师的思想，早就领先许多年了。老师教我们的，是永远面对现实，永远不退缩，永远要学习，永远有办法。

随老师学习，长达七年。这其中，太多具体而微的记忆，都时常重现。感念至深的，还是离开学校之后，老师的两次意外到访。

一次是随老师同往宜都丁师兄的婚礼现场，看到绪欢兄事业稳定、家业有成，老师十分开心；我在一旁提议，都到宜昌地界了，不如到我的家乡去看一看。老师兴致勃勃，欣然同意。一行人开夜车，过长江大桥，过宜昌市区，进深山。次日，游历了我的家乡唯一可以称得上“风景区”的清溪沟，在一挂气势并不怎么宏大的瀑布前，脱掉鞋子，在清澈的溪水中洗红薯，老师如同孩童的笑颜，以及带着新洲口音的笑声，那么明亮，那么纯净，时时都回响在家乡的山涧之中，回响在记忆的河流之中。

还有一次是生完孩子还在婆婆家坐月子，师姐王丽约了老师，一起来到家里。当时家中狭小，老师稍坐一刻便离开了，走时说，看到我养得胖胖的，放心了。老师走后，我却久久不能平静。工作生活在武汉，娘家人均在宜昌。当年母亲病重，父亲走不开。老师的到来，似乎是娘家来人的感觉，我在这么大的城市，还有时常记挂着的老师和师姐，有什么不如意的呢？

之后，也每年想找个时间探望老师，起初老师很开心，后来就找各种理由拒绝，说我们忙，不要去探望，心到就行了。慢慢的，也就习惯了，偶尔接到老师的电话，安排老师推荐来的实习学生，还有偶尔收到

洪威雷教授和韩玉晔（前排右）、王晓云（前排中）、王丹桠（前排左）、刘为民（后排左一）、王元华（后排左二）、郭劲（后排左三）、王莉（后排右三）、丁绪欢（后排右二）、王伦（后排右一）合影

老师让学生捎带过来的信笺，讲述着他依然频繁的学术交流活动。

猝不及防间，老师步入七十古稀之龄。但这当然是古代的概念，今天的老师，在我看来，依然活动不断、活力四射，关注每一个他教过的学生近况，为同学们搭建各种纽带。老师如威雷般的洪亮之音，依然沟通着我们分散到四面八方的同学们。

一日为师，终身为父，这个概念，老师一直用行动为我讲述着阐释。

作者系湖北大学行政管理系1996级硕士研究生

现任长江日报主编

感恩我成长道路上的引路人

/丁绪欢

鲜花感恩雨露，是因为雨露滋润它成长；苍鹰感谢长空，是因为长空让它飞翔；我感恩感谢导师洪威雷，是因为他帮我打开知识的大门，让我在知识的海洋里遨游。

桃李芬芳是他的快乐，默默奉献是他的品格，他是我成长道路上的引路人。多少个春夏秋冬，多少个季节轮回，他始终如一，像红烛燃烧着亮丽的生命，奉献了辛勤的汗水，用真诚传播着智慧的火种，带着我驰向知识的大海，点亮我前进的道路。他如同父母，给我无微不至的关心照顾，激励我茁壮成长。他的教诲如春风，似瑞雨，永铭我心；他的爱，如太阳一般温暖，春风一般细柔，清泉一般甘甜；他的爱，比父爱严峻，比母爱细腻，比兄长温暖。

那是我刚从湖南乡下进入湖北大学时，我衣着土气，模样寒酸，心里总是很悲情很寒蝉，再加上又是以专科生身份跨专业考过来的，时刻有一种卑怯感缠绕心头。第一次见导师，我的心一直忐忑不安，怕被轻视甚至奚落，紧张得舌头打哆嗦，手脚直发颤。是他的和蔼脸色，和煦话语平静了我，在他风趣而智慧的言语中，我感受了温暖、勇气和力量，坚定了信心、追求和梦想。第一学期未结束，我的第一篇论文便顺利在省级刊物发表了，这令我信心大增，热情大涨，干劲大增。三年以来，我与为民师弟，玉晔师妹一起，竟都成了文章发表的“高产”学生，毕业论文也顺利完成。

毕业时，我本拟回湖南老家工作，以便照顾家人。但因各种因素使然，未能实现。后来怀揣着朴素的农村农民情结，再次申请到他乡乡下工作。当我将此告知洪老师时，虽然他的眼里含着许多不舍和怜惜，但还是支持我的决定，并细细交给我很多基层工作、生活、学习之道，让我受益匪浅。

初到枝城镇，诸多新的困难、困惑，让我深感焦灼和不安。大概一个星期后，突然乡里领导说有一位宜都市领导专程来看我，我便一头雾水地去见这位领导。原来是洪老师打电话，请这位湖大同门师兄来关心帮助我的。后因有这位师兄的指导，我很快进入角色，得心应手开展工作，很快进了镇党委班子，并且考取了宜都市委办副主任岗位。

2010 年，我又申请下基层工作，从宜昌市政府机关到兴山县任纪委书记。虽然职务提升了，但我的农村农民情结未变。在县里，我大刀阔斧推进反腐倡廉工作，特别是对群众身边的腐败问题采取了强硬措施，取得了积极的效果。但我个人的工作环境却变得越来越严峻，人身安全也感受到了一定程度的风险。我当时一直在思索一些问题，大到党和国家的命运，小到个人的去留，心里总是乱糟糟的。这段时间，洪老师经常给我发短信，有励志的、有思想的、有方法的，更有幽默、乐趣性的，时常让我忍不住笑一笑，不仅帮我释放了紧张不安的情绪，也让我学习了很多新的思想，打开了思维、思路，千里之外，师生心灵相通。

2013 年，我再次申请去艰苦边疆地区工作，踏上了去西藏援藏三年的征程。当我将此事告知洪老师时，首先听到的是电话那头许久的沉默……我知道，洪老师是不舍得我去那么艰苦的地方的，孤身一人，抛家舍业，缺氧、低气压、强辐射，高寒、昼夜温差大，交通、饮食起居也很差缺的。过了好几分钟，才听到洪老师的声音，不再轻松却很沉重的声音：“我支持你的决定，但一定要保重身体，平安回来。”是啊，去西藏工作，不仅要朴素情感，还要汗水心血。党的十八大后，各方面加强了对援藏干部的管理，一年之内因公因私离藏不得超过 60 天，管理更严，任务更重。我们秉承着老西藏精神，做到“特别能吃苦，特别能忍耐，特别能团结，特别能奉献”，坚持“缺氧不缺精神，艰苦不怕吃苦”，兢兢业业谋事，踏踏实实干事，严要求共事，高标准成事，取得了丰硕的成果。但远离家乡，远离亲人，是一种无法抗拒，也拒之不去的苦痛。远在湖南的双亲，远在湖北的妻儿，每当夜深人静时，愧疚、自责以及烦闷、不安就涌上心头，确实愧为人子、愧为人夫、愧为人父啊！白天，虽然可以用加倍的工作、学习来排遣，但夜澜之下确实无法释怀，虽猛烈地看书、学习，也始终无法控制和抵御。这期间，洪老师经常给我发短信、发文章，发一些内地的好经验好做法，无微不至的关心我、宽慰我、鼓励我、引导我，给我莫大的支持和帮助，让我的内心倍感平和与宁静，让我的大脑倍增智慧与空灵。三年下来，自我感觉心智与境界提高了，人生与追求更实了，且健康无大碍地回内地了。

时光如梭，转眼离开湖北大学已 20 年，洪老师也步入从心所欲之年，老师的恩情一直铭刻在我心里，生生世世，永不忘怀。敬爱的老师，您启迪我真正领会了大千世界的恩惠，从此我读懂了每一瓣绿叶，每一片云彩，每一朵浪花。教诲如春风，师恩似深海，您的谆谆教导，将在我的心灵，永远流淌……

作者系湖北大学行政管理系 1996 级硕士研究生
现供职于宜昌市委外办

师恩如山永生难忘

/王　莉

夜深人静，回想20多年来与洪威雷老师的交往和师生情，一桩桩、一件件影响着我人生命运的往事浮现眼前，一时间无法入眠。

仔细回想，在我的一生中，除了小学三年级给我知识启蒙的马老师，长大以后，就是研究生的老师——洪老师，无论是在事业上，还是在我的成长历程中，他都带给我巨大的影响。

不像大部分人从小学读到初中读到高中，以及考大学考研究生，一路走来顺理成章，我的求学生涯充满坎坷，考上研究生才开始真正的求学之路。

小时候我出生在湖北监利一个贫寒家庭，因为是女孩子，父母基本没有考虑让我上学。八岁那年，我看到邻居家的姐姐去上学了，就要求母亲把我也送去读书。好在我读书的天分不是太差，从小学到初中，基本都能名列前茅。但当时的老师，也基本都是初中毕业生，水平实在有限，记得当时我以全校第一名的中考成绩，只能上一个普通高中。正当我读高一时，教育体制改革，允许初中生直接考中专。为了早点跳龙门，我决定重读初三，直接考中专。皇天不负有心人，经过初三回炉、一阵恶补后，我如愿考入中专，学护理专业。很快学满三年，我以班上前十名的优异成绩，被分配到省城一家少年犯管教所医院工作，从此穿上了警服，实现了跳龙门的愿望。

我以为生活从此稳定安康，可就在我在省城工作第二年的春节，回到老家听母亲讲了家里的一件事情。小小个子的父亲，为了挣一趟6块钱的运费，在一个狂风暴雨的夜晚，拉着满满的一车货，在经过一座桥时，正好狂风大作，马受惊，狂跑，父亲拉不住马车，结果连人带车掉到桥下河中。当时正是寒冬腊月，河里的水不大，父亲一头栽在泥巴里，没有受很重的伤，他慢慢地从泥巴里挣脱出来，自己爬上了岸，又请当地的农民过来帮忙，把板车上的货物拉上岸来。就这样忙了一整夜，父亲在清晨才筋疲力尽地回到家。当母亲给我讲这个事时，我突然间痛哭流涕，那一年我已经20岁都过了，我觉得靠我工作，每个月大概不到一百元的工资，远远改变不了家族贫穷的命运。那一年大概是1990年，全国已经掀起下海的风潮。所以当年春节之后，我下定决心离开单位，那一年我流着泪脱掉心爱的警服，开始下海经商。

下海后，我认识了我的先生，他当时正在一所大学读研究生，我们很快相爱、结婚。他研究生毕业以后被分配到湖北大学当老师，这样我也随着他一起去湖北大学创业。1993年，我在湖北大学创办了湖北省首家电脑培训学校，1995年，我就实现了百万富翁的梦想。

实现了经济自由，没有上过大学成为我人生最大的遗憾，当时我已30多岁，再考大学不现实，决定备考研究生。我把自己关在一个小房间里，全力以赴学习政治、英语和专业课。功夫不负苦心人，1996年年初，我考上了湖北大学行政管理系的研究生，那时我多么兴奋，好像从此我的人生和命运将发生彻底的转机，拿到研究生录取通知书的那几天，我整晚都兴奋地不想睡觉，我恨不得把所有的点滴时间都用来学这个世界上的所有的知识，想把自己装得满满的。

那一届我们行政管理系9名研究生，我是年龄最大的。有三位导师分别带我们9人。我的导师是顾蓉教授，洪老师和另外一位老师，虽不是带我的导师，但我对他们三位都是一样的崇拜和尊敬，每年拜年，也是一视同仁。三位导师中，洪老师常常说我是重情重义的王莉，也是带给我最多人生启示的老师。

洪老师第一次给我们上的课，好像是公共调查研究，当时洪老师要求我们在课堂上完成并递交一份自我简历的报告，第二堂课时，洪老师讲评了我们的报告，并且特别表扬了我，说给他印象最深，写得最真实、最感人，也是经历最丰富的一位同学。当时我特别开心，特别受鼓舞，我想在班上 9 个同学中，我也许基础最差，但洪老师却看到了我跟别人不一样人生经历，给了我最热情的肯定，就因为这次表扬，从此我少了学业上的自卑，多了与老师、同学们的亲近。

洪老师讲课，留给我两个突出印象：一个是真诚，特别真，讲课中不管他讲什么，都是由心而发，讲许多他自己亲身经历的故事，还有师兄们的故事，似乎毕业许多年的学生，都依然鲜活地活跃在他的生活中，从不曾因毕业而离去；第二个印象是幽默，洪老师虽然讲的是方言，但从不影响表达，每次都能让我们听得哄堂大笑。

读研期间，洪老师经常讲述一些师兄、老友的故事，每一位故事中的人物，都带给我或多或少的启示、引领和追求。特别是毕业之后，洪老师依然鼓励着我。

今天能成为一名大学副教授，我最应该感谢的也是洪老师。

当我来到武汉体育学院当老师的时候，我做梦也没想到，我这一生连大学都没上过，还能够成为一名大学老师，成为一名大学教授。大概在我当大学老师不久之后，2005 年我去到武汉理工大学读博士，在读完博士课程之后完成博士论文的过程中，遇到了前所未有的难题。那时候面临孩子问题、家庭问题，还有我的事业，我根本就没有精力去做博士论文了，我几乎想要放弃，当时洪老师对我说，你既然已经选择了到大学当老师，就必须克服万难完成学业，只有拿到博士学位才能在大学中站住脚。同时洪老师又多次鼓励我，曾经那么多困难我都走过来了，再坚持一下，再努力一点，就一定可以完成。

就这样，在自己屡次想放弃，但屡次又被洪老师鼓舞起来的斗志中，我完成了博士学业。记得博士论文答辩的时候，我开头讲了两句话，令所有的老师都嘘嘘不已。我说读博士长达八年，从黑发读到白发，从近视读到远视，只为圆人生的一个梦想。正是在洪导师的鼓励下，我顺利完成博士论文的答辩，也顺利晋升为副教授。现在我也能够光明正大的走出去，在听到别人喊我王教授的时候，不存羞愧。

除了学业，洪老师在我生命中最低谷的时候，也给我莫大的激励。

人到中年后，自以为看透人生，常生消极悲观情绪。那个阶段去湖北大学看洪老师的时候，老师就会跟我讲到人生的一些哲理，他推荐我去看南怀瑾先生的书。当时我都不知道南怀瑾是何许人也，洪老师跟我高度概括了南怀瑾的书中哲理：看开，看透，放下。没想到这六个字，真正给我带来人生的大解脱，大转折。

我在中年的时候，可以说已经事业有成，实现了财富自由了，可是我发现了那时候我却并不开心，也不快乐，我开始思考生命的意义。洪老师教我的六个字，让我终于领悟生命的意义。

何谓看开？就是你真正达到一定境界的时候，能把世间所有的事都看明白，所有发生的事情都有其原因，都是正常的，这才真正叫看得开。

什么叫看透？那就是透过现象能够看到事物的本质，看到事情背后的无奈、纠结，看到光鲜背后的阴影。

其实我们来到这个世界，并不是为名而来，也不是为利而来。我们的生命可以更有价值，可以为别人、为众生去创造、去爱。

这时我理解了生命生不带来死不带去的通透，只有这时，我才懂得真正的放下，放下对物质的追求，放下对名利的追求，放下对金钱的追求，而放下这一切之后，真正活出生命的灿烂，或者生命的自由和生命真正的意义。

现在，我成为了大学教授，我觉得我应该感谢我生命中的指路人洪老师，是他在我生命最迷失方向的时候，指点我去看南怀瑾先生的书，教会我放下。

当然我现在才知道，南怀瑾不仅是我们中华民族的一个伟大的圣人、开悟之人，他还是一个伟大的思想家、政治家，一位伟大的国学大师。他对我们中国的影响是非常之深的。是在洪老师指引下，我走到了去追寻生命真正价值这样一个正确的方向。

我觉得最近两年我是有点对不起洪老师的，尽管常常还是跟他通电话问好，但是我没有去看望他，这是我做的很不好的地方。

记忆中还有很多故事，因为关联师兄长们，并没有获得他们授权讲述，因此我没有写出来，但一一都存于记忆的档案之中，这档案里面有快乐，也有苦难，也有痛苦。但是所有或直接或间接的这些记忆中的故事，都让我跟洪老师之间产生深深浅浅的连接和情感，都载着洪老师对学生无私的帮助、信任和激励。

洪老师跟其他老师不同之处在于，他真正的发自肺腑地去帮助自己的学生，他希望每个学生超超越自己，他为每一个学生的一点点成绩都兴奋不已。

他的智慧和聪明，还有幽默，从他身上我可以学到很多东西，能让我不断的成长，能让我不断的去向前奔跑。

还有洪老师身上的一种伟大和真诚的品格，对我的一生也有很大的影响。对他而言，他不仅通过自己的努力实现自身的成就，更重要的他想成就他的学生。

世间有许多人，但是值得记忆、回味的却不多。洪老师就是这样一位让我记忆深刻、并且影响着我的人生的老师。今年老师 70 大寿，我就以此文追忆些许琐事，致敬一生中最敬爱的洪老师。

作者系湖北大学行政管理系 1996 级硕士研究生

洪老师不老，我们油腻中年人感觉真好

/赵　俊

2018年8月10号，咱们湖大94级行管系20年同学会很成功。

到场了6位老师，孙院长、王颖主任、邹主任、张主任，班主任彭惠青教授，已经退休的洪威雷教授，我们感觉很温暖，有回家的感觉。

而同学们一致感触最深的便是：

洪老师不老，我们感觉真好。

洪威雷教授完美验证了腹有读书气自华。洪老师马上七十岁了，但整个人，给人的感觉，就是五十岁左右，岁月无痕，与二十年前在讲台上给我们讲课时一模一样，我们仿佛又回到了他讲台下听课的时候。

洪老师退休9年了，在各大高校任过要职，他说现在感触最深的是，中国传统文化不能丢，他说到尼克松的《中国不战而胜》，什么时候中国将传统文化丢掉的时候，就是他们不战而胜的时候，他现在正致力于这方面的研究，正就这方面在巡回演讲。我们从他身上看到是一个大师心忧天下的家国情怀，感觉他追求的不是安逸和金钱。

有时候我就在想，像洪老师这种有精神追求的人，他就不该老，就该超凡脱俗，他的思想他的意志左右了他的身体他的长相，这种长相就叫作精神长相，可以叫魂，叫元神，而他身上就感觉得到，已经滋养出一个全新的元神，不是所有的人都能滋养出这样不老的魂。

我在华师大上研究生的时候，听戴建业老师讲唐诗，所有上过戴老师课的学生评价都非常高，他给人的感觉就是仙风道骨，但我每次听戴老师的课，每次都会想起洪老师，如果湖大有一个教授能与戴老师媲美的话，那就是洪威雷教授，我不知道戴老师在华师是不是神一样的存在。不过看抖音上戴建业老师的经典语录都已经超过上万的流量了。虽然他俩的研究方向有差别，一个是纯学者，一个是应用型学者，一个研究古文，一个是搞应用写作。但是我个人认为，他俩是相似的，对工作热情专注，肚子里有货，课堂上都是天马行空妙趣横生。可以说洪老师那种天马行空的风格直接影响了我现在的教学风格，现在同学们评价我的课堂也是这样说，就是天马行空很有趣味。想想都觉得自己是个幸运的孩子。一个非师范专业的人从事中文教育，虽然后来我研究生读的是中文，但在这之前，我已经从事了近十年的中文教育。

冥冥之中，照亮我前行的灯，您是那最闪亮的一盏。

洪老师不仅对我影响很深，对我们其他同学的工作及人生的影响也很大。12 个同学，先是男生发言，几个身居正处或正高的，几乎都是笔杆子出身，个个都不约而同的谈到了自己受到洪老师思想深刻的影响。其中有几个交往密切一些的，他们的人生经历我很清楚，都是从县市乡镇从写豆腐块和各种报告起家，一步步艰难地走到了省宣传部或其他机关，我知道他们所言不假，我们一把年纪了，也没有必要在老同学面前说假话。

洪老师，直接影响了我们一班的人啊。

现在常常遇到刚毕业的大学生听他们谈及大学老师，总说他们的老师都极不耐烦，从来不正儿八经的教，都照着书本念，考试画范围，考了八九十分，什么也不会，同学们现在找工作全靠自学的东西。我便又想起我的大学老师们，那么敬业，那么热忱，特别是洪威雷教授，讲课可是全身心的投入，旁征博引，令人神往。又觉得自己是何其有幸！自己就是个从农村里走出来的娃儿，只是幸运的遇上这样的好老师们！

毫不夸张的说，是洪老师给了一群从农村里走出来的娃子们一个全新的视野，一个更高格局的世界！

二十年后，我们集体归来，是为了回到内心，回到那个依然在讲台下正襟危坐听您讲课的学生时代。

而洪老师，您果然不负众望，青春一如昨日，岁月从不败有元神的人。

您依旧像从前一样，不仅讲工作学术上的追求，还像家长朋友一样告诫了我们生活上的一些事情，我们回来了 12 个，大都是行政管理干部，老师告诫我们有些底线不能碰触，如贪、赌等，还谈了家庭的幸福和子女的教育。谆谆教诲，在耳边。毕竟离校太久了，急需要一个长者，一个过来人重新讲讲家庭与职业，而洪老师的课还是那么深入浅出，重新听课，特别特别有感觉，甚至比以前更理解了老师——不仅是一位有权威有追求的学者，更是一位有良知有情怀的长者。

有很多年，我不敢回忆大学生活，我觉得自己大学没有读好，没有珍惜，没有出息。而其中一个细节多少年我都不敢跟别人说，怕别人笑话，记得洪老师那时是研究生导师，他曾经私下问过我，你想考研究生吗？我说暂时不想。（那时家里穷，读个大学感觉在家里像个吸血虫，姊妹多，哪里好意思要家里出钱再继续读，只想早早的参加工作，不向家里要钱。我是班上第一个签约的学生，第一个没有从事本专业的学生，而且还不知深浅的离开武汉，跑到襄阳去了。）我分明还记得他脸上流露出的遗憾。昨天还与老师谈及此事，老师还在夸我非常了不起，不容易。其实我又何尝不知道他是在安慰我变相给我自信呢，我们 20 世纪 90 年代的行政管理毕业的，没改行的都已有所成就，就我一个是个中学老师，而我们的老师却是给予了我更多的表扬。

不过最最令人欣慰的不是老师的表扬，而是看着洪老师不老的样子，真的感觉很好，就像看到我年轻时崇拜的刘德华还是票房口碑一样，又像有一年暑假看到我三十几年未见的小学班主任杨老师一样，真的好鼓舞人心，洪威雷老师活出了我们的理想，他的执著追求和金玉良言，对我们都有垂范作用。

虽然我们已经过了四十不惑的年纪，但老师让我们更加清楚的明白一些道理：

上帝真是公平的，

权、才、财、貌，都分得比较均匀，

只要我们把自己看清楚，

执著追求事业的极致，

牢牢捍卫家庭的幸福，

拿捏得住底线，注重身体锻炼，

我们在任何一个专业上都可以风生水起自在潇洒。

都说父母健在，我们离死亡还有一层垫子，父母走了，我们便会一屁股坐在死亡之上。

而老师，您还这么年轻这么有追求，

我们这群油腻中年人，感觉真好。

我们感觉自己还是老师目光爱护下的学子，

我们感觉自己还是父母护翼下的孩子，我们还年少，

我们还一点儿都不油腻。

我们走出半生，归来仍是少年。

九四行管感谢有您！我们的洪老师！

祝您青春永驻！祝您七十寿辰快乐！

作者系湖北大学行政管理系 1994 级学生

现为华师一附中教师

心事浩茫连广宇，于无声处听惊雷

——写在恩师洪威雷教授七十寿辰之际

/顾馨江

2019 年春节前，接到了庆贺洪威雷教授从教四十三周年暨七十寿辰征稿信，这封信并不长，却足以打破我内心的宁静，让我一下子回到了少年时代与洪老师初识的那段岁月里，让我有种欲罢不能的感觉，觉得自己必须写一点什么才好。可真到动笔的时候，才发现自己已经习惯了刷抖音、看头条，自己的思维习惯早已经被这所谓的万物互联时代的快节奏带偏了好远，原来自己已经很久没有动笔认真的来整理一下自己的工作以外的思绪，面对这突如潮水一般涌来的回忆，一下子不知道从何说起了，着实感觉惶恐不已。等自己慢慢冷静下来，觉得没必要在洪老师这里卖弄自己年少时的所谓文艺，自己就应该用最朴实的语言来描述自己对洪老师的记忆。

初遇洪老师是在 1997 年的 9 月初，我刚刚进入大学校园的第二天晚上，那是一个相当燥热的晚上，全班同学刚刚到齐。辅导员高天琼老师陪着一个人走进了宿舍，高老师略带点兴奋向大家介绍到："同学们，这是你们大学的班主任老师，洪威雷教授，你们班运气太好了，洪老师可是咱们学校现在唯一一个教授班主任呢。"

教授班主任，这个称呼让我有些懵。对于一个小地方厂矿企业子弟来说，和大学教授这么近距离的面对面，还是人生中的第一次。印象里，教授应该是白发苍苍、西装革履、严肃睿智的模样，可眼前的这位黑瘦中年人居然就是传说中的大学教授，实在让我感到不可思议。正在我胡思乱想的时候，高老师的眼光已经朝我扫来，指着我对洪老师说："他叫顾馨江，挺活跃的一个小伙子，普通话说的非常好，我已经推荐他去军训广播台做播音员了。"我这才回过神来，赶紧走上前去喊了句老师好。等到高老师把班上的同学一一介绍完毕，洪老师就微笑着对我们说："本来啊我是真没想当班主任，一是太忙，二是责任太大，可学院非要这么安排，也就只好接了，既然接了，就一定会努力去做好，我会尽快和大家一起开个班会，相互熟悉一下，另外这个学期我也要给大家上课，大家有什么不懂的，也可以直接来问我。"

和洪老师的第一次见面就这么结束了，说来奇怪，这次见面虽然已经过去二十多年，但这次见面的场景就和他那新洲口音十足的普通话一样，已经深深的烙在我的记忆中。

过了没两天，洪老师给我们开了第一次班会，他先让同学们挨个自我介绍，还对每个同学的名字给了一两句风趣幽默的点评，让我觉得大学教授原来也可以这么幽默。第一次班会，洪老师给我们讲了很多很多，从大学的专业学习到社会活动到集体生活到今后的就业，具体的细节还真记不太清楚了，但有句话印象额外深刻，那就是"路在笔下"。洪老师希望我们班的同学们都能靠自己的笔为自己写出一个美好的明天。作为文科生，自己还是知道写作能力很重要，但我们学的不是行政管理么？又不是学新闻的，为什么要靠笔去谋未来，当时还真没想的太明白。

这里还是说说自己的专业，行政管理，上大学之前我真心不知道这个专业是干啥的，报志愿的时候，只觉得这个名字听上去还挺厉害的样子就报了。可等拿到通知书的时候，我家老爷子告诉我，行政管理就是管发劳保用品和职工福利的，他们单位行政科就是干这个。我听完就觉得郁闷的紧，想着自己以后工作了就是在单位给大家分分西瓜，分分工作服和套鞋，那也太没劲了，所以拿到通知书后很长一段时间都觉得整个人是灰头土脸的。

这个状态一直持续到洪老师给我们上第一次课才解脱。洪老师的读写研是安排在我们大学的第一个学期，在洪老师的第一次课上，我才确定行政管理并不是分西瓜的，而且我们行管 9702 班是偏秘书学方向，这个方向的就业据说还相当不错，但要找到好工作的前提是笔杆子要硬，洪老师给我们讲了很多优秀学长的故事，他们都是靠自己的写作功底为自己赢得了很多机会，那次才慢慢体会出“路在笔下”究竟是什么意思。

上大学前我想着既然学的专业有管理二字，就算是以后去分西瓜，也还是要锻炼下自己的组织协调能力，所以进校后还是非常积极参加集体活动，当了班长，所以和洪老师的接触的机会就更多了一些。

大一时的每次班会，洪老师都参加，每次开班会都和大家分享一些他的心得，每次班会都会和我们强调动笔的重要性。在洪老师的鼓励和带动下，我们班好几个同学都开始了自己的文字生涯，几乎每周都有同学收到邮局寄来的绿色稿费汇款单，可惜整个大学时代，自己都没有收到一张，想想还真是挺惭愧的，觉得在写作这方面真心对不住洪老师的教导。我们班还在洪老师的支持下办了几期班级刊物，当时洪老师还安排我和国庭亮同学去省文联送稿件并借机去学习请教如何办刊。现在想想，当时省文联的同志真的挺厚道，并没有因为我们是办学生刊物就敷衍我们，还是很认真的接待了我们，给了我们很多具体的指导。

洪老师几乎每天晚上都会到宿舍来转转，然后抽一个同学陪他去操场锻炼，几年下来，洪老师能熟悉班上每一个同学，了解他们的性格，爱好，并根据各自的情况给大家布置不同的任务，有几个同学本科期间就参与到洪老师的课题当中，受益匪浅。除此之外，洪老师每年还带我们去春游、去博物馆参观，连最后的专业实习，也是洪老师安排我们去省工商局完成的。

洪老师可能看出我在写作上的懒惰，所以对我写作方面的能力并没有苛求太多，但他一直鼓励我在完成好专业学习的基础上多参与社会实践，鼓励我要增强解决实际问题的能力，要学会如何去抓住问题的关键，给我讲了很多优秀学长的成长经历，以及他年轻时如何通过努力被学校从助教破格评为副教授的经历，从这些真实经历的描述中让我去思考自己该如何发展。这种启发式的教育模式对我产生了深刻的影响，也成为我自己参加工作后一个最重要的工作方法。

洪老师一直把我们当他自己孩子一样，记得第一次去洪老师家，正好看见他儿子洪流拿个足球往外跑，洪流和我们同龄，读书比我们厉害，当时在华工自动化专业就读，没想到后来成了同事，也是一辈子的好朋友。洪老师知道我们在学校食堂缺油水，经常在饭点的时候喊我们去他家，聊聊学习，聊聊生活，也就该跟着端碗吃饭了。

我也一直把洪老师当自己的父亲一般，什么话都愿意和洪老师说，自己谈女朋友了，可能连父母都没说，也会和洪老师说。

在学校的培养和洪老师的帮助下，我们班毕业的时候工作找的都还不错，尤其是那几个笔杆子硬的，国庭亮去了陕西省测绘局，程飞去了中铁十八局。

我当时先是签了华中科技大学能源学院辅导员的岗位，后来又通过了国考，赢得了教育部机关党委的面试资格。现在想来，当时我参加国考真是裸考，没有怎么认真准备。但好在考试前我正好在洪老师的安排下完成了省工商局的实习，申论考试的题目正好和我实习的日常工作相契合，所以申论完成的特别好。后来我为了如何选择，专门又去找了洪老师。洪老师那天和我谈了很多很多，他告诉我关于人生的选择还是要问自己的内心，因为每个人的路总是要自己去走的。

我最终选择了留在华中科技大学工作，因为我发现自己还是喜欢学校的氛围，喜欢去陪伴和我一样曾经困惑的年轻人共同成长。后来想想，我选择留在学校，多多少少也是受了洪老师的影响，对高校教师这个岗位有着更深刻的认同。

在平凡的学生工作岗位上，我一直努力按照洪老师的样子去面对我的工作和学生。在具体的工作中，我才真正感受到，洪老师作为大学的班主任，作为一个专业造诣深厚的学者，实在是做了太多太多岗位要求之外的工作了。现在想想，实在是自愧不如。我凭着洪老师教会我的这颗爱心和责任心，也帮助了不少在大学时代迷茫的孩子们。2004 年给学生布置的寒假孝心作业——给父母洗脚，社会反响比较大，被人民日报等主流媒体报道，还去央视参与了一期《实话实说》，至今还被同事调侃是第一位网红辅导员。多年来，自己的工作也获得了学校的肯定，先后被评为华中科技大学辅导员标兵、优秀共产党员、湖北省高工委优秀党务工作者，2012 年被提拔为华中科技大学的中层干部，一直坚持在学生工作的岗位上至今。

洪老师并没有因为我们毕业了就忘记我们，这么些年来，他一直关心我们班同学的成长，或短信，或电话。刚毕业那会，还能坚持每年去洪老师家去拜访，但后来也是自己懈怠了，许久没有再登师门，现在想来惭愧的紧。好在洪流也留校了，现在在自动化学院当硕导，和他父亲一样，非常关心爱护学生，口碑甚好。我和他这么些年来也一直像兄弟一样交往，经常一起吃饭聊天，无话不谈。

回首往事，觉得人生能有这么一段师生缘，是我一生最大的幸运。所以在写这段文字的开始，我想起鲁迅先生的这句诗：心事浩茫连广宇，于无声处听惊雷。洪老师正是在我人生迷茫的时候，给予了我莫大的支持和鼓励，让我如同听到惊雷一般获得警醒，从而找到了自己人生最正确的选择。

预祝洪威雷教授从教四十三周年暨七十寿辰活动圆满成功，届时一定要当面向恩师敬一杯酒，祝恩师福如东海长流水，寿比南山不老松！

作者系湖北大学行政管理系 1997 级学生

难忘师恩

——致洪威雷教授

/程　飞

1997 年进入湖北大学行政管理专业学习，很荣幸洪威雷教授成为我的班主任和授业恩师。犹记得第一次和我们见面，操着浓厚的新洲方言，跟我们说，很乐意成为你们的班主任，和你们年轻人在一起感觉自己也变得年轻了。一席话瞬间拉近了与初次离家求学的学子们的心理距离，让人感到亲切无比。

四年里，聆听了洪教授给我们讲授的应用文写作等课程，他独到的见解和观点，总能把枯燥的知识讲解得生动活泼，让人耳目一新、受益匪浅。在授课之外，他还关心着我们的日常学习和成长进步。他总是强调写作是一门应用学科，鼓励我们要勤奋写作，通过实践锻炼和提高自己。在他的鼓励和指导下，我的应用文写作水平得到很好的锤炼，在校期间在报刊上发表了一些文字作品，有了一技之长。还有几次，被洪教授叫到家里“蹭饭”，恩师及师母的亲切关怀历历在目、铭记于心。

2001 年大学毕业远赴职场，经过自己的努力奋斗，事业上难说成就但小有进步，尤其在应用写作上自感未丢恩师的脸。仍清晰记得洪教授的叮嘱，一个人未来的发展很大程度上取决于 30 岁之前的努力，30 岁之前一定要“夹着尾巴”做人——谦虚谨慎，多学习提升自己。早已跨越 30 岁的我现在想来，是多么深刻精辟、入木三分。仍清晰记得恩师给我的赠言：一个人追求的目标越高，付出的努力就越多，取得的成就也越大，为社会做出的贡献也就越大。虽未有多大贡献，但一直遵照恩师教训，奋斗未敢松懈。

从结识恩师至今，已悠然22载。恩师也从年富力强进入古稀之年。期间给恩师打电话问候，师母接电话说是一切安好，就是长期伏案视力不大好了。无限感慨，恩师多年来一直勤奋写作，授业不倦，实乃我辈楷模。在此唯愿洪教授寿诞快乐，身体康健，硕果斐然。

念师恩，永难忘！

作者系湖北大学行政管理系1997级学生
现任天津房地产集团工会副主席、党委宣传部部长

师恩难忘

/国庭亮

春节前，在青岛出差，收到了洪威雷教授快递的自己早年的一本专著《读写研究》和一封亲笔信，熟悉的字体又一次呈现眼前。这已是我收到的第9封信了。

和洪老师第一次见面，记得是1997年9月22日，那时我们刚入校，军训还没结束。晚上，洪老师来到了我们宿舍，带着微笑，用鼓励的眼光看着我们，说我们是他第二次当班主任带的学生。

洪老师走后，我们听说一班的班主任也来了，是个漂亮的女老师。那一年行政管理系招了两个班，我们是二班，心想，一班就是比二班运气好，班主任都要好一些。

大学第一堂专业课是在湖北大学的老中文楼上的，楼梯、课桌都是木制的，上楼时振动和声音都很大。中文楼在我们2001年毕业后很快就拆除，在原址上盖起了新大楼。

第一堂专业课就是洪老师给我们上的，教材就是洪老师自己编著的《读写研究》。这堂课，我知道了不是认识字就会阅读，可以把书读薄，还可以把书读厚。知道了读书要善于做摘录，许多张记录的小卡片一碰撞就能产生思想的火花。当然，更是知道了，写作能改变命运，记住了比我们大好几届的一个师兄叫黄海涛，通过写作改变了命运，只可惜一直没能亲自见到这位师兄。洪老师带着浓厚特点的方言以及飞快的写字速度一并在第一堂课深深的印在脑子里。

2001年7月初大学毕业时，许多专业书都卖给学校门前学院路上的书摊了，唯独《读写研究》这本书一直随身保存着，隔段时间就要拿出来翻一番。前几年搬家弄丢了，洪老师听说后，找遍书柜，在仅有的两本中又给我寄来了一本，并亲自题写寄语。2019年1月18日上午，收到书的时候，青岛飘飘扬扬下起了入冬以来第一场雪，雪白的雪花总是给人安静，让人沉思。

大学四年，洪老师教育我们最多的就是要善于学习，不停写作，写作是改变命运的敲门砖。师兄们坚持写作，改变命运的事例被洪老师一遍一遍的讲给我们听。只要有机会，洪老师总是想尽办法把我们往写作道路上引，鼓励我们坚持写作。写作上遇到什么困难，洪老师总是不厌其烦的给予指导和帮助，有时甚至托朋友或者他的学生帮忙。

对我来说，大学四年最浪漫的事就是洪老师带着我们去学习写作。那是大二上学期一个周二上午，没课，洪老师带着我们几个同学去《湖北日报》社。那天下着蒙蒙小雨，洪老师带着顾新疆、周波、程飞和我及其他几个同学从校园后门出去，沿着沙湖湿地边上长满齐膝盖深杂草的田埂走了好久，后来又沿着穿越沙湖的铁路轨道，一路走一路聊。就这样，师生几人走着到了黄鹂路上的《湖北日报》社。洪老师把我们交给了一个他熟悉的编辑老师。受此鼓舞，没多久，我还真在《湖北日报》副刊上发表了一篇文章。以前，在一些小报上发表过小小的豆腐块，但在省级报纸还是第一次，这对我是莫大的鼓舞。后来，回母校时专门去看过，想重新走一走洪老师带我们走过的那条路。可惜，由于城市开发，湿地没了，长满高草的田埂没有了，铁路也早拆了，只有琴园中间的听涛亭还屹立在那，犹如一位老人，望着早已消失的田埂和铁轨，等着远去的孩子回家。洪老师带领着我们行走在远去的铁轨上的画面，经常出现在我的梦境之中。

其实，我在我们班上发表文章不算早。当时，97级行政管理系虽然分了两个班，平时基本都是合二为一大班上课。两个班的同学受洪老师的教育和引导，许多都走上了写作道路，发表文章成为课外努力的一大目标。记得一班有个同学早早就在《知音》杂志上发表了一大篇文章，据说稿费上千元，好生让我们羡慕。这位同学还没毕业就被《楚天都市报》录用。当时，《楚天都市报》记者收入在武汉市是比较高的，能被正式录用，在师弟师妹中反响也比较大。还有好多同学都发表了文章，有的稿费就能满足基本的生活费了，有的因为发表文章有了仰慕者。

2001 年，毕业找工作，基本兑现了四年前刚进校时洪老师讲的，大学期间坚持提高写作能力并发表过文章的，都有比较优势，就业面会比较宽。我们系 70 余名同学除了继续考研的，大部分都找到了比较不错的工作，有的因为发表过文章进了国有大企业。

对我们找工作，洪老师也总是放心不下。我在 2000 年 11 月底与武汉铁路局签订了就业协议，同时，也参加了那一年的中央国家机关公务员考试。2001 年 3 月，公务员成绩出来了，位于西安的陕西测绘局通知我去面试。很矛盾，不知道该不该去西安，想了一晚也没想明白。我父母都是农民，也没法提供什么意见。第二天上午，洪老师主动把我叫到家里，分析了具体情况，建议我还是去西安。这天，在洪老师家，我人生第一次吃了芒果。

后来，在洪老师的直接关注下，我们班几个写作能力稍微好一点的同学都在毕业前几个月被发展成为中国共产党预备党员，这也为我们在公务员面试考核中增添了优势。

从 1997 年上大学第一堂专业课开始，洪老师教导我们坚持阅读和写作的习惯，我基本坚持到现在。这也成为受益最多的习惯，也是工作上能不断取得进步的“法宝”。

2001 年到陕西测绘局参加公务员面试时，由于我提前把读大学时公开发表过的 20 多篇文章复印成册通过人事处递交给了局长，获得了额外的好评和加分，再加上面试时写的文章获得了满分，我面试成绩第一，填补了公务员国考时的分数差距，最终被录取。参加工作后，由于有写作基础，工作能力也逐渐被单位认可，2011 年被破格提拔为局办公室副主任，2013 年被提拔为法规与执法处处长，2015 年任职现单位党

洪威雷教授与国庭亮等同学合影

委书记，2018年被借调到自然资源部工作。回看，我工作中的每一步变化都与经常总结，能写一点东西有关。而这些，都是洪老师在我1997年进入湖北大学学习第一天起就一直强调的。22年前，洪老师授的“渔”，一直都在促使我不断努力、前进。

如果说2001年7月我从湖北大学行政管理系毕业了，成了一只风筝，那风筝的另一头一直都拽在洪老师的心头，一次次电话、一封封书信就是那根线。

2002年9月，毕业一年多，洪老师来信：“西安有我的好友，如有什么困难，告知我一声，他们会支援你的。注意照顾好自己，有合适的，谈一个吧，不要苦了自己。”

2004年4月，洪老师来信：“今日刚从恩施飞回武汉。每年4、5月是最忙的，本科、研究生的论文、学术会议，但再忙，这封信要写”，“有时夜静更深而又难以入眠之际，就想我的学生。你是有很大潜力的，是可以创造机会进步的。”

2005年1月，洪老师来信：“你是一位有实力、不甘平庸的人，力争把工作做出色，早一点上去，为国家、为社会做更多好事”，“一定要照顾好自己，免我牵挂。”

2006 年 8 月，洪老师在西安主持一个大型全国性会议，专门抽出时间晚上约我见面。

2007 年 2 月，洪老师来信：“去年在西安，看到你长瘦了，我心里很不是个滋味。”

……

2019 年 1 月，洪老师 70 岁了，再次来信：“唯希望像你这样无背景的人，早一点多碰上几位伯乐，提供施展才智的平台，好为社会多做贡献。”

如果人生是远行，每当我迷茫的时候，洪老师总能及时给我方向和力量。毕业离校以来，收到洪老师的信是最多的，每次的鼓励都使我不敢懈怠，每一句关怀的话语都让我动容。我想，亦师亦父，最多也只能如此了。

作者系湖北大学 1997 级学生
现供职于陕西测绘局办公室

岁月悠然过　师生满别情

/高景海

人生是精彩的，在不同的阶段会遇上形形色色的人，开启一段共同的经历，充实生活、丰富阅历、汲取营养。总有一些阶段遇到的一些人，对自己人生带来改变和进步，让我们感情契合，感觉到人生的充实和美好。大学阶段是人生感性和理性交织融汇的美好阶段，大学老师传道授业解惑，深深嵌刻在学生的脑海之中。对我而言，硕士生导师洪威雷就是这样一位令人充满敬意和回忆之人。

相聚校园聆教诲

时光荏苒，离开湖北大学到广州工作已经 18 个年头。说来也是有趣，在武汉读书期间的点点滴滴并未随着时光流转而淡忘，感人有趣的事情反而记得更加清晰起来。1998 年 9 月 1 日，我乘坐了 33 个小时的绿皮火车到达武昌，开始了三年的学习生活。火车还没进入武汉城区，看到轨道两旁农田里还有成片成片的积水，这正是当年长江特大洪水灾害尚存的痕迹。入学不久，我便和几位同学登门拜访了洪老师。洪老师个头不高，干练精神，声音洪亮，谈吐锐利且不乏幽默。经过几个月的相处，终于和傅荣云、黄世楚、靖才春三位同学如愿选择洪老师为导师。洪老师的家在大学校园南面，离沙湖几步之遥。逢年过节，甚至是周末，只要洪老师在家、情况凑巧，我和同学们都会到洪老师的家中坐坐，顺便打打牙祭。印象最深的是洪老师的书房，不大的房间，两面墙书柜队列，一面是常规书柜、一面是一米左右高的矮书柜，靠窗的位置摆放了一张单人床。书柜里面密密麻麻摆满了各类书籍和各种资料，粗略判断文史哲占最大比重，政治、教育、心理学方面也不在少数。洪老师的厨艺在武汉男人中的水平如何，我不好判断，但经常为我们做的鸡肉面和清炒淮山却印象十分深刻。尤其是清炒淮山，至今让我念念不忘。我从小在冀东平原农村长大，成长的年代从没有吃过淮山。洪老师这道菜滑脆清甜，较大程度上保持了淮山的原味。来到广州工作后，有条件自己做菜了，我还专门打电话向洪老师讨教过如何做好这道菜，也尝试过多次。十几年过去了，也逐渐养成了喜欢吃淮山的习惯。

读书期间，洪老师对我最大的影响还是在学业方面。从方法论的角度看，洪老师三年中有两个招对我颇为奏效：激励上进、尊重个人选择。在日常课程和生活交往中，洪老师特别注重讲故事影响人。应该与家学和专业特长密切相关，洪老师很会讲故事，注重叙事层次、角度选取和细节生动，以励志故事为主。同时深谙天边不如身边道理，经常讲身边人的故事，让人听有所悟所获。记得讲得较多的是何建新、刘为民、丁绪欢等几位师兄学习奋斗的故事。

洪威雷教授与高景海（右一）、许卫华、黄华（左一）合影

由于我大学本科阶段有较好的法学基础，洪老师积极鼓励我立足基础，拓宽知识面。课堂学业之外，加之个人没有情感交往方面的牵挂，图书馆成为我前两年最常出入的地方。除了法学，还认真读了一些哲学、历史、政治学、社会学的著作，做了不少读书笔记。其中罗尔斯的《正义论》、斯塔夫里阿诺斯的《世界通史》、卢梭的《社会契约论》等书对我的思维和观念带来了很大冲击和改变，初读的印象至今历历在目。现在想来当时颇为遗憾之处在于读经济学著作较少。这些都为我建立学术思维奠定了基础。我利用暑假期间集中精力复习法律并通过了国家律师资格考试后，洪老师就把它作为一个标签，经常向外人介绍。在毕业论文方向的选取上，洪老师充分尊重我的个人意见，最终选择了“行政程序”最为研究方向。行政程序是法学和行政学的交叉领域，有利于发挥我的特长和专业基础。在论文的写作过程中经常与洪老师交流，并得到规范的学术指导意见。毕业并到广州工作了大半年时间后的一天，突然收到行政学院李蓉娟老师电话，告知我的论文被评为学校“优秀毕业论文”，并寄来了800元奖金。洪老师也专门写信给予鼓励，并最终将论文的一部分在《湖北大学学报》刊发，看得出洪老师对此很看重，甚至比我更高兴。

零丁洋畔话别情

珠江入海口外的零丁洋附近，南宋末年曾经历当时海战历史上最大规模的崖门海战。文天祥在此留下了著名诗篇《过零丁洋》。珠海市坐落在零丁洋畔、南海之滨，作为经济特区，整洁、开放且富有活力。2016年5月19日，洪老师来珠海市委党校讲学。由于不能安排在广州停留，毕业后已有十年未见面，我决意赴珠海与洪老师一聚。上午从广州驱车两小时赶到洪老师下榻的酒店时，早年已到珠海市直单位工作的黄海涛师兄、同在省直单位工作的周渊师妹和她爱人已然在座。打量一番，洪老师和十年前在广州匆匆见面时毫无差别，头发黝黑，面色红润，充满活力。落座之后，忙不迭问起洪老师、师母和洪流的一些情况。得知洪老师一家其乐融融，老师和师母身体康健，洪流已结婚并育有一子、学术研究颇有进展收获，十分高兴。穿插询问了一些师兄和师妹的工作生活情况，大家言来语往，彼此完全没有陌生感，不大的房间里洋溢着谈笑之声。

正是在这次相聚时，深入了解到洪老师退休后仍活跃在讲坛，担任武汉大学东湖分校新闻学院院长，教学生活十分充实。同时还兼任中国应用写作学会副会长、国际汉语应用写作学会常务副会长等职务，寒暑假期间，赴各地组织参加学术会议。教学和学术一如既往充实和活跃，退而未休，忙而不乱，乐在其中。午餐后继续聊到人生规划、同学近况和一些社会现象。四点许，周渊二人由于赶路先行告辞。不觉间日落西山，在师兄的热情慰留下，洪老师我们三人又共进晚餐，共同品味享受了一顿珠江入海口盛产的海鲜大餐。在珠海明亮的月色下，海风习习，和洪老师话别珍重，别有一番情味。

重逢广州夜正浓

2018 年 11 月 18 日傍晚时分，我和同在广州工作的黄华师兄相约来到广东省社会主义学院大楼，看望前来讲学的洪老师。屈指算来，与洪老师又有近三年时间没有谋面了。虽说时有电话和信息往来，终是不解阔怀，见面的心情迫切。刚进酒店大堂，洪老师已然站立等候。头戴一顶深色鸭舌帽，上身着一件随身薄羽绒服，笑意盈盈，双目炯炯有神，一如往昔般干练、慈祥、睿智，完全看不出站在面前的是一位年近古稀的长者。刚一落座，大家忙不迭聊起各自的情况，完全没需要点儿前奏曲的感觉。在两个小时的时间里，谈到了各自的工作、家庭、小孩教育、婆媳关系、人生感慨、熟人近况，似乎有着说不完的话题。转眼到了晚饭时间，窗外早已是一片大都市的繁华夜景。趁着晚餐之前一刻钟，我们又聊到了养生的话题。感慨芳华渐逝，身体大不如前，保养身体比功名利禄这些身外之物都重要云云。洪老师讲到他自己每天坚持锻炼三个动作，有老中医、朋友传授的，也有是自创的。三个动作每天一遍，每个动作重复五十次。说着说着，洪老师起身在客房中央现场示范起来，我和师兄也跟着照葫芦画瓢，有一学一地比划。洪老师大有非把我们教会了不罢休的劲头，一边重复一遍讲解要点，还不忙不迭对我们的动作进行纠正和点评。学着学着，心中不免好笑起来，大学期间洪老师主要讲学习、将人生、讲社会，时移势易，现在倒像个拳师，传授起拳脚。看来当时学的是非常认真的，到今天我还能比较规范做出其中的两个动作。

晚饭时聊到今后生活规划的话题，洪老师十分肯定地说，自己是共和国的同龄人，明年就 70 岁了，如果把人生比作一年的话，现阶段已经进入了第四季度，前边忙忙碌碌，工作、讲学、任教，接下来要从教学岗位上彻底退下来，社会兼职和社会活动也会逐步减少，最大的愿望就是沉淀一下，静下心来好好写点文学作品。我和师兄静静的听着，很少插话。洪老师悠然的说着，像是想了很久后的宣示，充满对属于自我的自由生活的向往。洪老师国学和中文功力深厚，长于写作，感觉敏锐。70 年的岁月里，经历共和国建设和改革阶段的重大历史事件和重要时间节点，是共和国成长的经历者、见证者。假以时日，写出一些好的文学作品只是时间问题。正如习近平主席所言，今天中国文坛，有高原、乏高峰现象突出。作为一名文化工作者，我更是打心底里期望洪老师的作品早日问世，最好到广东来出版，活跃带动一下广东文坛。

记得去年我到美国培训，在加州伯克利大学和斯坦福大学学习三个月时间，近距离观察了解美国的教育体制和社会状况。抛开价值判断不谈，仅从事实判断，美国大学的老教师普遍具有一种不服老的劲头。这种精神对个人的发展和健康是十分有利的，值得我们深思。就此还专门和洪老师交流一番，特别提到了伯克利大学哈斯商学院的约翰教授与斯坦福大学可持续发展和全球竞争力中心主任莱克教授。约翰教授七十岁年龄仍然担任伯克利大学和普林斯顿大学的教授，每周都要在乘飞机在美国东西海岸之间穿梭。教学之余，还会穿插到中东、欧洲、南美等国家进行交流和开展咨询服务，同时也很会安排私人生活，公事和私生活并行不悖，相得益彰。莱克教授是美国工程院院士，年届八十，他最小的儿子年龄比我们班上最大年龄同学还要大，却依然亲自为学员上课，工作在一线，上课专用的接线板都是自带自装自收，思维活跃，精力充沛，不知老之已至。洪老师听后也颇为感慨，引以为学。真心祝愿洪老师的晚年生活快乐充实，引杜甫诗句以共勉："丹青不知老将至，富贵于我如浮云。"

作者系湖北大学 1998 级学生
现供职于广东省委宣传部

七十华诞齐祝贺，满园春色致先生

/万燕花

学问是一种宁静，生活是一种喧嚣，从喧嚣走进宁静，离不开先生的教导；

现实是一种骨感，梦想是一种幸福，将梦想照进现实，饱含了先生的祝福。

——题记

春回大地，万物复苏，这是一个欣欣向荣的季节。

我们迎来了洪威雷老师的七十华诞。

这是一个值得纪念的日子，看满园春色，桃李天下，真是岁月葱茏，不禁让人感慨万千。

离开湖北大学的校园已经十五年，在人生的历练中，耳旁不时回响起跟随洪老师做学问时的教诲，那春风化雨般熟悉的声音，总是在不断地鼓励安慰着我，一句句话就是一首首震撼人心的歌，激励着我不断克服困难，勇往直前。

洪老师常说，他与新中国同龄，是跟着新中国一起成长的，与祖国同呼吸共命运，筚路蓝缕，终是无负青春。青年时期，洪老师饱受贫穷与非议的困扰，经历过饥荒、文荒、学荒，然而，不管面临的处境多么荒凉，他终是咬紧牙关，坚持下来。在未成名之前，洪老师常被别人议论，也常被人瞧不起，他从不争执，也不反驳，而是自己静下心来，拼命地学习，挑灯夜战，熬夜通宵成为老师的家常便饭，因为老师深知实力才是第一说服力。废寝忘食的努力，终是成就了老师的志气，随着一篇又一篇文章的发表，一本书又一本书的出版，老师很快破格晋升为教授，非议也就越来越少，而大家对老师的认可则是越来越高。

洪老师治学严谨，不仅自己身体力行，而且对学生也是严格要求，所不同的是，在对待学生方面，既有父亲严厉的一面，又有母亲般慈祥的一面。我的毕业论文题目是《论中国行政文化的演变及其走向》，宏大叙事非我所长，论文研究让我倍感艰难，为了把握论文的方向，先生要求我坚持每周至少去见他一面，说实在话，去之前心里是非常的害怕，忐忑不安，可是到了洪老师那里，他和蔼可亲、平易近人的形象和温和的态度，顿时让我少了几份恐惧，少了几分不安，心也平复了许多，到后来，定期跟先生会面成为了我的一种期待。从行政文化的理论概述到演变轨迹，再到中国传统文化与现代行政文化的冲突，以及当前中国行政文化存在问题，最后是中国行政文化走向的思考，洪老师都跟我进行深入的讨论，或探幽访古，或旁敲侧击，在论文的内容、逻辑结构和使用的方法等方面给出了非常多的建议，也提出了非常严格的要求。在论文修改阶段，洪老师更是严谨仔细，不仅一一指出文章的是非曲直，甚至小到标点符号，也都不厌其烦。可以说，学位论文的研究过程，是洪老师对我做人处事的一个重塑过程，言传身教，让我受益匪浅。

洪老师始终将学生的培养放在首要的位置，在教学中坚持“因材施教”，会根据学生的认知水平、学习能力以及基本素质，选择适合学生特点的教学方法进行有针对性的指导，激发学生的兴趣，让每一个学生能够得到最大的成长。比如，先生对于学生论文的选题，有的会根据学生的优势来定，发挥学生所长；有的则根据学生以后想要从事的职业和岗位来考量，为其创造条件，提升学生的就业竞争力。

知行合一是洪老师的又一重要教育理念。“知”是理论上知识的吸收和理解，“行”是实践中知识的运用和精准掌握，“知行合一”才能

洪威雷教授与万燕花合影

达到对一项研究足够深入的探求和分析，让学生意识到理论与实践相结合的力量才是最强大的。“知”和“行”两者是密不可分的，前者是后者的指导思想，后者又能够反作用于前者，是对前者的进一步完善、升华。当时我在外面职业学校上课，洪老师对我的要求是：去外面实习实践，不要耽误自己学校的课程和科研，如果你以后要做一名教师，可以多去锻炼，站讲台也是需要各方面能力的，如何把你心里所想的，用学生听得懂的语言表达出来，把难的问题简单化，这就是我们通常说的水平。

工作之外，洪老师对学生的生活也充满了关心。还记得在学校的时候，我们有时会到先生家里去请教问题，只要先生不是特别的忙，他和师母都会热忱地留我们在家里吃饭。毕业了的学生寄给先生的一些特产也会毫无保留地和我们分享，餐桌上也不忘了教导我们一些人生哲理和处事原则。印象特别深刻的一次，临近毕业，我也刚好领完结婚证，洪老师送给我一句话，“家不是讲理的地方”，可以说这句话就是真理，是至理，千真万确，对我一直受益至今。

刚结婚时，对婚姻有许多期盼，期盼从中可以得到慰藉、爱情、宁静、快乐、健康等等一切美好的东西。然而，梦想很美满，现实却并不是那么回事。应该说，从一开始，我们大部分人对婚姻都有着一直错误的观念，容易走入两个极端。其实婚姻开始的时候，只是一个爱情空盒子，走到一起的两个人，要彼此地去给予，彼此地去包容，彼此地去关心，彼此地去侍奉，彼此地去赞赏，慢慢地，那个空盒子才会日渐丰富起来，让我们能够享受其甘美的果实。我的婚姻也是经过了好长时间的磨合期，有过许多的争吵，有时吵得相互不说话，有时吵得面红耳赤。我老公是很会讲道理的，有时能把白马说成黑马，能把水说成油，每次我都讲不过他，心里就特别地难受。心里一直在想，当初我嫁给他，不是因为他擅长讲道理呀，而是希望他能疼爱自己，爱自己一辈子，他讲的这些道理我不是不知道，也不是不明白，但听着就是那么别扭，即便他有一百零一个理由又能如何？当我们之间开始据理力争时，家里便开始布上阴影。两人都会不自觉地各抱一堆面目全非的歪理，敌视对方、伤害对方，最后是两败俱伤，难以收拾。这个时候，我总是能够想起洪老师对我的毕业寄语，“家不是讲理的地方，应该是讲爱的地方，爱一时很容易，爱一生一世却不容易”。老师真是洞察先机，良苦用心啊，给我提前打了预防针，让我在这个时候能够得到醒悟：在家庭里，相互的理解和宽容尤为重要，也是至高无上的理由。用不着去怀疑，用不着去揣摩，而是让爱滋润着一切，爱越纯洁，家庭就越温暖，爱越忠诚，家庭就越快乐！既然如此，那么我就不应该和老公在讲道理方面纠结，而应该更多地去关心他，照顾他，疼爱他，做一个主动的建设者。慢慢地，碰到冲突和矛盾，我先停止争吵，让自己先安静下来几分钟，然后心平气和地沟通，不在情绪激动恼怒的时候沟通，该退让的就退让。慢慢地我和老公之间的争论越来越少，生活也过得越来越幸福，两人的关系变得更加亲密了。

洪老师对人的关心总是恒久的，即使毕业了，只要有事找他，不管是什么事情，只要他能帮得到，他都会尽力而为。谢谢您，洪老师！

莫道桑榆晚，为霞尚满天。作为一名学者，洪老师始终活跃在学术研究的前沿，退而不休，依然又工作了十年，至今仍然醉心于自己的学术研究，从未停止学习和进步。

洪老师用几十年的执着沉淀着自己的学术功力，用几十年的求索打磨出灿烂的人生。

先生的平实与质朴，奋进与执着，成为我们学习的楷模。

致敬先生！

点滴教导时时在，细心关怀念念兹。

喜迎洪老师七十华诞，感受着先生的教诲与关心，衷心祝福老师身体健康，生活美满！

作者系湖北大学行政管理系 2001 级研究生
现执教于上海理工大学

从师奢俭道

/蒋世高

大学学政，毕业从商，在好几个朋友聚会的场合，我讲自己对金钱并无多大兴趣，诸君诧异得很。而我的大学导师洪威雷懂我并自始至终地支持我——虽奋战商场十年并无多大建树，可那心系众生的情怀从未改变……这情愫，萌芽于故乡巍巍大山的滋养下，绽放在大学导师俭奢之道的浇灌中。

“鹪鹩巢林，不过一枝；偃鼠饮河，不过满腹。”这是洪老的俭道。记得去年中秋，我登门拜望洪老，经久不见，师生聊得格外开心。不觉已到午时，老师留我用餐，招呼我在客厅看书候着，便去厨房忙活了。许久不见老师出来，便去看看情由，只见老师满头汗，正煎鸡蛋，看这态势是要做鸡蛋肉丝面了。见我探过门的笑脸，老师也笑了：“世高，你来做，我这厨艺不精啊，平时都你师娘做点菜，我一个人的时候就在楼下买馒头吃，味道还不错！主要是进餐馆费钱，自己做费时，误了我好些看书的时间，所以很少进厨房。”

我们在客厅边吃边聊，讲到他给我们这届学生上第一堂课的场景。当时，新入校的我们正在座位上三五成群地各自聊天，讲台前突然传出了声音，响亮得很，就是听不太明白，方言。大家循声前望，只见一衣着整洁却着实朴素的老者站在讲台上，同学们一度以为是哪位来自农村的学生家长在发表什么意见呢！不过，大家很快在他边讲边板书的自我介绍中了解了他的身份——我们的应用文老师，行业先驱呢！“几节课下来，我们就听懂您的方言了，就像这加多了盐的面条一样，特别有味道！”讲到这里，师生二人又是一通笑。

我来自农村，务农的父母养育了三个孩子，自小就过着清苦的生活。大学毕业后，几番周折，衣食无忧了，有时候涉及一些商务宴请，菜品丰盛，有吃剩且携带方便的时候，我总是要求打包。而我一个人的时候，确实对吃食没有什么大爱好，怎么方便怎么吃。在穿着方面本也不讲究，无奈混迹商海又无潘安之貌，增加许多沟通成本，哈哈，后来倒注意些了。但内心深处对这衣食并无迷恋之心，也算是从师俭道之一二吧！

洪老的衣食之俭，对我影响深远；而他的奢华尽在灵魂了。

洪老的奢道，不以身份论英雄，不以财富论英雄，而把具有高格人品和远大心性的人视作英雄。和每一位师者一样，洪老何尝不希望自己的天下桃李在各行各业大展抱负，效力民众？而他更希望看到的是，自己的学生在各个领域奉献才华的同时，灵魂深处那光彩照人的思想如朝日、如朗月能投射光芒，照亮一方。英国学者罗素的一段话是对洪老奢道的深情诠释：对爱情的渴望，对知识的追求，对人类苦难不可遏制的同情心，这三种纯洁而无比强烈的激情支配着我的一生。是的，孜孜不倦的学习以探求社会存在之规律和终其一生那发自肺腑的对苦难的悲悯是他一直在攀爬的两座精神高峰。

每次走进恩师家中，感觉所有家具物品都显得那么落寂，它们实在没有地位了——沙发让书本压着；电视被书本挡着；餐桌上的两个旧碗碟也让杂志挤到了一角；卧室的寝床也是不乐意的，它只想服侍主人，可是那些报刊古籍却在它背上小憩……书在这个家里倒像是主人了。洪老求知似渴，对弟子们要求也严，几年前拜望他的时候，刚好有位官声极好的师兄致电问候老师，老师询问了他的一些近况，并嘱咐他多看书，注意休息调节。师兄坦言，政务繁忙，书看得不及以前多了。老师严肃地说到：“拒绝读书，忽视灵魂；拒绝运动，忽视健康，是极不可取的两件事。”师兄当即表示要加大学习和运动的时间投入。

老师讲，他往来密切的弟子们都是很好学的。当今，工作时间长，生存压力大，持续学习确实是件奢侈事。于我而言，目前从事的商业活动较为传统，书中那些光芒并不能让我现实的立竿见影，但我依然买书、看书、爱书。书籍这土壤滋养的光明、健康、富有创造性的力量在我的血液中从未停息骄傲地回荡，让我在迷乱尘世中有着坚定不移的方向。

洪老的怜悯之心，不仅是对他身边的人，更是心及苍生，这种对大众悲苦的难以遏制的恻隐在他的灵魂深处隐藏，在他生活的点滴中体现。我在上大学的时候，手头拮据，还需替父母分担些胞弟的学费。洪老了解我的境况后，当即叫来了一位小有事业的师姐，要求她帮忙解决我的一些困难，师姐很快便给我谋了一份暑期职，大大贴补了学习期间的用度。毕业那年发生了不堪回首的汶川大地震，我陪洪老捐款捐物，老师忧伤得很，总在叹息：多大的灾难啊！多少人流离失所啊！要是能提前监测到该有多好！我这捐的一点东西，九牛一毛，可这苦难无边，我一老书生，奉献一点多一点的欣慰罢了，哎！

曲折十载从商路，愧对亲友和老师的是我尚无明显成果。值得欣慰的是故乡的大山奠定了我的心性，恩师的言行坚定了我的取向。毕业那时确立的商业理念“让更多的人参与，为更多的人服务”的初心未改，且一直在践行。我期望我将来的事业，能让更多心怀善念的开拓者相聚一堂，共同创造财富，不再为育儿和养老焦虑；我期望我将来的产品，更多热爱生活的消费者能从中受益，共享科技之美，不再为物美价高而烦劳。商业对于我这种没有家底和基础的群体来讲，是条更加漫长的路。或许，我并不能达到我设想的高度，但我依然费力地迈着步履，从未停顿——因为亲人期盼的眼神；因为贫瘠的故里和由此导致的落后的教育；甚至，因为我在电视上看到的异国那饥瘦却纯真的儿童的脸……事实上，我是低微在尘埃里的一凡人，本无能操这苍生的心，可是深印脑海的贫困和悲苦无时无刻不在叩击我的心门啊！

生命不止，叩击不止；叩击不止，奋斗不止。

沿着这俭道，走下去。

沿着这奢道，走下去！

作者系湖北大学行政管理系 2004 级学生

无 题

/丰钰娟

人到了一定的年纪，经历了世间的磋磨，就会不愿回忆，甚至逃避回忆。只想着一路向前，好像只要不断朝前看，就能赢过时空里可能遭遇的不快与不幸。一时间，同门师弟的文稿邀约，就成了开启我记忆封箱的按钮，我开始小心翼翼地过滤曾经青春恣意的过往，筛选出有生之年与恩师有关的闪光片段，如沧海珍珠三两颗，与其他同门奉上的明珠一道串成链，妆饰洪老师的宏大寿辰。

洪老师给我的最初印象是听到他的口音，哈，原来是老乡。这种地域联系对于一个第一次远离故土亲人的新生来说，是一种天然的安慰剂。听他的课，我从来就没有语言关需要过，再加上写作本就是我所长，所以洪老师讲写作，于我是顺风行船，每每上课都获益颇丰。

洪老师讲课个性鲜明自由，连带着课堂氛围也很融洽。这也是我后来选择他作为研究生导师的主要原因。他把启发式教育自诩为“放养”，给了学生很多的发挥空间，真正实现了“教育者是点蜡烛的人，而不是仅仅把瓶子灌满”。

我至今都很感激他给予我的自由。自由地选择学习内容，自由地搭配知识构架，甚至自由地选择上课时间。我在读研的三年里，几乎全部的时间都留给了图书馆。湖北大学当时打造了湖北省最大的图书馆，这与洪老师的“放养”策略相得益彰。在他的提议和引导下，我选择了宗教文化与行政文化的交叉研究方向，从此开启了新世界的大门。我如今回想起来，当时真没有料到从老师那里学到的知识能够指引我的人生道路。洪老师，谢谢您！

洪老师教会我全面化的思考，保有知识分子的独立人格，要从实践案例中找规律而不是从文本到文本地构筑“空中楼阁”。这一套原则让我在后来的工作和生活中始终保持初心，知道自己所求为何，牢牢把控未来的方向。

一晃我临近不惑，恩师也喜临古稀寿诞，祝愿老师能继续过自己想要的生活，特立独行游历人间，把山河看遍，把芬芳的知识与智慧赠予更多的年轻人，然后我就可以在您的朋友圈点更多的赞啦！

作者系湖北大学行政管理系 2005 级硕士研究生

洪老师，我想对您说

/向　鹏

2018 年 4 月初，我带着未满 7 岁的儿子重游母校校园，目睹再熟悉不过的环境，走着再熟悉不过的道路，情不自禁拨出一串再熟悉不过的电话号码：洪老，您好！

十年光阴，弹指一挥间，您的学生从一个懵懂青年，经历了工作、结婚、生子……已为人父，深知责任扛肩，既需养家育子，又要履行岗位职责。纵有千般的艰辛，但仍不忘您的淳淳教诲，您的一言一行深深地印入我的脑海，刻入我的灵魂……

曾记否，研究生入学考试，我的英语刚过国家线，且深知肚中存货甚少，抱着无把握的心态，敲开了您办公室的门，当时您和蔼可亲的笑容、慈祥和善的眼神至今让我记忆犹新。与您简短的交流也给了我无穷的鼓励。也许是冥冥之中早已注定，我成为您 2005 级研究生中的一员，当确定您是我的研究生指导老师之时，我内心无比的激动，可以说那晚我彻夜未眠，规划着研究生学习生涯，立志向博士研究生进军。三年时间，勤学善思，刻苦钻研，不辜负您的期望，向刘为民等师兄学习，但事与愿违。现回忆起来是学生定力不够、修为尚浅，受大环境影响，耐不住寂寞，守不住清贫，静不下心来，浮躁之心怎能担起求学之路，在此向您道一声：对不起，洪老师，我辜负了您的期望。虽工作十年有余，但对此仍愧疚于心。

曾记否，2006 年陪您到西安参加第十一届全国应用写作学术研讨会，来自全国各地的专家学者齐聚一堂，探讨应用写作的新特点、新趋势，可谓成果丰硕，学生一辈子受益匪浅！我亲眼目睹了，亦深切地感受到了，作为会长的您，研究应用写作的独到见解。这绝非一日之功。是您严谨治学态度、孜孜不倦精神，所悟、所思、所得，给与会者以启迪，达到了学术上的交流、精神上的共鸣。研讨会上浓厚的学术氛围，与会者对您的推崇，对您的尊重，学生仍记忆犹新！

曾记否，是您引我入读书之路，教我做人做事之道。如您年轻时彻夜未眠研读专业书籍，开创我国回忆录写作的先河；如您讲述黄海涛师兄的艰难人生，艰辛的求学经历等，这些教给我自在不成人、成人不自在的人生道理，都深深地启发着我，教育着我，影响我的一生。

纵有千言万语汇成一句话：您是我生命中的贵人，学生一辈子感恩于您！

作者系湖北大学行政管理系 2005 级硕士研究生
现供职于中国铁路武汉局集团有限公司

感谢洪老师

/汪　杰

有幸拜读在洪威雷教授门下，在湖北大学政法与公共管理学院潜心研读了行政管理专业三年硕士研究生课程，可以说是我一生中非常难忘和十分庆幸的一段经历。

时隔数年，清晰地记得洪老师给学生们上课，总是一口亲切的鄂东方言，格外吸引我的注意力，每次上课时课堂鸦雀无声，因为学生们都听得津津有味。每节课里都饱含老师的殷殷嘱托，时而是应用文写作技巧，时而是行政文化历史沿革，更多的是教育我们如何为人，如何做学问，一个个通俗易懂的小故事总是穿插在课堂里，发人深省，久久回味。

在那个懵懵懂懂的青葱岁月，每到洪老师的课，我总会提前去教室抢到靠前排的位置，生怕错过任何一分钟老师的讲授。研究生刚入学，老师就给我们指定了长长的读书清单，督促我们写好读书笔记，时常组织我们交流读书心得。

回想起来，甚是感谢老师为我的人生指明了方向，为我树立正确的价值观奠定了基石，好似一杯醇厚的美酒，愈久弥香。

治学严谨、平易近人，笔耕不辍、博学多才，是我能想到最贴切形容恩师的词语。到了参加工作的阶段，我也总能想起老师的教诲，每每看到老师又在国际国内大型学术会议上作专题学术报告，或在微信群里给我们分享对中国纪实文学和应用文写作学研究的独道见解，都好似催人奋进的兴奋剂，励志用自己学到的知识在企业里努力工作、实现价值，在生活中积极乐观、帮助身边人，在有限的生命里孜孜不倦地用新的知识充实和提高自己。

洪老师常说，女性就是要独立，不要依赖。活到老，学到老。知识改变命运。

果真如此！研究生毕业后，我进入了武汉铁路局工作，从一名基层的列车员到高铁车间党总支副书记，再到现在的副科级干部、享受中级职称待遇，我真切感受到了“知识改变命运”的真谛，尤其是对于一名女性。通过过硬的文化知识，我还实现了从武汉客运段到铁路局融媒体中心的转岗，终于每天从事着自己热爱的工作，并且相信自己能在工作中有更大的进步。如今的我，家庭幸福，工作稳定，步入中年，甚是欣慰。

谨以此短文，献给恩师，感恩老师教诲，感恩这段师生情谊！此生难忘。

作者系湖北大学行政管理系 2005 级硕士研究生
现供职于中国铁路武汉局集团有限公司融媒体中心

浩海博陆威雷鸣　和风细雨密树欣

——庆洪威雷教授七十岁寿辰忆文

/吴　明

十几年来，在我求学、修心的道路上，洪老师一直伴我同行；当我独步时，仿佛也会有老师如影随形，带给我探索的力量、寻梦的勇气。在命运中，很难会遇到一位长者，既是你的老师，然后成为你的同事——并且，他始终是你的导师、你人生的明灯，为你引航、照亮前程；又犹如知己一般，和风细雨、温润如玉。能与洪老师结下师生缘实属我今生至幸。

初识洪老师，源于他作为智者的博雅。洪老师主讲的公文写作课堂永远是学生充满期冀、意犹未尽的课堂。洪老师授课时将丰富的阅历、渊博的学识、深厚的功底、娴熟的技巧融会贯通，产生洞穿时空的渗透力，使学生若朱熹所述“善读者玩索而有得焉，则终身用之，有不能尽者矣”，在灯火璀璨的都市夜空举目望天，依然能联结宇宙，令心河汇入银河，激发出对知识的无限渴望。洪老师教会我们如何去读书、撰文。他告诉我，任何时代的写作者都要坚定信念，无论环境怎样变，对写作的执着之心是真挚、永恒的。坚定这份信念，需要养成自制力和信息筛选能力。若《道德经》终章，“信言不美，美言不信。善者不辩，辩者不善。知者不博，博者不知”，通过探索式阅读提升写作者对文字的注意力、感知力、洞察力、思考力，“是以诗人感物，联类不穷；流连万象之际，沉吟视听之区”。探索式阅读令人对作品产生忘却实境、纵情文海的舒畅感觉。为了提升知识的宽度、思考的深度，在阅读过程中，“学”与“思”需深度融合。例如读哲学书，需要累积经验、沉淀人生。哲学中大量的问题都以人生的终极问题为中心递次发散，可再次级的问题都无法从一本书中获得答案。就算读同一本书，因为不同读者的经历、积淀、视角差异，对信息挖掘的深度就会不同。信息无尽无穷，它们为各种粒子提供存在前提、构成宇宙，就算我们穷其一生也无法读到全部信息中的毫厘——何况运动是永恒的，一切即是历史。即便如此，我们依然可以通过探索式阅读提升综合素养，使体验强度、思维深度、知识容量、技能数量得以增加，终以“读书破万卷，下笔如有神”。

在大学工作后，洪老师是我科研工作的引路人。我连续两年参与的湖北省重大调研课题都是洪老师主持的。洪老师非常关切湖北民营经济和文化产业的发展。他说，湖北要通过思想创新、体制创新、科技创新实现产业结构调整、传统产业升级，全面提升软实力。这个提升过程，就是智力因素对经济增长、社会发展的影响力不断增强的过程。人杰地灵的湖北拥有丰沛的文化智力资源禀赋，尤其是既有的文化企事业单位数量众多、高校毕业生规模巨大。但要将智力资源优势高效利用、使其转化为市场成果，还需要努力争取和调动一切资本力量。饱含着老师对湖北经济发展、文化繁荣的殷殷期待，2014 年，《湖北省民间资本进入文化市场的机制研究》立项获批。我们通过走访调研一批湖北省影视传媒、动漫游戏、创意设计、旅游休闲等行业的文化企事业单位，分析湖北民间资本进入文化产业的现状，并与京、沪、浙、粤、湘等省市的民间资本进入文化市场情况进行信息对比。重点访问中国光谷、华中智谷等地的文化单位，参观中部文化博览会等会展活动，并到文化事业主管部门和相关政策部门进行访谈，撰写调研报告，提炼民间资本进入文化市场的环境、要素构成并建立起相应的影响机制模型。我们厘清了湖北省民间资本进入文化市场的主要障碍和短板，分析出了这些因素产生的原因和造成的影响。同时，建立起了适宜湖北的民间资本进入文化市场发展模式组合，并对它进行影响分析、趋势预测。洪老师率领的团队在核心期刊上发表的四篇论文——《湖北省民间资本进入文化市场的政策路径探析》《民间资本进入湖北文化市场的企业孵化机制研究》《论湖北民间资本进入文化市场的创意支持体系构建》和《湖北民间资本进入文化产业的跨国护航体系构建》，为推动湖北民间资本驶入文化市场的汪洋拉起了巨帆。

与洪老师可贵的智慧相比，更珍美的是对故乡执着的偏爱。翌年，老师申报的又一项课题中标。这对多数学者而言是难于上青天的事，洪老师如履平川。我问老师，您何以气定神闲再斩佳绩？老师告诉我可以读读南怀瑾的书。他提到，有书中说："侠骨柔情天付予，临风玉树立中衢。知君两件关心事，世上苍生架上书。"我们热爱着荆楚大地上的风土人情，母亲湖北也眷顾我们，《关于公共文化服务标准化均等化机制建设的研究》就这样与湖北的父老乡亲深情相拥了。课题组在当时担任黄石一把手的先旺书记安排下，与文化局郭双喜局长等领导一起进行了多场座谈调研，实地到阳新县、分镇和黄石市街道进行考察，获取了大量的一手有价值的资料。走访时，洪老师说："中国人有崇拜祖先的传统，把建祠堂视为收宗族、厚风俗和修身、齐家、治国、平天下的一件大事。千百年来，祠堂是族人寻根问祖传统中长期历史和文化积淀的产物，其核心是血缘亲情，表现为饮水思源的心理，发展为家庭寻根扩大到民族寻根，家族认同扩展到民族认同。"黄石市把公共文化服务引进祠堂，使这座常年闲置关门上锁的公共场地敞开大门，在政策、资金上给予支持，在公共文化建设上给予引导指导，民众既可以祭祀祖先、缅怀故人、追忆过往、劝改后嗣、留住乡愁，又能知世情、学知识、懂法律、炼身体、解矛盾、享娱乐。现在黄石市乡村中的祠堂，已成为一个群众喜欢的集阅读学习、棋牌娱乐、健身休闲、婚丧喜庆、邻里相帮、化解纠纷等一祠多能的阵地，成为本村人气最旺的地方。这一做法和经验，不仅值得学习，而且值得推广。先旺书记说："古老的祠堂在黄石市成为聚人气、凝人心、启民智、宣传党的方针政策、互帮互助的场所。我们要进一步扶持引导，使之成为公共文化服务的新阵地。”我们的结项报告款款深情、关怀民心，也打动了郭生练副省长的心，作出了把黄石的工作经验推广到全省的重要批示。洪老师发表的文章一经光明网报道，中国青年网、凤凰网等近百家主流媒体纷纷转载，在湖北文化界激发热议。

洪老师到机关院校作报告百回，追随者遍及天南海北；从教半世纪，享誉学界。虽为泰斗，但清亮如露、明丽如霞，是我心灵中富有吸引力、亲和力、感染力的清馨景致。论做事，他告诉我“具备见地，才能够脚踏实地”；论修心，他告诉我“要真正地了解了人生，才能够懂得人生”；论饮食，他告诉我“少吃多餐，清淡为宜”。与威雷先生一起，心神俱宁，福慧双增。我觉得今生最大的福报，就是能与前辈永相知、常相伴！

作者系湖北大学行政管理专业2005级硕士研究生
现就职于湖北大学知行学院

点滴之间总关情

/胡妮嫚

洪老师是极相信缘分的，我与他的相识便是一种缘分，我更愿意把这种相识当作我的幸运。

2005 年，我进入湖北大学，那时候的我真的是带着一股子的懵懂无知。刚刚摆脱了严酷的高中学习，自以为是飞出囚笼的小鸟，从此可以自由飞翔。然而，绷紧的弦就这样突然放松，依然不知道方向，不知道自己的目标，不确认自己的理想，每天按部就班跟着一群差不多状态的同学上课，直到我们遇到了这样一位老师。在所有任课的老师中，他很难不让人印象深刻，他就是恩师洪威雷。

他是所有任课老师中年龄最大，但又是上课精神头最好的一位。我 2005 年入学，2009 年本科毕业时洪老师刚好退休，所以我是入门最晚的一个了。他在整个政法学院甚至整个学校都是德高望重的一位。不过咱可不能因为人家年纪大就觉得跟咱们年轻学生难以沟通，恰恰相反，这位我们当面称老师背后戏称“威威”的可爱老头，无论在校园哪里看到他，他永远都是那么有精神，让人感受到一股正能量。在他面前，如今某些流行的“颓废”和“丧文化”，都显得不值一提。

他是大学课堂里唯一一个不用普通话授课的老师。第一次走进洪老师的课堂，这位老师往台上一站，还没开讲他自己倒先像个孩子一样不好意思的笑了起来，整个课堂一下子轻松起来。他先简单统计了一下班里学生的地域分布情况，然后才道出原委。他说他不会讲普通话，不知道同学们能不能听懂他讲的课。他话音刚落，同学们立马回答他“能听懂——”，有几个调皮的同学还很配合地用方言回答他能听懂。这也算是我们大学期间上过的独具地方特色的一门专业课了。后来跟老师接触多了，才知道老师早已将这种地方特色带到了多个国内外的知名院校和会议上。

他的课堂从来不缺乏乐趣，不会有人缺课，不会有人开小差。他给我们讲授的是应用文写作，却把这样一门看似枯燥的学科讲得异常生动。他将公文写作的要点，结合自己丰富的人生阅历，深入浅出，即便是一堂写作课，也能被演绎地激情四射。台上是侃侃而谈的老师，台下是一双双求知的眼睛。各种知识点经他娓娓道来，一节课恍然间就结束了，同学们却都意犹未尽。现在回想，眼前可爱的老头，简直就是课堂上移动的表情包啊。有时候满堂的欢笑也压不住他自个儿那魔性的笑声。

也是后来帮老师整理时，才知道老师信手拈来的一些经典事例，都来源于老师一个专门的笔记本。他在这个笔记本上记录了自己翻阅期刊报纸或者各地走访时看到的或听到的比较有代表性的典型，这些记录都跟我们的专业相关。正是这些日常知识的积累，才让我们的写作课程变得鲜活起来，老师的每一堂课都让我们甘之如饴。他也将这种日常的坚持习惯介绍给我们。他告诉我们，每天坚持读一份报纸的一个版块，长期坚持下来一定有收获。那时候还没有智能手机，手机上没有即时聊天工具，纸质的报纸 5 角钱一份。当时日常报刊比较难见的《长江日报》大量发行时，老师可高兴了，他说学生们终于可以看到有价值的报纸了。

按照专业要求，大二下学期我们开始准备学年论文。我有幸得以分配至洪老师门下，受他指导来完成论文。也就是从这时候开始，我跟老师的接触才越来越多。老师说话风趣幽默，总是给我们传递着他睿智的思想。他对我们格外严格。从论文的选题方向，框架结构，甚至连格式和引文，都对我们提出了更高的要求。他说学年论文的准备要为毕业论文做准备，一定要规范严谨。虽然老师要求严格，但我们却是极愿意跟他交流，聆听他的教诲。隔三差五，我们几个学生便会一起找老师请教。老师无论多忙，都会停下手里的活儿帮我们答疑解惑。老师的办公室不大，仅有的一张办公桌摆满了各种书刊，还有他随手记录的各种小纸片片。办公桌旁边摆着一台老式电脑，对他来说，这个现代化的设备真的就成了摆设。正是这台电脑，拉近了我和老师之间的距离。一次偶然，老师急需回复一封邮件，我自告奋勇帮他回复。邮件写完后，我很紧张，生怕出错，就说先检查一遍再发出去。站在我旁边口述的老师听我说完立马一跺脚叫了声“好”，他说这个习惯好。我当时还吓了一跳。熟悉老师的人都知道，老师性情中人，嬉笑怒骂都在脸上，高兴起来会拍手跺脚，生气愤慨时也会冒火三丈。

一封简短的邮件，我们师生结下了不解之缘。很多需要在网上处理的信件，或是查询资料，还有一些学校必须的教务工作，老师都放心交给我来做。相处期间，老师不仅仅是教我专业知识，也经常传授一些处事经验。他经常告诫我，要多看别人的优点，多学习别人的长处。这些观点在我后来的工作和生活中一直影响着我，让我遇事待人能够达观宽容，自己也少了许多烦恼。

老师学富五车，成为多个领域的著名学者。时年他受邀撰写一本应用文写作的新书。承蒙老师信任，我和其他几位师兄师姐参与了这本书的编撰工作，既是锻炼，更多的是给我创造了跟几位师兄师姐学习的机会。这是有关应用文写作的工具书，撰写工作量非常大，要求非常高，老师为了这本书耗费了大量心血，到了废寝忘食的地步。通常早早到办公室，又成为整个学院最后关灯的那一个。为了方便，老师将他办公室钥匙交了一把给我，但他却经常到的比我还早。老师不讲究吃穿，却尤爱喝茶，每天进办公室第一件事就是泡一杯茶，然后开始一天的工作。他告诉我，泡茶可有讲究了，要先洗茶，打好窝子再泡，然后又如何如何，反正我是没记住。但打窝子我是听进去了。第二天，我特意早早到办公室，按照老师说的步骤洗茶泡茶。老师来了之后我邀功似地把泡好的茶端给他，他还喜出望外说我聪明。我说这茶我早就洗过了，还洗了好久。他问怎么洗的，我说把热水倒在装有茶叶的茶杯里，泡个几分钟再把洗过的水倒掉再洗一遍，就算洗过了。刚一说完，老师大腿一拍，“哎哟咧，你倒掉的那才是这泡茶的精华呀!”然后就看他坐立不安地心疼了好半天。从此以后，我才知道所谓的洗茶，真真就是给茶叶简单的淋浴一下就好了，可不能像我一样洗一次恨不得脱几层皮。

老师的办公室就是他的一方小天地，目光所及，几乎都是书报。出于我一个小女生的小爱好，我在老师满是书香的办公室窗台上养了一小株含羞草。每当写累了敲字敲累了都会去逗弄一番，顿时心情舒畅，老师看了也不说我玩物丧志。我却养成了每天去看看含羞草的习惯。直到有一天，我像往常一样来到窗台前去看含羞草，哇塞，变异了。复叶生植物变两株茅草了。老师不好意思地说，前天晚上和徐梅芳几个学生聊得晚，走的时候去关窗，一时没注意，把花盆给推到楼下去了。他赶紧让徐梅芳到楼下去寻，梅芳师兄到楼下就拾掇回现在这个模样。（梅芳师兄这个锅你背不背?）虽然是件小事，可老师却放在了心上。后来，师兄师姐们给老师办公室添置了发财树、虎皮兰等等，这两株茅草依然生机勃勃。

武汉的冬天总是特别冷，即使是老师的办公室也不例外，挡不住的严寒。连续工作几小时，手都会僵，老师体恤我们，会提议去同楼层的乒乓球室打打乒乓球。连拍子都不会拿的我也不愿意认怂，硬着头皮上啊。这下好了，老师真的是很不给面子，很不厚道地几个回合下来，他都已经快笑岔气了，魔性笑声又响起了。亏得我脸皮厚。老师说，想找个球技相当的对手打球，最好能让他出出汗的对手。可惜，我打乒乓球属于搞笑那一挂的。摸着良心说，我真的是在很认真地打乒乓球了。

眼看着跟出版社约定的交稿日期越来越近，大家也都越来越紧张，打乒乓球的机会越来越少，就连吃饭的时间也变得紧张。老师吃什么是不讲究的，通常到了饭点，老师就问我们吃什么，然后他也就跟着吃什么。每天中午，去正门外的小重庆买饭菜成了我的新任务。两个人，一荤一素，板凳上垫张旧报纸就开吃了。不论什么饭菜，他总能吃得津津有味。我那时候也是不懂事，有时候也会去小吃摊买些重口味小吃，比如重庆酸辣粉什么的，老师虽然不挑食，但却是最怕辣的。他一边抹汗一边嗦完了一碗酸辣粉，还直呼太过瘾了。有时候，他还说就想吃一吃我们学生吃的东西。我们专门带他去了西门那边的“堕落小吃街”，吃过锅贴啃过烧饼——他总说学生苦，吃饭从来都是他掏腰包。有时候别人请吃饭，他总会额外打包几个好吃的菜带回来给我们几个学生吃。

在老师和几位师兄师姐的努力下，新书如期交稿出版。老师说这本书凝结着大家伙的心血，不是他一个人的。老师跟出版社协商好，将每位参与者的名字都罗列上去，新书的稿费老师也都全部分给了几个参与的学生。在这本书的编撰过程中，我跟随老师和几位师兄师姐学到了很多，也是第一次体会到自己的名字出现在书上时那种高兴、兴奋的感觉——以后我也可以吹嘘自己是出过书的人了。

老师的关心不仅仅是学业上的，生活上也是为我们几个操碎了心。对老师来说，他的每一个学生都像他的孩子一样。眼看着我们就要毕业了，老师不时地询问我们找工作的情况，一有机会就跟以前的学生或者在自己接触的圈子里推荐自己的学生。还不仅仅是推荐就业，像我这种后知后觉的，还被推荐相亲了。某天，毫无征兆地，老师一个电话，叫我穿体面点去他办公室一趟。就在他那间方寸大小的办公室，我认识了我现在的老公。谁能想到，在老师的强烈撮合下，我成了名副其实的“毕婚族”，如今也是8岁孩子的妈妈了。毕业、工作、结婚，我在一年内全完成了。找到合适的人，过着踏实的日子。我的婚姻也算是父母之命，媒妁之言了——衷心感谢如父般的老师！这么多年来，在我的心中，老师早已是如父般的存在了。

工作后，老师也会经常了解学生的工作和生活情况。我也会经常跟老师汇报工作的情况，老师总能在关键时刻给我一些好的建议。我遇到问题拿不定主意时，首先想到的是问问老师的看法。有开心的事，想着立刻向老师汇报。不开心的时候，也会敞开心扉，在老师面前一吐为快。老师心境高远，处事平和，考虑问题细致周全，总能设身处地地提出中肯的建议。每每跟老师通电话，总觉得又上了一次很难得的课。通话结束时，他总在最后说一句“要注意安全啊！”这样一句简单的嘱托，却总能让我感受到春风般的和煦，温暖宁静，给我力量。

春华秋实，岁月无痕，时光的飞逝，为我们的人生留下了许多宝贵的财富，太多的记忆，太多的情感，始终让我们铭记于心。时间可以改变很多，可是改变不了师生情；距离可以隔开很多，但是隔不开我对老师感恩的心。我祝愿我可亲可爱的老师生日快乐，身体健康！顺祝我可亲可爱的师兄师姐们工作开心、家庭幸福，事业红火！

作者系湖北大学行政管理系 2005 级学生
现供职于华中光电技术研究所

谆谆如父语　殷殷似友亲

/张　琼

我至今记得第一次见洪老师，是在湖大行管学院教学楼的楼梯间。那时，我还是一个手里攥着导师选择意向表的外校跨专业录取新生。洪老师带着爽朗笑声、大步流星地拾级而上与我不期而遇。一时间，我怔住了，不知道该说什么，自我介绍还是开门见山？我像一颗钉子一样钉在楼梯半层，进退两难。洪老师或许是瞥见我的局促不安，转头对着我这个不相识的学生慈祥的报以微笑。也许连洪老师自己都不清楚，就是他这个温暖的微笑，伴随着我走过了三年的求学生涯。

“读书明理，要多读书，读哲学书。”

入门第一天，洪老师给我们同门四人列了不同的书单。不似其他老师要求写读书笔记、定期抽查，洪老师总是在他那间只有书桌一张、沙发一组、其他各处堆满书的办公室中，和我们“聊天”，从历史，到时事政治、再到家长里短，没有大道理、没有上纲上线，有的是润物细无声的言传身教。所以，我们都爱扎堆往洪老师的办公室跑，找洪老师聊聊天、吹吹牛。也许是同门四人，唯我一人是女孩，私下里洪老师也会偷偷给我开小灶，嘱咐我：“读书明理，要多读书，尤其要读哲学、懂哲学，只有想明白万事万物的规律，看事情才能更通透。”当时不觉得，如今每每遇到困顿挫折、生活工作一地鸡毛，想到如此方能体会洪老师当年所言乃是至真之理。

“换一个角度看待问题，海阔天空。”

同门四人，我和彭毅师兄是跨专业报考。彭毅师兄基础扎实、天赋异禀，不是我辈可比。每每想到自己从国际经济与贸易跨到行政管理，就懊悔自己“腿”怎么那么长，“手”怎么那么短。专业基础薄弱让我总是战战兢兢、莫名胆怯，很多同学们一带而过就清楚明白的知识点，我却要“从猿到人”地一番研究。没有喊我笨鸟，亦没有喊我先飞，擅长“讲故事”的洪老师给我讲述了一个“腿”比我更长的、用生物学知识来研究社会学问题的学长的故事，让我一下子豁然开朗。洪老师教诲说，与其跟自己的不足较劲，不如“换一个角度看待问题，海阔天空。”打定主意后，我将毕业论文研究方向进行调整，将论点集中在国际贸易政策研究上。于是，“不幸”被抽中毕业论文外审的我，“幸运”的成为唯一一个顺利通过外审的人。“换个角度看问题”，直到今天，无论面临职场任何事情，我依旧如此警醒自己。

“好的文笔就是你最有利的敲门砖。”

对于学经济学、管理学的我而言，从来没有想过今天是靠笔杆子“吃饭”。对文字的自信，得益于洪老师给我“压担子”！现在想来也算不上“担子”，那时没娃没家庭压力的我，有幸参与编撰《申论考试精解》一书。在洪老师的悉心指导下，我文笔有了“质”的提高。当我看到自己的文字变成铅字出品，仿佛发现了自己未开发的“潜在技能”。毕业在即，洪老师用韩玉晔、丁绪欢、刘为民、黄海涛等师姐师兄的励志经历勉励我们，不论工作岗位在哪里，都要坚持笔耕不辍，结合工作中实际问题写出好的调研报告，“好的文笔就是你最有利的敲门砖、直升梯”。在后来的工作中确实如洪老师所言，用心的积累和好的文笔让我在同年入职的年轻人中脱颖而出，成为苛刻条件下调回机关本部的第一人，也因为为上级集团公司董事长代拟讲话稿而被亲切点名面见。每每遇到此类小确幸，我总是兴高采烈地通过电话告知洪老师，让他分享我的快乐，亦是为了感谢老师的精心栽培和指点。

“人生重要的是选择，一旦决定了，就要毫不犹豫的走下去。”

毕业后，我和先生一起上门拜访过洪老师两次。第一次是在婚前，洪老师祝福我和先生，随后与曹欢欢、戴友义夫妇、向鹏、芦文龙等同门参加了我们在咸宁举办的婚礼，时至今日我仍保留洪老师对我们的祝福赠言。第二次，我怀着大儿子，洪老师笑言预测国家会全面放开二胎，劝谏我们再生二胎。果不其然，被老师言中，我们迎来了二宝。连带着，我家先生也成为洪老师的“粉丝”，总是念叨“听洪老师一席话、胜读十年书”。其实，在我心里，早已视洪老师如父亲一般。这么多年来，遇到难以抉择的关键时刻，我总是自觉不自觉地向洪老师请教求援。洪老师亦是不吝赐教，以他丰富的阅历和渊博的学识为我设身处地地着想谋划。他总担忧我，“女孩子不可好强，要在家庭和事业之间做好权衡”，却也鼓励我：“人生重要的是选择，一旦决定了，就要毫不犹豫的走下去。”每每如此，我却是感动万分，因为只有将我当成自己的亲闺女，老师才会如此矛盾吧。

洪老师对我的教诲还有很多。纸短情长，笨拙的文字无法代替崇敬、感激、热爱之情。只想说，亲爱的洪老师，有您在，真好！希望未来的10年、20年、30年……更多更多的每一年的这一天，我都能有幸为您写上一段这样的文字，给您唠叨唠叨我的生活、工作、学习，无论是欢欣雀跃的，还是不尽如人意的，都想让您知道，就当是女儿向您“撒娇”求“关怀”！

最后，祝福亲爱的洪老师，寿比天高，健康幸福！

作者系湖北大学行政管理系2006级硕士研究生
现供职于湖北能源清江公司办公室

十年过后忆恩师　点滴教诲伴成长

/戴友义

光阴似梭岁如箭，黄鸾声声教长鸣。在我漫长求学生涯之中，有位恩师的形象总在脑海中萦回，并深藏于心中。10年过去了，他的言传与身教一直鼓励着我在人生道路上求真解惑，砥砺前行。

2006年初，我接到了湖北大学行政管理硕士的录取通知书，选择硕士生导师时，我有幸得到洪威雷老师的青睐。他是我在湖北大学本科就读之时的行政公文老师，但本科在读之时并未能有过多交流，只知先生是武汉新洲人，公文写作能力超群，加之身材偏瘦，个头不高，记得第一次见到先生那种微微一笑的样子，就像一缕阳光从面前掠过，眼前一亮，也就有了沐浴春风般的温暖。从我内心来讲，我愿意跟随这样和气的老师求学。

洪威雷教授与戴友义合影

先生说话略带新洲口音，他有为人师者的良好风范，总是满脸微笑，待人和蔼热情，永远是不急不躁，温文尔雅。我对先生讲行政管理相关方法理论在历史人物上的各类体现事例印象特别深刻。有一堂课上，他为我们讲到《诸葛亮识人七法》时，头一次让我们知道了古代传奇人物的传奇之处，用“七曰”为我们开阔眼界。遥想老师当年风采，只见他面向黑板，飞龙舞凤一般写下“如何考察和辨识一个人的人品”几个大字后，转过身来，微微一笑大跨一步上前，手掌慢慢贴上胸口，动情吟唱：“一曰，间之以是非而观其志；二曰，穷之以辞辩而观其变；三曰，咨之以计谋而观其识；四曰，告之以祸难而观其勇；五曰，醉之以酒而观其性；六曰，临之以利而观其廉；七曰，期之以事而观其信……”当先生逐条解释完后，教室寂静，空气凝滞，继而响起热烈掌声。

如果说行政公文写作课给了我一些善于探疑的思维启迪，我想那是和洪先生的教诲分不开的。先生讲课不囿前人之说，广引资料，探幽发微，细作考证，因而，或评文或论人或议事，常有独到见解，多援例证，坦陈己见，独成一家之言。

我受性格和成长经历影响，本身治学不算严谨，研究能力远在几位同门之下，但洪先生一直怀有因材施教理念，为我开出的书单与同门大有不同。每个月初，我便到先生办公室聆听教诲，与先生谈论上个月所阅书目之精华要义，不论我是侃侃而谈还是只言片语，先生都是一脸笑意，接着为我开出下个月的书目单，叫我好好阅读，阅后再与他来谈，从不责骂，亦从未流露失望之色。

在我眼中，先生为我人生再造恩师，借用颜渊叹孔子的那番话：“仰之弥高，钻之弥坚，瞻之在前，忽焉在后，夫子循循然诱人。博我以文，约我以礼。”送与今年洪先生的七十寿辰，愿先生桃李一生，悦享康健！

作者系湖北大学行政管理系 2006 级硕士研究生
现供职于武汉市消防救援支队

来自老师的三封信

/芦文龙

在我新家书柜中间的抽屉里，有一个破旧的牛皮纸档案袋，里面装着一张我的全家福，本硕博学位毕业证书和女儿的出生证明等，还有三封信。这抽屉一般是锁着的。

自2006年读硕士至今，我从武汉到北京再到大连、出国、回国，从学生时代走向工作岗位，从单身到结婚成家再到为人父，从住学生宿舍到多次租房再到现在几次搬家，已经记不清自己经历了多少次打包行李再出发的时刻了。但是，我清楚地记得，这个四周已经磨得起毛的档案袋在我身边已经足足有十多年了。我也清楚地记得，无论走到哪里，每当我疲倦的时候，我都会拿出这个档案袋，取出里面的东西，静静地看上一会儿。里面装的东西，让我知道我是谁，我在为什么而坚持，以及我为什么而活着。尤其是那三封信，虽然只有薄薄的几张纸，但每次捧在手里都感觉厚厚的、重重的。

这三封信都来自我硕士研究生导师洪威雷教授，都是亲笔信。于我而言，洪老师是学富五车、治学严谨的教授，更是关爱后生、爱生如子的长者；是传道授业解惑的经师，更是德行高尚、为善无涯的人师；他是良师是益友，更是慈父。二十多年的学生生涯，教过我的老师有很多，但我只（能、愿）直称“老师”而不在其前加姓氏的，独有这一位！

第一封信

第一封信是在我硕士研究生毕业离开武汉时老师所赠。清楚地记得，在2009年8月上旬某日，老师说要请我吃饭，为我饯行，还让我叫上这些年在武汉上学期间结识的朋友。由于老师请我们同门吃饭，或者跟着老师蹭老师的朋友、已经毕业的师兄师姐的饭，或者我们到老师家里面蹭饭，那是常有的事儿，所以，当老师说要请我吃饭，为我饯行时，我虽深表感谢但不觉意外；但老师说让我叫上我自己的朋友时，我既感意外又深为感动！一下子感觉老师就像自己的父亲一样，要请来自己儿子的好朋友一起来为即将远行的儿子饯行似的。

8月16日晚，老师在一家很温馨的饭店请了我和我的两位好友一起吃饭，一起陪同的还有我的几位同门。那晚大家都十分开心，我更是格外开心！饭罢在我上出租车前往火车站之前，老师塞给了我一个密封的大信封，并叮嘱我明天到北京下车之后再打开看。我当时还问老师，是什么东西这么神秘。老师笑而不语。由于饭间多喝了两杯，我一爬上卧铺就睡着了。第二天醒来车已到站。我迫不及待地拆开压在枕头下面的信封，从里面先滑落出来了一个小信封，小信封里面装着一叠百元大钞，然后是一封折叠的很整齐的信。

信的开头这样写道："文龙：好！一想到您马上要离开武汉，总是几股情思一起涌上心头：一是高兴，您将继续深造；二是留恋，三年来从不相识到相知，情同父子；三是失落，今后谁提醒我'老师，您有两份来信''老师，下雨了，有伞吗?''老师，我过来了，有事找您。'……我已习惯了您的周到、细致和真心，真情的相处！叫我如何舍得您的远去???!!!"拜读至此，泪水已经模糊了我的眼睛。老师通篇用"您"字称呼我，我受宠若惊！"您"，"你"在我"心"上也！于此，我心同老师之心，皆拳拳之心！在此离别之际，我何尝又不是高兴、留恋、失落！

老师在信中说，虽然读南怀瑾先生的书会让他“看破、放下、自在”，但他放不下的是洪流、我、小龚、胡胡和××、××！老师素来洒脱，放不下我们几个，也许很大原因是我们几个在老师看来，较之其他老师喜欢、看重的学生，或在学业或在事业或在家庭或在性情或在人生的其他方面需要更加完善吧。老师言及此处，我能感觉到字里行间的语重心长、字里行间深深的爱、字里行间的殷殷期望。老师叮嘱，我到新环境了，要尽快适应之；老师叮嘱，我读研时文章写少了，读博时要多写多发；老师叮嘱，我学习、撰写论文不一定是纯专业性的，只要与专业相连、相关都可，重点放在科技政策伦理上；老师叮嘱，我除了哲学，还要多读其他书，尤其是名人传记，与名人交往，视野、心胸、境界，以及处世为人，就会站在高端之上了；老师叮嘱，我要锻炼身体；老师叮嘱，有合适的女孩子，早点儿成个家，不要苦了自己……

老师在信中教导，做学问要甘于坐冷板凳，要有一股韧劲。老师列出了一些做学问、做人的看法，供我借鉴：

△ 任何真正的创造，都是对原有模式的背离，对社会适应的突破，对民众习惯的挑战！

△ 写下自己的人生目标，并分解出不同的子目标。因为成功百分之九十五取决于对自己想要的有多清楚。

△ 成功者的共同点是采取行动，有了新想法马上付诸行动，成功都是来自对新事物的尝试！

△ 结牢自己的人缘网，形成有高素质、高水平的团队。靠个人的力量办大事往往是有限的。要有一批佩服、敬重您的人，愿为您付出的人！

△ 待人处事要尊重差异，容忍异端。遇事不要急于表态，要敏于思而讷于言。无论是成家之后，还是从政为官，在控制别人之前，先要学会控制自己！当您比别人强一点时，他会嫉妒您；当您比他强很多时，他会佩服您；当您强得他望尘莫及时，他会敬畏您！因此，整体提升自己，无论是学问还是人品，在德、才、识、量四个字上下翻功夫，必有后福！

△ 当选择了成功时就选择了艰辛，因为成功的背后是磨难，成功的原因是拼搏！

△ 黄炎培赠给儿子黄大能的座右铭，我亦转赠给您："事繁勿慌、事闲勿荒，有言必信、无欲则刚。和若春风、肃若秋霜，取象于钱、外圆内方。"

△ 持德不持力，持诚不持谋。有德、诚二字，无危不克。

△ 冯道奇人，在唐末五代乱了八十多年的中国，皇帝换来换去，被胡人统治。冯道活了七十三岁，"事四姓，相六帝"，成为不倒翁。宋朝欧阳修写史骂他气节丧尽。可读了冯道的《偶作》，才知他品格行为炉火纯青：

莫为危时便怆神，前程往往有期因。
须知海岳归明主，未必乾坤陷吉人。
道德几时曾去世，舟车何处不通津。
但教方寸无诸恶，狼虎丛中也立身。

△ 文化知识不等于文化素质，更不等于文化人格，离开了关爱人类的人格基座，文化人便成为可有可无的一群，哪怕他们浑身书卷气，满头博士衔！

△ 做人，要稍微傻一点。个人得失考虑得太精，就会缩手缩脚，一事无成。

△ 一个人要有所追求，当这种追求与社会的需求相结合，您的科研就能真正产生价值。

△ 智者不违众以举事，仁者不违义以要功！

老师教导，上述之类的语录，我应鉴之、借之、效之、行之。对为人做学问多少有些益处。一个人只要下了功夫，必然"功不唐捐"！

老师在信中叮嘱，可找机会有选择地将信中内容寄给洪流，让他早点成熟起来！老师说，上述内容，有的与洪流谈及，但洪流多少有些听不进。他看似在认真听，然付诸行动的则少！也许他的老师说出来，即便内容相同，他认真践行的程度必然不一样吧。（望吾兄洪流能看到这段文字！

是愚弟不对，直到今日才有机会完成老师交代的任务。深表歉意!)

老师在信末尾说，送上×千元作为旅费，是心意，一定收下！并期盼，也相信，更祝愿我早日成为国家的栋梁之材!

这是一封长信。纸短情长，老师在“临行密密缝”，这使我感到我必须应该以寸草之心尽量报得三春之晖！我现在都能想象出老师那么忙，戴着那副戴了好多年都舍不得换的“老”花镜，伏于案头至少两个上午（因为这封长信有两个不同的落款日期，所以我推测是由分别写于两日的两封信组成），为我奋笔疾书的样子。洁白的信纸满满的都是老师洒脱飘逸的笔迹，这洒脱飘逸的笔迹每每都会让我无比怀念跟随老师学习的日子。

在老师门下学习的三年，是我二十五年学生生涯中成长最快、收获最大的三年。我还记得老师召集我们四个（张琼、彭毅、戴友义和我）他2006年带的研究生第一次到他办公室开会的内容。老师仔细问了我们的本科专业背景，又仔细问了我们将来毕业后的打算，然后认真听了我们的回答，最后说他要对我们四个分别指导，因材施教，要帮助我们实现三年后的愿望。在后来的日子里，除了课堂上所教授的内容一样外，课后老师对我们四个的教育确实是不一样的。由于我三年后的打算是考博士，老师这三年对我的教育，除了行政管理的专业知识外，更多的是指导我广泛阅读其他书目，尤其是哲学类书籍。我本科学习法学，成绩平平，性格孤傲，是老师慢慢引导我如何进行面向人、社会和国家等现实问题的严肃的思考和真正的研究，是老师一步步教我了解学术动态、学术圈和如何进行学术写作、如何做学问，也是老师不厌其烦地提醒并帮我纠正我性格中的缺点。哲学家怀特海说过，教育就是青年与自己的中年和老年相遇的种种场合。我相信，师从过老师的学生们都无数次经历过老师用心提供的这样的种种场合。也因为老师的缘故，处于青年时期的我们能比较及时、比较顺利、比较幸运地与中年、老年的我们相遇、相谈。在老师的帮助和指导下，三年后，我如愿读了博士。

洪威雷教授与戴友义（右一）、张琼（右二）、芦文龙、彭毅（左一）合影

在老师门下生活的三年，是我二十五年学生生涯中最幸福的三年。正如不是所有的老师都愿意花时间用心给自己的学生写信一样，也不是所有的老师带的学生们都能成为好朋友。但我老师带的学生们能成为好朋友！张琼、戴友义、彭毅和我是同年入学的同门，我们四个在老师的带领下愉快地学习生活。上课的时候我们四个总是挨着坐在一起；课堂上老师们的提问，我们四个大多数时候也会争相回答；课后的时光那就更开心了，我们一起吃遍了学校附近的餐馆、一起去图书馆自习、一起在图书馆门前的草坪上谈天说地、一起挤在戴友义的小车里面去江边兜风、一起去戴友义家里搓麻将、一起去张琼老家咸宁游玩、一起去彭毅家做饭吃……我们四个情同手足。毕业后的几年，我们还陪同老师先后自驾远赴监利、宜昌和荆州参加了戴友义、张琼和彭毅的婚礼。而且当时他们三位考虑到我仍在读书，没有收入，决然帮我支付了从大连往返武汉参加他们婚礼的机票钱。读硕士前，戴友义已在武汉购房安家，所以我们常去戴友义家玩。戴友义的爱人范晓红和我们也成了朋友，戴友义的爸妈也对我们很好。我离开武汉前在戴友义家里小住了几日，戴妈

妈给我买了一套运动服作为毕业礼物……时至今日，我们四个还一直保持着很密切的联系。我们情同手足！老师赐予我们的这份友谊，值得我们终身守护！故而，感谢老师赐予手足之恩！

一位好导师对同门学生之间关系的影响还不止于此！老师常常对我们提起黄海涛、刘为民、丁绪欢、韩玉晔、高景海等师兄师姐的名字，并用他们的学习、奋斗经历来激励我们。所以，我们与这些师兄师姐虽未谋面但早已“熟悉”。此外，我们的上一届同门汪杰、丰玉娟、张玮、向鹏，下一届同门曹欢欢和徐梅芳，以及同期的本科生师妹师弟胡妮嫚、陈丽君、吴文敏、皮艳丽、张弓等相互间也都很要好，也常常一起聚会，我至今与他们都保持联系。记得读研究生的时候，要是哪一天快到午餐或晚餐的时候接到老师的电话，那多半是有已经毕业的师兄师姐来看望老师了，要请老师吃饭，老师总是会叫上我们这些还没有毕业的弟子们，请客的师兄师姐们也很是乐意。这在老师的弟子中已形成了一种传统，我们也在包括这样的各种活动中认识了彼此，然后在日常学习生活中互相照顾、相互帮助，进而增进了相互间的友谊。

“学生”与“老师”是一对相互依存而成立的概念，二者本应该是相互依赖、共同成长的命运共同体，亦即所谓的“教学相长”。但是，这些年关于二者关系的报道频繁见诸各种媒体，使用最为频繁的描述二者关系的词是“复杂”“僵”“不和谐”“矛盾”“紧张”等等。尤其是最近几年频发的研究生自杀事件，已经把“师生关系”这一话题推向了社会的风口浪尖。教育部也出台了《关于全面落实研究生导师立德树人职责的意见》，也算是对这一社会问题的解决与回应之策，其目的就在于缓和当前日益紧张的研究生师生关系。每当听到类似的报道时，我都会为那些自杀的研究生感到痛惜，自然也会想到我与我的老师的关系——我是多么幸运、幸福！

在老师门下生活的三年，是我作为“学生”与“老师”接触最为频繁、联系最为紧密、相处最为惬意的三年。课堂与老师接触那是自然，课后很多时间我都是与老师在一起的，比如上文提到的去江边兜风、去同门家里玩等等，老师有时候也会被我们硬拉着去；尤其是每晚九点半我从图书馆下自习后，都会陪同老师在校园内、操场里散步，这是我们每天固定的活动。除了日常的“教”与“学”外，老师还常常带着我去参加一些他出席的饭局，老师说这种场合能长见识；老师还带我去宜昌和随州等地出差，曾侯乙墓带给我的震撼至今难忘；尤其难忘的是，老师和我在炎热的乒乓球室里赤膊打球的“汗”畅淋漓，以及老师像带着自己的一双儿女一样常带着胡妮嫚师妹和我去校外餐厅吃饭、逛街购物的场景，这也是我们不定期的活动。老师学高身正、德高望重、善良正直；老师从不利用、不使用学生，而更多的是帮助、爱惜学生；老师对学生不偏心，虽有差异但很公平；老师从不打压、从不压榨学生，更多的是鼓励、照顾、贴补学生；老师从不对学生生气，而是非常有耐心；老师从未让我们失望过，我们也在老师的培养下努力、尽力做到不让老师失望，老师和我们彼此间充满无言的期待。我们尊重、敬佩、爱老师，爱和老师在一起，喜欢和老师在一起时的那份惬意，是因为老师是一位好导师，是一位好老师，更是一个好人！

洪威雷教授与熊宗荣（时任随州市政协主席）、芦文龙合影

我多次思考过老师的为师之道，我认为其关键可能在这两个字——“爱”和“人”。老师爱才惜才，真心爱护学生，故而愿意奉献和付出，老师在关乎学生发展进步的事情上从不迟到，从不早退，而是以真心真爱助力；老师看待学生，首先是把学生当“人”看，当成与自己处于对等、平等关系另一端的“人”看，而不仅仅是局限于当“学生”看，更不是当做做科研的“工具”看，如是，老师便看到了每个学生的无限可能和远大前程！相应地，我们学生也能深深感受到老师对我们的爱，我们也爱老师，也把老师当做亲人对待，无论走到哪里，都会回来看望老师，都会打心底思念、记挂老师！

第二封信

2009 年 9 月，我在大连理工大学开始了博士阶段的求学生活。离开了熟悉的武汉、亲切的老师和原来的专业，我常常感到陌生、迷茫和学习上的力不从心。正在我无助之时，我收到了老师从武汉寄来的信，这封信给了我鼓励、动力和希望。老师在信中如是写道：

文龙：

近好！

真的好想你！

书今日出版社送来了十一本，后记中提到的五人每人一本，校报上想发一消息送一本！我留一册就行！……

撰写书的路子你已熟悉了，接着走下去吧！你有这个天分，加之勤奋、刻苦、认真，定会比同龄人进步得更快些！

照顾好自己！坚持锻炼，将之列入日常生活中，日久天长必有效益！

记着，任何真正的创造都是对原有模式的背离，对社会适应的突破，对民众习惯的挑战！如果指望他人理解，平庸就会向你招手！

我马上包好，明天上午寄出！

祝跃跃欲试的进步！

专此

洪威雷

2009.11.11 晚上 7 时

在这封信的后面专门有一附页，上书：

“在人生的长河中，百舸争流，千帆竞渡，奋楫者先！

——赠文龙”

这就是来自老师的第二封信。老师在信中提到的“书”是指《行政文化学概论》（洪威雷、芦文龙编著，武汉大学出版社，2009 年 10 月，278 千字）。这本书由我的硕士学位论文修改而成，是在老师的指导下撰写、在老师的帮助下出版的。我参与老师编辑出版的书籍还有两本，分别是《新编大学应用文写作》（洪威雷主编，徐梅芳、曹欢欢、芦文龙副主编，武汉大学出版社，2010 年 2 月，625 千字）、《2009 提升版国家公务员录用考试指南——申论考试精解》（洪威雷主编，戴友义、彭毅、张琼、芦文龙、徐梅芳、曹欢欢、胡妮嫚、黄莉、宋义春、胡亚学副主编，中国纺织出版社，2008 年 7 月，439 千字）。老师在写书编书的过程中，教导我们专业知识和与出书相关的知识，这对我们熟悉学术界是大有裨益的。我们对学术界的认识比其他同期的学生可能要深刻得多。老师会把出版书的收入按劳分配给参与者。更重要的是，今天看来，这几本书已然成了我们师生情谊的实物见证，成了我们同窗友情的实物见证，成了我们青春奋斗的实物见证！

老师在信中提到的这本书，在我当年能顺利师从大连理工大学（现在东北大学）文成伟教授进行博士阶段的学习这件事上，功不可没。洪老师很喜欢也很重视哲学，老师说哲学是爱智慧，是使人变聪明的学问，认为所有学科、学问到最高阶段都是做哲学。硕士三年，在老师的影响下，我也慢慢喜欢上了哲学。所以我和老师商定我博士阶段应该研习哲学。当这本书书稿完成之时，老师带着我前去拜访湖北大学哲学学院院长戴茂堂教授。老师本来是想推荐我拜在戴院长门下学习哲学的。与戴院长面谈时，老师拿出了我的书稿，并对戴院长说这就是先前提到的芦文龙，而且在戴院长面前好一顿夸我，夸得我都有点儿不好意思了。戴院长看了书稿后，提出了很有建设性的意见，并问我愿不愿意去大连理工大学读博士，说大连理工大学的科技哲学专业在全国做得很好，如果愿意，他可以推荐。我还没反应过来如何回答戴院长，老师就脱口而出："当然可以啊！要是能去那当然好啊！大连城市好！大连理工大学是985，文龙要是能去那里读书那肯定好啊！"之后，戴院长把我推荐给了我后来的博士研究生导师文成伟教授。有了戴院长的推荐，文教授自然愿意答应我报考她的博士研究生。我不知道文老师当年答应我报考她的博士，在多大程度上考虑到我的硕士阶段成果（尤其是这本书），但我确定如果没有这本书，老师和我去登门拜访戴院长时是没那么大信心的。

老师在信中提到的这本书是我三年硕士研究生阶段学习的学术成果。虽然这本书在内容方面有诸多待完善、深化之处，但对于当年的我而言，能完成它已实属不易，幸亏有老师一路的指导、鼓励与陪伴！在写这本书的过程中，磨练了我的心性，我学会了处理很多关于自我内心的问题，比如学会了享受孤独、寂寞和思考、内省，我学会了坐冷板凳。这都为我博士阶段的学习打下了必要的心理基础。

习近平总书记曾提出立德树人要做到"八个相统一"：要坚持政治性和学理性相统一，坚持价值性和知识性相统一，坚持建设性和批判性相统一，坚持理论性和实践性相统一，坚持统一性和多样性相统一，坚持主导性和主体性相统一，坚持灌输性和启发性相统一，坚持显性教育和隐性教育相统一。我认为，老师一直以来都是这么做的。老师不是那种只给学生灌输专业知识的人，较之授学生以"鱼"，老师更加注重授学生以"渔"。我至今一直珍藏着老师当年给我们上课时的笔记：第一讲，怎样做学问？——定向、定位、定调；第二讲，方法；第三讲，人格的培养和完善既是学问的出发点，亦是学问的最终目标；第四讲，人类摆脱人身依附、思想依附的三大瑰宝——民主、科学和市场；第五讲，调研及其哲学思考……这每个专题都是超越行政管理专业的大主题，我从中要学的不只是这些大主题涉及的多种专业知识，更是老师构建这种综合性问题的大思路、老师思考这种跨专业问题的大逻辑、老师运筹这种大思路和大逻辑所需要的大视野和大理路！老师非常喜欢黄永年先生的这句话，几次三番对我们强调过："学生学老师主要是学治学态度、治学方法，最多学一点基本原理，而不是亦步亦趋地在老师的领域内打转转，否则学术怎样能向前发展？"老师确实是这么做的，也是朝着这个方向培养我们的。老师多次对我说："任何真正的创造都是对原有模式的背离，对社会适应的突破，对民众习惯的挑战！"随着科研工作经历的丰富，我逐渐理解到这句话中蕴含的深刻道理。也正是老师所传授的这些"渔"，使我在我读博期间乃至现在的科研工作中捕到了很多"鱼"！

老师在信中还是一如既往地鼓励、关心我，总是在我无助、无力、迷茫的时候给我指点迷津、给我信心、给我力量。老师的教导，既有"术"，又有"道"，更多的是二者的结合。我谨遵老师的教导，我是奋楫者，一定勤奋、一定刻苦、一定认真、一定注重创新、一定砥砺前行，必定学有所获、必定学有所成、必定有所进步、必定心灵富足、必定获得幸福！

第三封信

这第三封信，是老师与我阔别十多年后，我第一次携爱人前去武汉拜望老师时，老师写给我爱人启萌和我的：

文龙、萌萌

你们好！

"这份心意"你们必须收下，不然我会生气的！

人生在世，能相互理解和交心的不多，就格外珍惜这不多的几个。

文龙不仅好学，而且善悟；不仅重情，而且重义！

文龙不仅慈悲，而且智慧！因为给他人带来欢乐是慈悲，给自己带来欢乐是智慧！

文龙，我不仅喜欢你，而且更看重你！

你们结婚、生子我没到场，这就是见字如面了！

师：威雷

2018. 9. 8

这封信虽然短短百余字，却承载着老师对我和萌萌美好生活的祝愿！老师如此盛赞我，全然是为了让我爱人更爱我，也是教导我们做人要重情重义、要慈悲智慧！这全然是舐犊情深之举！

在第一封信中我提到过，在我 2009 年离开武汉时，老师就赠过我一叠钱，这次又是一叠，更厚的一叠。我知道老师素来节俭，老师已经习惯了自己省吃俭用。老师戴了好多年都舍不得换的那副老花镜是名副其实的“老”花镜，老师平日里的穿着很是简单朴素，以致那时候带胡妮嫚师妹和我在一家西餐厅用餐时，遇到过以貌取人的服务员的冷眼和怠慢。我第一次从武汉到大连拜见我博导文成伟教授时的见面礼，也是老师为我精心准备的……当初离开武汉时，我是念书的穷学生，家庭条件一般，老师怕我没钱花，受苦受累，所以赠予那些钱；这次回到武汉，我已成家立业，本应是我与爱人来孝敬老师，却未曾想老师又赠予许多钱，还叮嘱“必须收下，否则会生气”，更可见老师如父般的慈爱了！我知道，老师总是用节省下来的钱帮助、照顾、补贴有困难的学生；像我这样受到老师帮助、照顾和补贴的学生，还有很多！师焉？父焉？真正的为善无涯者啊！

这十多年来，我与老师皆是阔别稍久，眷与时长！期间老师与我一直保持着密切的联系，一直互相挂念着对方。这次来拜望老师，我们虽相谈甚欢，但仍觉意犹未尽。而且，听说我和我爱人回武汉拜望老师了，在武汉工作的戴友义师兄安排全程接待，彭毅师兄带着苏红嫂子还有他们的儿子从江西赶来，张琼师姐带着儿子从宜昌赶来，在武汉工作的汪杰师姐、冯玉娟师姐、向鹏师兄、胡妮嫚师妹以及晓红嫂子带着的两个儿子也都来与我们见面，一起围在老师周围，嘘寒问暖、谈天说地，好不惬意，真是一个温暖的大家庭！在此附上一张当时聚会的合影，以作留念。

洪威雷教授与他的2005级、2006级研究生的“全家福”

我每次看到这三封信中那熟悉又亲切的笔迹，都仿佛听到了老师那和蔼可亲的声音，都感觉老师就在我身边一样。我想一直陪伴在老师身边，我想老师一直在我身边！

人生的意义大概就在于，人虽以肉身行走于大地上，却要把名字留在天地间，以不同的方式，不同的记号。即使是那位“把名字写在水上”的慈济，在客观上也已经留名于天地间了。人类一直在追求的这种超然于肉身的永恒性，即以生理生命的有限来实现精神生命的无限，故人称其为“不朽”。《左传》有言：“太上有立德，其次有立功，其次有立言，虽久不废，此之谓不朽。”孔颖达为《春秋左传正义》做疏，对三不朽进行进一步界定：“立德，谓创制垂法，博施济众；立功，谓拯厄除难，功济于时；立言，谓言得其要，理足可传。三者有其一，谓不朽也。”我认为我的老师洪威雷先生是活出了人生应有的意义的，是不朽的！老师学高身正、为善无涯，是吾辈效法之榜样——此乃立德！老师领衔创建了中国应用写作学会，并在学会最艰难的岁月里连任会长23载；在老师的领导下，中国应用写作学会克服种种困难，各种建制从无到有，学术影响力从弱到强，从籍籍无名到享有业界盛名，对中国应用写作的发展产生了历史性的深远影响——此乃立功！老师孜孜以学，著作等身，在我国“应用写作学”“纪实文学”“公务调研学”三大研究领域做出了开拓性的理论贡献，可谓“言得其要，理足可传”，此乃立言！老师以“小我”之身、之前因造就了“大我”之生、之后因；吾同门皆老师生成之“小我”，且须竭力学习、传承老师之为人之道、为师之道、为学之道——此亦属不朽！

我的每一点滴微小的成长和进步都包含着老师的教导、鼓励和期待。我之所以能在前半浮生的跌撞中成就当下之我，之所以可能有在后半浮生的未知中成就未来之我的信力、精进力、正念力、定力和慧力，也是因为有老师一直在，永远在！

浮生一世，幸有恩师！恩师于我年少无知之时授予“渔”、“鱼”，有栽培之恩；恩师于我孤单孤独之时介绍同门相识相交，情同兄弟姐妹，有赐予手足之恩；恩师于我贫贱之时赠予千金，有急难之恩；恩师于我远行追梦之时筑路搭桥，有伯乐推荐之恩；恩师于我屡困于十字路口之时明以方向，有指点迷津之恩……

浮生若梦，师恩记厚！师恩永难报！师恩永传承！

作者系湖北大学行政管理系2006级硕士研究生

现执教于东北财经大学

写给洪老师的信

/曹欢欢

尊敬的洪老师：

您好！一别数年，甚是想念。犹记当年老师教诲，如临在耳。您良师益友般的对待我们，言谈举止间传授的大小道理是我求学路上的珍贵收获。

自从工作后，老师平时聊到的那些人生道理，时刻提醒着我。我和爱人两人离开故乡，离开家人和师长，一切都是从零开始。多年来我一直工作在一线基层，接触的人形形色色。我经常会想起在校园时和老师、师兄师姐们一起交流畅谈的时光。除了老师传授我们的书本知识，时刻影响我们的还有老师曾经的谆谆教诲，以及老师无时无刻不与人为善、对人谦逊的高尚品格。伟人毛泽东曾对他的恩师杨昌济评价道："努力鼓励学生立志做一个公平正直、品德高尚和有益于社会的人"。我对于老师的感情也是这样的，正是老师对我的影响，让我 9 年来在自己的岗位上不断努力，踏实工作。这几年我和丈夫多次获得区、市的荣誉和奖励，在单位也算找准了自己的位子，正是这种在他乡陌生环境中的打拼奋斗，让我更经常回想起读书时候，体会老师您那时说的人生道理。

2017 年，您来重庆讲学，已为人母的我带着先生孩子一起去看望您。那次见到恩师，您还如我们毕业那时一般精神矍铄。那次庆幸的是老师一切安好，身体康健，却也感叹时光荏苒，自己渐感身心苍老起来。研究生三年跟着老师研习公文写作方面的学习，可惜学生肤浅，未能学得老师的万分之一。如果还有机会，真想再次跟着老师学习个数年。

今年 7 月 13 日就是老师的七十寿辰。老师，学生在此祝您生日快乐，松柏常青！希望到时能有机会亲自送上祝福！

学生：曹欢欢

2019 年 3 月 13 日

作者系湖北大学行政管理系 2007 级硕士研究生

现供职于重庆市公安局大渡口区分局春晖路派出所

洪老师的一句话

/徐梅芳

翻开以前的笔记本，密密麻麻写满了老师的授课内容，但是有一句话被我用红笔画了又画，并誊正在笔记本扉页。

老师教诲：当你超过别人一点点时，别人会嫉妒你；当你超过别人一大截时，别人就会羡慕你；当你超过别人，别人追不上时，别人就会佩服你。老师用自己的成功，生动诠释了这句话的意义。

老师的成功，源于勤奋。湖北大学政法与公共管理学院 6 号楼 302 办公室，一张靠墙的老旧书桌、一组靠窗的生锈铁皮书柜、一把磨得发亮的布椅，简陋得不能再简陋，已是办公室的全部。无论寒冬酷暑、白天黑夜，都可以看见老师在办公室阅读写作；没课的时候，也准能在办公室找到洪老师。他没有过多的应酬、娱乐，一心只扑在工作上。斯是陋室，惟吾德馨。就是在这间不足 20 平方米的斗室里，洪老师以其不倦的勤奋精神，严谨的治学态度，拼搏的进取精神，实现著作等身，以学术权威连任 23 年中国应用写作学会会长，业绩还被《湖北省社会科学界名人》和《世界名人录》收录。我读研究生期间，有幸常给老师做些发邮件、誊稿件之类的工作。我亲身体验到，洪老师取得这些成就的背后，是日复一日、日积月累的付出，每一篇文章、每一本专著，都是他用时间和智慧凝聚起来的。

老师的成功，源于尽责。有一回，我把费力写了三天的稿子呈请老师斧正，他看了第一段后摘下眼镜说：“你先回去，我看看后再跟你讲。”第二天一早，老师喊我过去，把稿子交给我，又摘下眼镜对我说：“你先看看，研究下。”我拿起一看，五张纸的稿子，他用红、蓝和铅笔，从标题到最后一个标点符号全部改了，原稿已“面目全非”。按照老师的要求改好后，老师又提了些想法，让我补充完善，这样来来回回改写了四五遍，他才说勉强可以交稿。最终，这篇文章发表了，还得了200元稿费。老师对改写学生的文章尚且如此认真，更何况其他事呢?他在写文章时，为了找到一处引用的原文，可以到图书馆亲自查阅或四处求证。他在教授课程时，总是事先做充分的准备，让学生真正能学有所获。在接触了那么多日渐浮躁的人、事和环境后，才懂这样负责的老师是多么稀罕啊!

老师的成功，源于豁达。洪老师每天5点多就起床，看书后开始散步，他的线路是晴天在新图书馆走十圈，雨天在台阶上顶棚下来回走，锻炼时长标准是“微微发热”。老师走路时喜欢边走边甩他的钥匙串，和他的老朋友谈笑风生。他那件红色经典夹克，是很久以前在上海买的，腰口被别人用烟头烫了一个洞，他一点不计较，破了洞照样穿，没有一丝难为情的样子。他舍不得吃，舍不得穿，可在请我们这些穷学生吃饭时却大方的很，在当时10元即可吃一个小锅仔的时候，老师常花百元让我们打牙祭，用的那都是老师的“私房钱”。毕业十年聚会，头晚同学们玩的太疯，第二天一大早我收到老师的短信：“如果来得及，他请同学们吃饭。”虽然只是这些小事，但在我心中，它们就像一颗颗花的种子，眼见着能慢慢嗅出花朵的芬芳。

洪威雷教授今年七十大寿，我是他老人家的弟子。自己年少时懵懵懂懂，现在也成了中年大叔，而亲爱的洪老师也从风华正茂到两鬓斑白，感叹白驹过隙之时，时常追忆老师的教诲，当我经历了些许人情冷暖，才愈发懂得老师这句话的含义。

老师的话教会我奋斗。幸福都是奋斗出来的。过去的工作生活中，看到别人提干升职，坐豪车、住洋楼，我也曾嫉妒过、羡慕过。但现在，我不那么想，每个人的收获，都是和付出划等号的。每个人的成功，也都不是一蹴而就的。我现在从事招商工作，接触的大部分都是企业家，他们大都已经 50 岁以上了；接触到的领导，也都是不惑之年甚至知天命之年，他们现在的成就，都是奋斗出来的，都是靠着自己学习、钻研、勤奋拼搏出来的，几乎没有一个是单纯靠运气、靠关系、靠背景发展起来的。即便有些机遇成分在里面，也是他们具备了抓住机遇的能力啊！自己常和这些成功人士找差距，也常想起老师这句教诲，用不着每天怨天尤人、自怨自艾，只要认认真真的过好每一天，充分学习别人的长处，积极往卓越奋斗，我们也能在平凡的生活中有所收获并逐步成长。

老师的话教会我大气。大气是一种胸怀和格局，是在舍与得之间的火候拿捏。当自己落后于人时，要检讨不足，常思己之过，奋起直追。当优越于他人一点时，更要如履薄冰、日日精进，不能洋洋得意。面对他们的诘问、非难，要用正常的心态去面对，尽量争取别人的理解和支持。当自己展翅高飞时，更要以己之力帮助、关心别人。洪老师在学术领域已取得非常高的成就，当他面对别人的非议，也是笑一笑就过去了，也从未听到他贬低同行，这种胸襟也是他崇高人格的真实写照。他有很多次赚钱和高升的机会，但他放弃了，因为他爱他的专业，心无旁骛的追求自己的理想，这也是一种大气。每每思及这些，我便也有了更淡定的胸怀和气度去做人做事。

很惭愧，不能写出更好的东西送给我们亲爱的洪老师。这些文字如果呈送老师修改的话，也怕是要被老师改的“面目全非”，我估计也会羞愧的面红耳赤。但是，我对老师的敬意和爱戴的诚心是一百分的。我就用这一百分的心意恭祝洪老师身体健康，长命百岁。

您的学生徐梅芳敬上

2019 年 4 月 2 日

作者系湖北大学行政管理系 2007 级硕士研究生

现任宜昌市猇亭区招商局局长

回忆我的老师洪威雷教授

/费久浩

2003年9月，我背上行囊，离开家乡，带着父母亲朋的嘱托，第一次来到省城武汉，进入沙湖之滨的湖北大学，成为法学院（今政法与公共管理学院）行政管理系的一名本科生。在这里，我度过了难忘的四年大学生活，完成了一次重要的人生蜕变。大学四年中获得的最大一笔财富是遇到了风格各异、脾性不同、学养各有特点的诸多老师，他们在我学术发展、知识累积、人格形成的过程中起着不同的作用，其中洪威雷老师对我的影响尤深。

当我们还在大一尚未上洪老师的课的时候，就已经从学长那里听到了许多关于他的传说——关于他当年破格晋升副教授，关于他爽朗、豁达、开明的个性，关于他在应用写作研究与实务领域的权威地位，关于他在青年时期遭遇的饥荒、文荒、学荒以及在此艰难岁月中的砥砺前行，关于他对晚生后学的呵护、提携和关爱，关于他那一口地道的新洲方言与讲课内容所发生的奇妙的化学反应，凡此种种。

我们这些年轻的学子就是带着这种高山仰止的向往和热望进入洪老师的应用写作课堂的。很显然，洪老师并没有让我们失望，一切都那么名副其实。洪老师在应用写作领域的深厚造诣自不待言，而同样让我们受益匪浅的是他的语言风格和上课方式。不照本宣科、不朗诵式授课当然是最基本的，更让人印象深刻的是他能把看上去极为技术性、操作性的不同应用文种的写作讲得妙趣横生、引人入胜，听他的课整个人的感觉是如沐春风、如浴秋阳；同时，洪老师在他的课堂中还引入参与式教学，让若干学生组成团队一起备课主讲某一文种，这是我第一次见识这种教学方法，多年以后当我自己也成为一名大学老师之后，才发现这种教学方法的技术含量之高远非一般老师所能驾驭。

我与洪老师的第一次一对一的接触是由他的应用写作课堂延伸而来。洪老师十分注意调动学生的课堂参与积极性，除了将某些章节分给学生团队备课主讲之外，他还采用实实在在的激励措施鼓励学生发言。记得在一次课堂上，他提出问题，然后让同学抢答，答对者将会得到他的赠书。“重赏之下，必有勇夫。”那次我以迅雷不及掩耳之势抢答了一个问题，然后就得到了他赠予的一本香港出版的毛体集字版《千字文》。这是我第一次看到港版书，也是第一次全文通读《千字文》，这本书仿佛是为我打开了一个新的知识窗口，至今仍记忆尤深。

洪老师不仅在应用写作领域为我们授业解惑，而且还鼓励我们加强其他类型文章的写作能力，并始终强调写作是一个人的核心竞争力所在。我食髓知味，尝到了赠书的甜头后，又开始写一些小豆腐块，并让洪老师帮我把关，这当然已经超出了课程教学的任务范畴，但每次将文章呈给洪老师修改斧正，他总是欣然答应，热情细致地帮我提出各种建议。我至今尤记得他当年逐字逐句地帮我润色一篇小品文《沙子与珍珠》的情形，真可谓字字走心，尤其让我感念。

洪老师不仅在学业上关心学生成长，而且对于学生在其他方面遇到的困难也是有求必应、热情帮忙。记得大三学年的时候我是班长，应同学们的要求，我和团支书一起组织搞了一次“班游”，去木兰天池玩了一天，玩到尽兴而归后，才发现组织“班游”应事先报学生管理部门备案，否则做违规处理。我们着急忙慌地找班主任帮忙，哪料班主任竟说他对此事一概不知，所有责任应由我和团支书自行承担。在被班主任“划清界限”后，我们只能抱着“死马当作活马医”的心理找到已经不给我们上课的洪老师，他了解情况后当即表示愿意为我们的品行和出发点做“担保”，并手写了一份很长的“情况说明”给到学生管理部门，这才解了我们的困。

本科毕业以后，我去了厦门大学读研深造，和洪老师的联系就逐渐只限于节日的短信问候和偶尔的电话交谈。毕业后我进入广州一所高校当老师，同样是任教于行政管理专业，洪老师得知后则时常鞭策我在专业上继续成长。当我告诉他我正在研究非直接利益冲突时，他就帮我找到许多与此主题相关的材料，帮我跟进该领域的研究前沿。特别让我难以忘怀的是，2013 年夏天，我的一篇文章投到国内某知名核心期刊，该刊主编表示可以刊登，但由于当时我是讲师职称，而根据该刊规定，作者中必须有副高以上职称者方可刊用。这当然是目前学术界的一个怪象，但为了发表，我还是到处找符合条件的人，找了一大圈，没有人愿意，大家都很爱惜羽毛，最后我想到了洪老师，给他发了一个短信表明要求，他很快回复："尽管挂我的名字，只要你觉得用得上，都可以。"文章发出后，我在当年寒假回武汉给洪老师送了样刊，他还反复说"真是掠美了啊"，脸上尽是不好意思。其实洪老师当时已经退休，根本就没有发文章的需要，但是为了能给学生的成长创造一些条件，他仍然愿意奉献自己的"名字"，而这不是比那些爱惜羽毛的人更为可贵吗?

我与洪老师的交往是由这些看上去很琐碎的日常小事构成的，但其中莫不充满了他对学生的温情和厚爱。当我也成为一名大学老师之后，回顾自己思想的形成，我逐渐意识到洪老师对我还有更为深远、潜移默化、润物无声的影响。洪老师身上蕴含着强烈的老派读书人传统，我们可以在他那里体会到一种敦厚的历史感和人文观，而这在某种程度上奠定了我现在的思想底色和思考方式。洪老师不仅具有扎实、过硬、系统的专业知识和学术训练，而且自内而外地散发着悲天悯人、道义担当的公共情怀；不仅在言谈间充满了现代公共知识分子那种对社会的关怀和对不公的批判，而且饱含着传统士大夫的那种"为天地立心、为生民立命"的入世姿态。

有一次，他在课堂上讲到："行政管理看起来是一门'性学'，你看看，你们上课是不是动辄'公共性、政治性、权威性、阶级性'?"正当我们会心一笑之时，他话锋一转，“但我觉得它应该是一门‘醒学’，你们学了这个专业之后，应该要‘觉醒’，不能再糊里糊涂、混混沌沌的了，对社会、对权力、对政治都要清醒。”我们一方面佩服洪老师驾驭文字的能力，另一方面当然更感叹于他对这个学科的把握——多年以后，我都会把这些观点传授给我的学生。洪老师还会给我们讲他与“麻木”三轮车夫的故事从而让我们体会民生之多艰，会给我们讲当年他围绕“江汉关的钟声”而写的内参，他也会毫不忌讳地鼓励学生去考公务员并积极地追求更大的权力，因为拥有权力才能真正为社会做点实事，甚至能比自己的老师做更大的事。

洪老师的入世情结和公共关怀还体现在他对应用文的观点上，他是国内较早、较系统地超越技术层面看待应用文写作的研究者。他认为应用写作不仅要体现“文道”，即要在操作层面厘清不同文种的写作技巧、方法，写作过程中的遣词造句等等——这是目前该领域研究者的主要着力点；而且还要体现“人道”和“天道”，前者是指写作过程中应关注人的生存、尊严、自由、权利、价值，不为功利所引诱，不媚时趋俗，对社会自觉充当公正的良知，大公无私，实事求是，光明磊落，具有独立的人格，在真理面前不轻易向政治权威屈服，而后者则是指写作过程中要遵循自然界变化的规律，不逆时而动，不违背自然规律。显然，这是一种将人品与文品合一的研究范式，它极大地拔高了应用写作研究领域的整体格调，而那些只是狭隘地、“形而下”地从技术层面看待应用写作的研究者是无法提出这些观点的。

2017 年夏天，我们本科毕业十周年，聚会在湖北大学举行，洪老师接到我们的邀请后爽快地答应作为教师代表参加我们的聚会。我们看到的洪老师精神矍铄、状态极好、谈兴一如当年，仍能叫出很多同学的名字。我们还得知洪老师退休后并没有闲着，而是在一般人看来本应颐养天年、含饴弄孙的年纪继续四处讲学、传播观点、培养人才——这就是他的生活态度和人生信仰，一种自强不息、止于至善的君子品格和龙马精神，而这尤其让当前一些年纪轻轻就老气横秋并自称“佛系青年”的后生汗颜。

不是每个学生都有遇到好老师的幸运，遇到洪老师并承其教诲是我终身的福祉。他不仅以渊博而专业的知识滋养着我，而且以健全而充满魅力的人格感染着我，而他给我带来的这些在我自己也成为一名大学老师之后又以某种方式传承到我的学生身上。

作者系湖北大学行政管理系 2003 级学生
现任广东外语外贸大学副教授

我的导师洪威雷

/黄　挺

2019 年的大年初一，我跟往年一样给恩师洪威雷教授发新年祝福信息，洪教授及时回复。与老师聊天的过程中，我仿佛又回到了武汉的汤逊湖畔，名字却叫“东湖”的那所院校。

我在武汉大学东湖分校就读大二时，洪威雷教授来到新闻学院当院长。整个大学期间，洪教授并没有教过我，也未曾给我上过一节专业课，但不管对我在校的学习还是之后的工作，洪教授的言传身教对我的影响还是巨大的。

洪教授是我人生的伯乐，也是人生的导师。离开学校有八年多的时间了，很遗憾未曾再见到洪教授一面，但每年的短信和电话往来，仍让我感到十分的亲切，这么多年来，洪教授一直在默默地鼓励着我在人生道路上不断前行。

校园“伯乐”：从学生实际出发，因材施教

大学三年级通常是人生道路的一个转折点，面临着去考研还是工作的选择。我也一样，在大学这个阶段有着犹豫不决地选择，经常会去到洪教授办公室聊这一问题，让洪教授给我一些参考意见。

由于武汉大学东湖分校毕竟是一所三本类学校，洪教授还是希望我

去考研究生，经常给我一些考研的建议和帮助。考虑到家庭经济条件的原因，我总是想着早点出来工作，分担一下家庭压力，但一直又犹豫不决，做着两手准备。

就在这个时候，《武汉晨报》发布对外招聘通知，一下子就把我吸引住了。武汉的报社对于学新闻的学子来说是一个奋斗的小目标，对于三本类学校的学生更是一个梦想。我把这一消息告诉洪教授，立刻得到了他的支持。他告诉我："不要担心你现在还是大三，也不要害怕你是三本类院校的学生，要相信自己的综合素质，你还是不错的。"

虽然有了洪教授的鼓励，我还是很不自信地参加了武汉晨报的应聘考试，没有想到的是在与武汉大学、华中师范大学、中南政法大学、湖北大学等10余名应聘者竞争后，我顺利地通过了。这一消息当时震惊了整个新闻学院，也成为了洪教授口中的美谈，用于激励其他学生。

顺利进入报社后，洪教授告诉我，在工作岗位上好好历练，不用读研也可以提升自己。在武汉晨报工作半年之后，由于家庭原因，我又跳槽来到江西出版集团旗下的报社——江西晨报，一直工作至今。

从大三下学期开始走出校门工作，未毕业就先就业，这开创了学校的先河，但也违反了学校正常的上课规定。之所以能够顺利地走上工作岗位，得益于洪教授的"绿灯"保护，直到毕业时，我才得知为了让我大三时期就出来工作，洪教授在校长面前写了担保书，担保这名学生能够顺利毕业。

洪教授的这一举动让我甚是感激，感激他的因材施教，没有让我错过这么好的工作机遇，能够尽早的走出校门，适应社会。而我的这一尝试，不管对于我个人来说，还是学校来说，都是正确的。后来洪教授在担任院长期间，根据学生实际情况陆陆续续批准79名学生尽早地去到报社、电视台、期刊社等单位实习或者工作，对于这些学生来说，无疑是幸运的，他们遇上了人生的伯乐。

人生“导师”：鼓励、鞭策我不断前行

8 年的时间里，洪教授一直在我身边担任着导师的角色。“你的综合素质很高，相信通过你的努力，会有一个光明的未来。”在每一次的短信来往中，洪教授都会给我发一条鼓励的信息。正是这样的一条信息，我一直当做是工作中前进的动力，鼓励并鞭策着我不断前行。

在报社的工作中，我一直都兢兢业业，不敢有丝毫懈怠，进入江西晨报第一年，我拿下了报社年度“十星奖”，作为一名新人，实属难得。第二年，斩获江西新闻奖二等奖、三等奖各一次。第三年，又被报社评上首席记者……一步一步，踏实而又坚定地在新闻道路上前行。

进入报社第五个年头之后，报社人事调整，有幸被报社任命到新媒体部担任主任一职，成为报社最年轻的中层干部。任命通知下来的当晚，我给洪教授发了一条信息报告此事，洪教授也很开心，并鼓励我戒骄戒躁，继续努力工作下去。

近年来，受新媒体的冲击，传统纸媒的寒冬来得太快太突然，让人猝不及防。全国各地不断有纸媒在停刊、休刊的声音传来，身边的同事也陆陆续续离职走上转型之路，一度让我产生了迷茫的情绪，是走还是坚守，这个问题一直困扰着我。

有了困扰，想到洪教授，也跟他聊了这个问题。洪教授更多地鼓励我坚守，纸媒还是可能迎来自己的春天。让我感动的是，我的迷茫也让洪教授担心了，他也在帮我找寻更好的工作机会。两年前的一天，洪教授突然给我来了一个电话，说他的一个学生在珠海市数字城管局担任一把手，需要找一名宣传干事，他第一时间想到我，并推荐我去。洪教授的电话让我十分感动，考虑再三后我还是婉拒了。

婉拒的原因有两点，其一已经成家了，不适宜举家到外地发展。另一个原因是我在报社内部转型了，从采编岗位到经营岗位，报社将我从

新媒体部调任至广告事业部，任副总经理一职，负责报社的广告经营。

在新的岗位，洪教授给我更多的也是鼓励，鼓励我继续地全面提升自己，早日实现自己的人生价值。很感激 8 年来，洪教授始终惦记着我，并向对待自己的孩子一样给予鼓励，在一旁关注着我的成长，为我取得的每一次进步感到高兴和骄傲。

亦师亦友：身体力行影响身边学生

记忆中的洪教授是一名和蔼可亲的“小老头”，经常乐呵呵的。虽任一院之长之职，但丝毫没有架子，办公室的大门永远为学生们敞开着，喜欢跟学生们交流谈心，热于帮助学生们解决实际问题。当时我在学校担任校报记者团团长的职务，协助宣传部老师负责学校对内、对外的宣传工作，遇到采访问题，都会往洪教授办公室跑，去“骚扰”他。

虽然自始至终没有听过洪教授一节课，但洪教授日常言行还是对我影响较大。在学校时，洪教授和新闻学院老师的办公室在行政楼的四楼，洪教授发起了一个倡导，为节能减排，锻炼身体，从自身做起，带领教职工上下班都不乘电梯，改爬楼梯。倡议一出，立马在院内引起轩然大波，不少老师和学生私下议论洪教授在作秀。起初我也不以为然，认为这样的做法确实有作秀之嫌，后来经过一个月的观察，发现洪教授确实身体力行的做到了。我随后将洪教授的这一做法写成了新闻稿件，发表在楚天都市报、武汉晨报、长江商报等媒体上，受到社会的广泛好评。

洪教授这种自律的精神一直影响着我，也鞭策着我在工作岗位上和日常生活中要自律自觉，不能有懈怠之心。常听学校的师弟师妹们说起，洪教授常在课堂上将我当做典型榜样案例来讲，深感诚惶诚恐，唯有不断努力，才不负“榜样”二字。

感谢洪老师

/陈丽君

2009 年秋，我第一次见到洪老师是在“关门弟子”课堂上。一位精神矍铄、持着标准的新洲话的老头儿快步走上讲台：“同学们，我姓洪，不会讲普通话，这学期是最后一次带本科班公文写作了，明年夏天就要退休了。”我顿时倍感幸运却又免不了有一丝遗憾。庆幸的是大学四年，虽然您只给我上过半学期的课，但是对我的教诲却从未间断过。课余时间，您带着我和您的研究生一起做课题，一起查阅论文资料，一起列书单分享读书心得，一起聊天一起散步，更难得的是带着我们时不时出去校外打牙祭……您陪着我走过了温暖、平凡且难忘的大学时光。

一转眼，已是十年光阴，如今的我们已是家庭的脊梁、工作中的能手、祖国的建设者，但我们身上散发的智慧光芒里，依然闪烁着您当年点燃的火花！——老师，这是您的丰收！

临近毕业，您送给我的信我至今珍藏着，里面的两句话记忆犹新：“生活再忙，也别忘了阅读。”“无论生活待你如何，转过身，阴影总在身后。”您的教诲就像罗盘一样，总能在我迷茫时给我指明方向。谢谢您，洪老师，今生师恩难忘！

作者系湖北大学行政管理专业 2009 级学生

现供职于荆门市京山市政府

洪氏独门“激励法”

——与洪威雷教授的一些小故事

/刘济杭

2009年9月，我来到湖北大学政法与公共管理学院行政管理专业就读本科。这一年，洪威雷教授即将退休，我们班算是他的“关门弟子”。洪教授的课堂生动活泼、语言幽默风趣、学识深厚渊博、视野博古通今、性格开朗亲和、桃李芬芳遍地，自进入洪教授的课堂以来，受到洪教授的教导、启发、关怀无数，相信同门的师兄师姐们都深有体会，这里就不一一赘述了。不过，我却有一些学长学姐们可能没有的回忆，那就是洪教授的独门“激励法”。换言之，受洪教授激励带来的成长和进步，远远比在课堂上学到的更多，影响更深远，动力更强劲。

课堂表扬激励法

大一上学期，我们的“基础写作”课是洪教授主讲。那时的我，自小积累了些粗浅的文史知识，喜欢在洪教授与学生互动时接话，如洪教授问“包拯如何称呼自己嫂子”时，我会立即抢答“嫂娘”这般。每当我抢答正确，洪教授都会用一口爽朗的鄂东口音笑说“对啦!”“哟!不错啊!这都知道，看来平时读书很多嘛!继续加油!”

洪教授在全班同学面前一次次的表扬，让我感到如不继续加强学习，不仅会答不上洪教授以后提的问题，也会在同学们心中名不副实。正因为如此，我一直保持着广泛涉猎的习惯。

然而，当时我并没有把“基础写作”这门课学好，可能是因为被表扬多了，我陷入了自满的误区。但是，洪教授依然坚持鼓励我，不仅指点我要多看《太平御览》之类的经典书目，还在期末考试给了我 96 的高分。为此，我非常汗颜，心想以后至少要确保有丰富的知识储备，才不枉洪教授一番厚爱。

如今，我终于领悟了洪教授当年的良苦用心——即使写作基础薄弱，只要坚持以“广积粮、高筑墙”的思路读书学习，就能提高站位、拓宽格局、放大视野、增强储备、加深见识，以量变实现质变，在学会写作后就能做到举重若轻、厚积薄发、运用自如。

就像洪教授说的：“我外出开会、讲课都喜欢吃自助餐，而且要把每样菜都夹上一点来吃，这样才能确保营养摄入全面，让自身更健康。”做洪教授的学生亦如此，写作能力薄弱不要紧，什么知识都“吃”上一口，将精神世界滋养强壮，自然能练好内功，增长才干。

每念及此，我就会想起《倚天屠龙记》里，张无忌得练好“武当心法”“九阳神功”这等内功，才能学会“乾坤大挪移”这般盖世功夫。张无忌有张三丰的指点和帮助，我也有洪教授的指导和激励，虽然没练就什么盖世本领，但洪教授“课堂表扬激励法”使我养成的好习惯，将受用终身、受益无穷。

期末高分激励法

前面说到的“基础写作”期末考试 96 分，令我非常汗颜。那次考试，洪教授叫我们每人在课堂上写一篇作文，以作文水平和平时表现定期末成绩。

那篇作文，我现在已记不起写了什么，因为没有精言辟语，没有巧思妙论，也没有真知灼见，大抵是赘述了许多琐事，顶多就抒发了些许情怀。于是我开始琢磨：是不是洪教授给每位同学都是高分？是不是看我课堂互动多，送个“脸熟分”？是不是我抒发的青年情怀令洪教授感同身受？是不是担心我其他门课考不好，送一科高分兜底？……琢磨来琢磨去，琢磨不透洪教授的意思。也许每个原因都对，也许都不对。

后来我有一天看电视剧，一句台词让我明白了一个道理：当你抛一枚硬币做决定，硬币离手时，你就已经知道了自己想要的答案。同样的道理，不管这 96 分是出于洪教授什么样的想法，只要我对这高分产生了怀疑、进行了反思，那么这分数就起到了教育意义。洪教授这 96 分让我知道，学会怀疑自己，才能学会更好地去认识自己。

角色认同激励法

我对自己怀疑归怀疑，可洪教授却始终对我表示肯定。

在洪教授退休后的几年里，我们经常在湖大一期公寓旁的足球场遇到。我跑步减肥，洪教授散步健身，我跑完之后总会跟着洪教授走几圈聆听教诲。有时候遇到洪教授与其他老师在一起散步，还能从他们的闲聊中听到很多长见识的内容。

那时我大四，正面临毕业压力。洪教授很关心学生毕业问题，问起我作何打算。我说：“首先做好考公务员与研究生两手准备；若两者都考不上，就应聘国企或边防武警；最后选择民营企业去市场里搏击风浪。”

洪教授一听就笑了，他用鄂东口音说：“你思路蛮清晰啊！好多学生都没有这样清晰的思路和规划。”

我自然听得惭愧，就问：“这不是很正常的规划吗？很多同学都这样想的。”

洪教授笑说：“不是的！我教过很多学生到毕业都搞不清楚自己要

做什么，能做什么，稀里糊涂就离校了。”

我仔细一想，确实有一些同学，到大四了，还不知道自己要干什么，只是跟风考试、找工作。

洪教授接着说：“你这么年轻就很有视野和格局，这应该是和你从小的成长背景、你读过很多的书、你接触过很多的人有关。你知道结合自己的家庭条件、知识背景、能力素质、见识阅历，能做什么事，能走什么路。我教过的学生里，有些比你条件好的，这时候正在等家里安排；有些比你条件差的，不知道该做什么、能做什么，就只能跟着别人做。”

那天回去我就慢慢在消化，总结出三个“得”字，即要立足自己走过的路、学过的知识和拥有的资源，做到“看得到、用得上、对得起”。看得到，是要用拥有一切来开阔视野、放大格局；用得上，是将视野、格局里装着的知识、经验、资源、价值观转化为用以指导实践的能力；对得起，是要做正确的选择，尽最大的努力，不可荒废所拥有的一切。

从那以后，我有什么、我该做什么、我能做什么、我怎么做就成了经常思考的问题。常常想着这些，再青涩迷茫的人都能变成熟。这应该就是心理学常说的心理暗示法，或者是自我认同法之类的吧！

形象比喻激励法

前面说得带有一定的反思性和沉重感，这里就说点轻松的。

却说大四前的暑假，我用两个月时间瘦了四十多斤，遇到洪教授时，把他吓了一跳。那天刚好还有位不认识的老师和洪教授一起散步，洪教授在惊叹之余，向那位老师介绍，说：“我这个学生不得了啊！两个月瘦了四十多斤。你想想四十多斤是什么概念啊？……”说着，洪教授用双臂张开弯曲，双手相对，比划出一个环抱形，接着对那位老师说：“就算是去市场买猪肉，四十多斤差不多有这么大吧？这么多肉从身上减掉了，很有毅力啊！”就这样又被洪教授表扬了一顿。

细细品味，洪教授这话有两点妙处。一是形象地对比，让我很有成就感。因为减肥的人，每天照镜子，看不出自己细微的变化，只能通过体重秤来感知成果。直到数字变大，时间变长，忽然拿起减肥前的照片来对比时，才会有惊人的发现。通过洪教授一比喻，我就想起自己确实不容易，得更好珍惜减肥成果，继续控制饮食、加强锻炼。二是形象地比喻，让我很有悲壮感。因为肥胖的人，从小就伴随着“猪”“牛”“熊”之类的外号长大。洪教授把这些减掉的肥肉和猪肉一对比，我就在想，肥如猪的脂肪从我肉体上消失了，“肥如猪”这样的嘲讽、刻板印象也从我的精神世界消失了，这种攻坚克难的史诗感，着实令我感到悲壮……也许洪教授没有这第二层意思。

久病成良医，减肥也能成良医。在减肥成功后，我也学会了很多营养、健康方面的知识，还经常与洪教授往这方面交流。洪教授还叮嘱我，既然已经瘦下来，那就要保证健康，建议我多吃多运动，不要再节食。

情绪带动激励法

要说洪教授最厉害的激励法，应该是情绪带动，这段故事也最深刻。

湖大毕业后，我考上华中师范大学政治学研究院地方政府学专业研究生。硕士毕业那年，我参加武汉经济技术开发区（汉南区）事业单位“985”专项选聘考试，以 6 人中倒数第 2 名进入面试。这次招考主要针对原“985”高校学生，其中唯有华中师范大学与武汉理工大学非“985”，我的同岗位竞争对手里，不乏武汉大学、吉林大学、华中科技大学等名校高手。排名靠后、对手太强使我缺乏信心，以无所谓的心态准备面试。

关于这场招考，原本打算如果面试上了再向洪教授汇报，但又认为通过面试的可能性太小，面试前汇报算是喜报，面试没过再汇报就是败报了。于是在面试前一天晚上，我看完考场路线后就给洪教授打去电话，刚说完通过了武汉开发区事业单位的笔试，还没来得及表达一种对面试持无所谓心态时，就听到洪教授仿佛在电话那头高兴得跳起来了，亦或是从坐着忽然起身的感觉，嘴里笑着说：“哎呀！太好了哇！恭喜恭喜！我就知道你没有问题。”

这说得我一愣。我本来还在想，一个事业编制，虽说是武汉的，都还没面试上，不至于让洪教授这么开心吧？洪教授桃李满天下，比我优秀的学长学姐们多得不可胜计，一个区级事业单位，不至于让洪教授感到稀罕吧？但洪教授的情绪，切切实实让我感受到就像是他自己考上了一样。本来还想对洪教授说些面试很难的丧气话，或者是实力不济这类自我排遣的话，以达到让洪教授不要对我抱太大希望的目的。但面对洪教授的喜悦，我实在难以启齿，因为此时洪教授已经认定我一定能面试上。

我不自信地说：“洪老师……我笔试排名在六名入围者里面倒数第二，本来都没进面试，是其他岗位没招满调剂过来的名额……”

洪教授说：“那说明你运气也不错哇！加上你本来就有实力，视野很开阔、表达能力强、思维很清晰、知识量雄厚（洪教授真的是说“雄厚”，刘某惭愧），这么好的机会，肯定是你的！”

我还是不自信，说：“谢谢洪老师夸奖，我惭愧得很啊……何况我一个外地人，事业单位面试听说很‘黑’……”

洪教授笑说：“这你放心！十八大以后早就风清气正了。何况武汉市委书记提出要留下一百万大学生，各个区都很重视，不会有什么问题！武汉开发区是经济发展主战场，正是用人之际，你赶上了好时候！”

我接着请洪教授指导此次面试，洪教授说：“你表达能力强，临场发挥不是问题，只要考前把开发区的发展规划这类文件熟悉一下就可以了。等你的好消息哇！”

挂掉电话后，我非常汗颜，心想：“我自己好不容易考来的面试机会，老师却比我更懂得珍惜，也比我更有信心。事关我自己就业前途，我却畏手畏脚，似懦夫一般，全无湖大行管学生和华师政治学学生的志气。且不如搏他一搏，考不上又不丢脸，考上了也算不辜负洪老师的期望，还够我吹几年的！”

回到酒店，我按照洪教授指点，算是举一反三地把习近平总书记第一次视察湖北武汉有关重要讲话精神又学习了一遍，把十八大、十八届三、四、五中全会精神复习了一遍，把武汉开发区（汉南区）、武汉市、湖北省、长江经济带的发展规划研究了一遍，把国家关于经济技术开发区发展的相关文件看了一遍，关于东风公司（在武汉开发区内）的基本概况也大致浏览了一遍。虽是临时抱佛脚，但诸如湖北省“建成支点，走在前列”、武汉市“建设‘三化’大武汉”、武汉开发区（汉南区）“建设国际知名车都”“推进产城融合”等相关内容在脑海里过了几遍后，总算是有些印象。当晚到凌晨三点才睡着。

第二天一大早精神抖擞去考场，怕候考时犯困提前买了瓶红牛喝，怕考场不开空调又买了些热狗肠吃。在入场签名时，一名考务人员认出我的名字，说是在笔试时监考我见过。我心中暗自惊喜：“刘备知道被孔融记住名字时，发出‘孔北海乃复知天下有刘备邪？’的感叹，这下真是深有体会。名字都被考务人员记住了，仿佛是要考上的预兆啊！”我连忙向这位考务人员道谢，决心要让她在招录名单公示时第三次看到我的名字！

进入候考室，看到一群“985”的同学们，一个个能言善辩，仿佛上知天文下知地理，感觉把洪教授平时夸我的那些词放在他们身上反倒更为贴切，令我还是不由得心生惧意。但想起洪教授的激励，我还是控制情绪，梳理曾学过的一些面试技巧。

面试时，我引用《孙子兵法》展示知识面，引用政府职能转型相关理论展示专业水平，引用武汉开发区（汉南区）发展思路展示对这份工作的珍惜，以辩证思路清晰表述——这些都是洪教授经常夸我的几个方面。最终，我面试成绩逆袭成为岗位第一，通过了招录考试，顺利入职至今。

通过面试后我向洪教授报喜，洪教授已经没有了之前那种惊喜，因为他说他知道我一定会考上！

2009 年至今，已师从洪教授 10 年。十年来，屡蒙师恩，多有长进，感激之情，难以言表。洪教授言能为教、身足为范、情可励人，能做洪教授的学生，是我辈之幸事。希望我与洪教授的这些故事，能引起学长学姐们的共鸣，勾起求学岁月的回忆；也希望学弟学妹或其他阅读者，能从中感悟一二道理，领教洪教授的独特魅力。最后，值此洪教授 70 大寿和从教 43 周年到来之际，祝愿洪教授健康长寿，开心快乐，幸福美满！

作者系湖北大学行政管理系 2009 级学生
现供职于武汉经济技术开发区纪工委、汉南区纪委监委

谈我印象中的洪威雷老师

/胡　静

2010 年 9 月我就读武汉大学东湖分校（现武汉东湖学院）传媒与艺术设计学院新闻采编与制作专业，洪威雷老师是我们传媒与艺术设计学院的院长，而受教于洪老师是在 2011 年的 3 月，他教授我们“应用文写作”课程。当时，我们作为专科生，一直都是讲师和副教授给我们上课，当在新学期的课程安排表上知晓有正教授级的院长给我们授课时，同学们都很期待。

思想中的引路人

我还清晰地记得洪老师第一次给我们授课时的情形。当时他穿着一件深红色的休闲西装，一手拿着玻璃水杯，一手夹着书本和一叠文件，大跨步地走上讲台，用他那特有的新洲口音式普通话向我们问好。他说：“领袖毛泽东不会讲普通话，我也不会讲普通话。”由于我们其他课程老师都是用的普通话授课，所以对于洪老师独特的发音觉得很有新鲜感，一些低头玩手机的同学也都纷纷抬起头看看这位气质独特的教师，同学们被洪老师妙语连珠的开场白逗笑了。

洪老师的课堂总能有闪光处，上他的课总觉得时间过得飞快。他在讲授应用文写作时，总能带上与每个文种相对应的国家级、省级、市级党政机关的公文原件，现场让我们来找茬，并给我们指出党政机关公文上的不规范之处，他拿出的文件很多都年限较长，纸张已经泛黄。我心里暗暗感叹收集问题公文是多么不容易呀，可见洪老师是有心之人。

在洪老师的课堂上更有收获的是，他透过应用写作的窗口，用知识交叉带我们去感受更丰富、更深入的知识。他说“应用写作富含人道、文道、天道”，认为每一个应用文、公文颁布的背后都有很多的现象和故事，应用文、公文颁布将对社会的发展起到促进的作用，这是符合事物发展规律的，是从人道中逐渐顺应天道的行为。他的课堂上能听到内参、报告文学、人物传记、小说等文学体裁，能涉及历史学、哲学、社会学、管理学等学科内容。作为从“文革”中走过来的知识分子，他给我们讲恢复高考对于知识分子的重要性；讲邓小平同志改革开放的春风复苏中国经济；讲中国共产党领导下的新时代新面貌；还讲到学生周立生、黄海涛、芦文龙、赵俊、何建新、周先旺、吴华先、周建国、付荣云、高景海、李竹林、戢学、汪小龙、靖才春、国庭亮、刘为民、黄挺等一批通过读书和写作来稳扎稳打、人生步步上高阶的故事，鼓励着我们在今日的时光中好好学习、开拓眼界、升华自我。

洪老师鼓励我们要广泛涉猎经济学、历史学、文学、哲学等学科知识，在知识交叉中提升学识和思想。我每次上课都会带着笔记本，笔记本上记录着他平时阅读和学习中所摘抄的文字和他的读书心得。一直坚持着每堂课给我们分享三句箴言，定期给我们罗列读书清单。他分享的话“一个人知识的宽度决定人生职业生涯的高度”，一直深藏在我的心里，一直引导着我坚持不断地阅读和学习。

作为国际应用写作学会常务副会长、国家公务员考试命题专家和湖北省公务员考试命题专家，他还多次免费为我校师生开展《公文写作》《申论考试技巧》等专题讲座，吸引了一大批其他学校的师生前来听讲，每场讲座都座无虚席，且赢得满堂学生的阵阵掌声。

学院中的领头羊

洪老师还是一位颇具有创新意识和执行力的院长，他在任期间的几项举措我至今还清晰地记得，也在内心深处钦佩他的工作作风和领导能力。

为拓宽学生的专业视野，提高学生动手能力，他积极开拓学生实习实践基地，曾签约的实习基地有湖北富尔文广告传播有限公司、《长江日报》集团、湖北楚才传媒有限公司等，还有安徽西递、宏村等写生基地，还聘请《湖北日报》集团主任编辑为我院客座教授，定期给学生开展讲座。

在教师队伍中，他是深得人心的好领导、好伯乐。为了学院教师的发展和学院品牌专业建设，洪老师不仅鼓励教师要科研、写论文，而且还带领教师积极申报各级课题，自编高等院校新闻传播学应用型系列教材，在他的策划下，《新闻摄影实务》《电视节目策划》《网络新闻标题制作》等已经出版，这是当时建院以来的首创之举，受到师生的一致好评。

学院《让青春在奋斗中闪光》作品集是在洪老师的主持和指导下于2011 年问世的，该作品集收录全院学生一年中在校内外各媒体上发表的稿件，每年共计有七八百篇。而我在洪老师的举荐下有幸主编了 2012 年的《让青春在奋斗中闪光》作品集，在工作之余我还时常翻阅，作品集里既体现着在学校领导下，学院的发展、学生的成长，也成为了我学习新闻写作之路的实用宝典。

洪老师带领学院为学校的发展增添了浓墨重彩的一笔。学院曾斩获多项第一：如湖北省重大基金项目数量曾在全省三十多所同类院校中排第一；学院教师在校、厅、省级科研、教研立项数曾居全校第一；学院学生参加全国、全省多种竞赛获奖数和在省内外发表文章数曾居全校第一；学院教师获纵向和横向科研经费到账数曾居全校第一；学院教师获国家级学术社团主要负责人职数曾居全校第一；学院教师获全国性学术期刊编委职数曾居全校第一等。

尤其是洪老师提出的“三个三”，获得了学校党政领导的肯定和赞扬。第一个是三守：守时、守信、守法；第二个是三严：严教、严考、严管；第三个是三心：关心、耐心、爱心。

学生中的守护者

每次在校园中遇到洪老师，他总是笑容可掬地和我们交流，鼓励我们多去他的办公室坐坐，并主动向我们打听身边需要帮扶的困难同学的情况。也是洪老师亲和力和正直的为人打动了我们，同学们遇到难事都会主动去他的办公室求助。

我记得班上一位女同学和我关系要好，她母亲去世，父亲受打击后萎靡不振，原本支离破碎的贫苦家庭更是雪上加霜，父亲虽几年之后再娶，但也无心照顾她，她有时候生活费都没有着落，只能利用上学间隙时间打零工、做兼职挣点生活费。我将这一情况报告给洪老师时，他让我带女同学去他的院长办公室，亲自询问了女同学的家庭情况和大学生活情况。当女同学讲到：“时常在上午第四节课要下课时肚子饿得咕咕叫，却又不知道该向谁借钱来填饱肚子，不知道下一餐在哪……”时，洪老师的眼圈也红了，他当即把我们的辅导员张雯老师叫到办公室，对张老师说：“小张，你要特别关注班里的贫困学生，把助学金发给真正需要的学生。”与此同时，他又叫来院办公室主任田永芳老师，从学院经费中取出三百元给了女同学，还将自己口袋的几百元都给了女同学，并对她说：“孩子，好好读书，知识可以改变自己和家族的境遇。”

洪老师遵循孔子“因材施教”的教育理念，对自学能力强、发表过三十篇以上文章的大三学生，提前安排实习，有的推荐到报社，有的推荐到电视台，有的推荐到期刊、杂志社，有的推荐到企业宣传部等。实践证明，这一作法有诸多好处，一是让学生在实习单位学到了在大学课堂上学不到的知识；二是让学生明白了自己还有哪些不足和需要加强学习的地方；三是让学生了解了学校与社会之间的不同点，培养了适应能力；四是扩大了学校的良好影响，因为送出去的都是综合素质好的学生，所以不少学生被留在实习单位工作了；五是当真正走向了职场，这批学生的优势就得到了显现。如黄挺提前到江西晨报实习，不仅被留下来在该单位工作，而且不久被提升为该单位中层管理干部。据洪老师说，在他任职内，“放飞”了56名同学。2012年3月26日，湖北电视台还滚动式地播报了洪威雷院长“因材施教”的经验，获得了曾任咸宁电视台台长的袁庆慰老师和兄弟院校的好评。

成长中的助推手

学生的成长和发展洪院长总记挂在心上，他举荐了不少学生去专业对口的单位实习。记得我大二那年，洪院长把我和其他几个同学叫到办公室，关心地询问我们暑期实习的情况，同学们纷纷说起自己的暑期安排，有的说回老家的日报，有的说在武汉的广告设计公司。见我在一旁沉默不语，洪老师关切地询问道：“小胡，今年你的暑假实习有什么安排呢?”我红着脸，不好意思地回答：“还没有安排。”谈话结束后，他特别把我留下来对我说：“我有学生在长江日报担任编辑，我给你写封举荐信，你去《长江日报》实习吧!”一边说话一边写着举荐信，并把长江日报韩玉晔主编的电话给了我，我心里涌起一股暖流，激动地只知道一个劲地说：“谢谢您!”洪老师还鼓励道：“小胡，好好锻炼，你可以从写作这条路上走下去……”

当听到习近平总书记在2019年新年贺词中讲到“我们都在努力奔跑，我们都是追梦人”时我又想起了洪老师。想到在校时洪老师鼓励我们新闻专业的学生要多读书多写作多锻炼，通过自己的努力，追逐自己的幸福人生，并建议我们积极地加入学校大学生记者团、学院的学通社、新闻突击队等社团组织，鼓励我们向社会媒体投稿。我还记得，学院的新闻突击队是洪老师提议并组建的，几年中培养了一大批写作高手。

我是听从洪老师的建议的受益者。我加入了大学生记者团、影视制作中心、新闻突击队并积极提升自己的沟通能力、协调能力和专业写作、摄影能力。幸运的是在社团的锻炼中，又认识了学校特聘的摄影大师袁庆慰老师，他是同洪老师一样热心帮助学生的智者。受益于学院洪威雷老师、辅导员张雯老师以及党委宣传部袁庆慰老师、张丽老师的指点和帮助，我的写作和摄影能力得以大幅提高。真心感谢洪老师和这几位老师！

如今，我已经在母校的党委宣传部工作，洪老师在湖北大学知行学院任教，我仍然怀念在校时受教于他的那段时光，也总在不经意间望向他所在的院长办公室，想起他的鼓励和教诲。好在我们在同一个城市，仍保持着联系，我和同学代霞曾几次相约去看望洪老师，每一次相聚总是洪老师请我们吃饭，他仍旧关心着我俩的成长，并热心帮助我俩在生活和工作中遇到的难题……洪老师既是良师也是益友亦是亲人！

作者系武汉东湖学院2010级学生
现供职于武汉东湖学院党委宣传部

附：

武汉东湖学院首部学生作品集问世

发布时间：2012－03－28 10：31　来源：进入电子报手机看新闻

荆楚网消息（记者彭烨炜、通讯员张恒、胡静、祝琳、张丽）“学力比学历更重要”，3月22日，武汉东湖学院举行了一场特别的颁奖仪式庆祝该校首部学生作品集出版。

该校传媒与艺术设计学院鼓励新闻学子多参与社会实践，多发表稿件，授予在省内外媒体发表20篇稿件以上的学生“新闻写作能手”称号，并予以创新学分奖励，以此方式表彰2011年在新闻写作上获得优良成绩的学生。

武汉东湖学院领导为“新闻写作能手”颁奖

在颁奖仪式上，该校首部学生作品集《让青春在奋斗中闪光》一书正式面世，本书由传媒与艺术设计学院大二女生周星辰自费编撰，前后历时近3个月，四易书稿，终于在近日定稿出版。该书内容全部为武汉东湖学院在校学生2011年在校内外刊物上发表的文章作品，包括新闻稿、时评、杂文等，共614篇。其中不乏在《半月谈》《中国青年报》《工人日报》新华网等中央级媒体发表的作品。

周星辰坦言，出这本书一方面是对该校学生的进步与成果的一个记录，另一方面可以让还未发表作品的同学拥有一个借鉴学习的机会，“作为学新闻的学生，实践是十分重要的”。

据悉，武汉东湖学院为了落实“学以致用，毕业就能就业，上岗就能上手，将知识内化为能力”的办学理念，近年来积极加大对学生实践能力的培养，拓宽学生知识面，加强学生能力训练，不仅聘请了来自美国纽约州立大学、北京大学、清华大学、《湖北日报》等国内外著名专家学者来校讲学，而且通过实训增加学分和课时，加大作业量，不断提升学生的理论和实践能力。

据该校传媒与艺术设计学院院长洪威雷教授介绍，2011 年是武汉东湖学院历年来对外发表作品数量最多的一年，今后该校还将加大对学生的文学和写作素质能力培养力度，力争再上一个新台阶。

90 位高校行政官员集中学公文写作

汉网 www. cnhan. com　2011－04－26

汉网消息（通讯员 胡静 代霞）4 月 25 日，国际应用文写作常务副会长、武汉大学东湖分校新闻学院院长洪威雷教授，应邀给参加教育部全国高校教师网络培训湖北省分中心培训的 90 名代表，做了“公文撰写者应具备的综合素质和常见公文写作中的毛病”的专题讲座。

洪教授认为写好公文应做到“关起门来当领导，放下架子当学生，壮起胆子当参谋”。他结合高校管理的实际阐述了“关起门来当领导”就是要有政治意识、全局意识、服务意识、法规意识、科学决策意识；“放下架子当学生”就是要深入调查研究，广泛听取教职工和学生的意见，力争所写的公文真实，具有可行性；“壮起胆子当参谋”就是要求公文写作者当好领导的外脑、助手，坚持实事求是，善诤敢言。要达到上述要求，洪教授进一步阐述了公文撰写者应力争做到“三识”、“三自”，“三识”即知识、见识、胆识，知识是动力，见识是能力，胆识是魄力；“三自”即自尊、自智、自制，自尊是指气节，自智是指智慧，自制是指修养。

在讲授中，洪教授从管理学的角度，结合高校公文写作中存在的实际问题，既深入浅出又生动精彩地论证了公文写作中的六个“三”，即一、把好“三关”：真实关、实效关、可行关；二、把握“三定”：公文运用的稳定性，公文写作的特定性，公文写作的法定性；三、把握“三性”：准确性是公文的生命，鲜明性是公文的特征，生动性是公文的特色；四、重视“三头”：吃透上头，熟悉下头，了解外头；五、学会

“三通”：嫁接变通，触类旁通，融会贯通；六、“三个修养”：学识修养、道德修养、人格修养。

来自武汉大学等三十多所高等院校党办、校办、人事、教务、纪委、财务、保卫、后勤等部门90多名处长、科长参加培训。

责任编辑：宋涛

教育部三次邀请我院专家进京座谈

作者：胡静 杨梦梅　文章来源：本站原创

时间：2011年09月02日

本报讯（胡静 杨梦梅）教育部部长袁贵仁十分重视公文写作，继2011年3月17日、6月17日之后，教育部第三次邀请我院传媒与艺术设计学院院长洪威雷教授于8月12日至14日赴北京，就教育部内部公文写作与语言文字规范化问题与公文文风问题召开了研讨会。

据悉，此次应邀与会的专家是教育部在全国范围内遴选出的公文写作研究领域的知名专家。

公文写作是一项严肃且政治性、政策性极强的工作。国家语言文字工作委员会副主任、教育部语言文字信息管理司李宇明司长在6月17日召开的第二次研讨会上指出了机关公文写作中存在的问题，他说：“现在有些应用文，尤其是公文，言之无物；有的平行文用下行文行文，官气足；有的公文长而空。”教育部针对公文写作中存在的问题，特邀中国人民大学、武汉东湖学院、天津市人民政府办公厅、教育部办公厅、语言文字出版社、高等教育出版社等专家就教育系统公文写作中存在的文种使用问题、语言表述问题与政策法规相冲突等问题进行了研讨。我院洪威雷教授就公文写作关系中的“依法确定、依法规定、依法约定、依法限定”等问题进行了发言。教育部领导委托与会专家撰写一本供教育部内部使用的《公文写作与语言文字规范读本》，使之成为教育部各司局撰写合格公文的样本，其中洪威雷教授撰写了“公文写作理论”部分。据悉，《公文写作与语言文字规范读本》在教育部内部使用后再进行修订完善，然后作为全国教育系统公文写作的规范读本。该读本将在今年10月1日前出版。

研讨会上，与会专家与教育部领导还就宏观上关于公文写作的法规性、政策性等问题和微观上关于公文写作的实用性、针对性、可行性等问题进行了深入研讨，还就近年来各部委、地方政府使用的应用文新文种“签报”“专报”开展了讨论，将公文写作的研究拓展到一个新的领域。

责任编辑：杨佳艳

武汉东湖学院洪威雷教授应邀参加“2011湖北国学论坛”

作者：代霞 胡静 文章来源：校报记者团

时间：2011年10月18日

今年是孔子诞辰2562周年，为纪念这位伟大的教育家、思想家，9月27日至29日湖北省孔子学术研究会、湖北炎黄儒学研究会、武汉市新洲区人民政府在孔子问津所在地（即问津书院旧址）联合主办“2011湖北国学论坛”活动。湖北省政协副主席陈柏槐、湖北省人大原副主任徐晓春、武汉市政协原主席叶金生、湖北省文联主席沈虹光以及来自马来西亚、新加坡、中国香港、中国台湾等国内外90余名政要和资深专家、学者出席学术研讨会。

记者了解到，此次论坛活动主要围绕儒家文化传播、德育文化传播、古代书院发展三个方面进行。专家及学者们结合自己的研究方向，从不同视域、不同层面纷纷撰写论文，并亮出各自的研究成果，提出观点、摆出依据，进行了激烈交锋。我校传媒与艺术设计学院院长洪威雷教授提交了关于儒家文化传播研究的论文，他指出儒学的核心内容“仁、义、礼、智、信”不仅是“修身”“齐家”“治国”的最高原则，而且是中华民族传统道德的源头和精髓。针对近几年来，学界、商界、政界浮夸造假、坑蒙诈骗之风愈演愈烈这一社会现象，他强调有必要对被弘扬了数千年之久的“仁、义、礼、智、信”为何成了“紧缺资源”进行反思。洪院长结合省内外各级部门的公文写作实际，同在场的会议人员重温“五常”的实质，重识“五常”的价值和现实意义，受到了与会专家及学者的一致认同。

责任编辑：杨佳艳

传媒与艺术设计学院首批自编教材正式面市

作者：代霞 胡静　文章来源：校报记者团

时间：2011 年 10 月 18 日

最近武汉大学出版社推出了一套高等院校新闻传播学应用型系列教材，其中《新闻摄影实务》《电视节目策划》《网络新闻标题制作》三本教材都是由我校传媒与艺术设计学院的教师编写。

这是传媒与艺术设计学院建院十年来首次自编教材，按照洪威雷教授“简化理论阐述、立足应用”的要求。编者们本着“毕业即可就业，上岗就能上手”的人才培养理念，围绕“务实”突出三个字，“精、专、用”，删繁就简、直截了当选择最基本的理论和知识点，以“是什么”“做什么”“怎么做”为基本体例。

本教材的编写是针对武汉东湖学院培养应用型人才而定位，要求编者不仅要具备较高的理论水平和丰富的实践经验，还要跟上学科发展前沿，更要了解学院学生的特点，此次编写的教材符合我校的实际。教师将成果带进课堂，充分调动学生学习的积极性，大大提高了教学质量。

对此，传媒与艺术设计学院洪威雷教授表示，武汉东湖学院要在全国同类学院中竞争第一流学院，就应在人才培养上做到“宽基础，强能力，重应用”。属于第三批招生的学校当前普遍面临缺乏符合办学定位的优质教材，教师自编教材就显得十分迫切和必要。我校传媒与艺术设计学院老师自编教材不仅有利于推动精品课程建设，同时有利于促进品牌专业建设，还有利于中青年教师的成长。

责任编辑：杨佳艳

传媒与艺术设计学院“新闻突击队”正式成立

作者：胡静 代霞　文章来源：校报记者团

时间：2011年10月27日

本报讯（记者胡静 代霞）为挖掘传媒与艺术设计学院学生的专业发展潜力，增强学生的新闻素养，促进学生与社会的沟通交流，传媒与艺术设计学院组建了“新闻突击队”。昨日，该院院长洪威雷宣布：“新闻突击队”正式成立！

在“新闻突击队”成立会上，院长洪威雷向在座的9名首批新闻突击队成员讲述了新闻突击队的工作方针。他提出新闻突击队应立足校园，以学院正面报道为主，同时要走出校园参与社区活动，扩大报道范围。记者了解到，“新闻突击队”分别由该院2009、2010、2011级新闻专业学生组成，在指导老师的带领下，将以“大三学生为领头，大二学生作带头，大一新生跟前头”的前进方针，培养学生的组织、沟通、协调能力以及实践动手能力。九名队员中分别有专于摄像、摄影、文字的记者，对此，洪威雷院长表示，新闻突击队成员应将“一人专能”转升为“一人多能”，他提倡队员间应相互学习，共同进步。

洪威雷院长跟同学们亲切交流

院长洪威雷讲述了新闻突击队的工作方针。据悉，“新闻突击队”实行人员流动制，将会进行成员定期评定，淘汰工作态度不端正的成员，增补新成员，以确保新闻突击队保持活力。“新闻突击队”不仅将作为武汉东湖学院对外宣传的一个窗口，更将是一个学生提升自我、展示自我的平台。它能培养学生将所学的知识转化为动手实践的能力，并能让学生尽早地认识社会，更为日后投身社会、服务社会打下基础。

责任编辑：杨佳艳

我校举办公文写作培训讲座

作者：胡静 王丹妮　文章来源：校报记者团

时间：2011 年 11 月 03 日

本报讯（记者胡静 王丹妮）为进一步提高我校教职工的公文写作水平，促进公文处理工作的规范化，我校于 11 月 2 日在行政楼圆形报告厅举办了公文写作培训讲座。本次培训讲座邀请了公文写作研究领域的专家、传媒与艺术设计学院院长洪威雷教授主讲。我校常务副校长许凯出席了本次讲座，各机关工作人员、二级学院办公室主任参加了此次培训。

培训会伊始，校办主任、档案馆馆长欧阳慭首先指出了公文写作中常见的问题，并强调公文写作的重要性。随后，洪威雷教授针对公文写作中常出现的“文种错用”“词句不当”等问题展开讲述，通过结合教育部公文、省市级政府公文、企事业单位公文写作中存在的问题，详细阐述了公文写作的重要性、特点、法定格式和处理要求及公文写作的基本规律等等。同时，洪威雷教授理论联系实际，对我校的部分公文进行了分析和点评，就如何规范地写好公文进行了深入浅出地讲说。

洪威雷教授指出，掌握好常用的 3500 个汉字的基本字形、字义，是从事公文写作的基本要求，公文写作人员亦需具备良好的知识结构，要通读哲学、政治经济学、法学、史学、文学等古典原著和理论，尤其要深入通读哲学经典著作。

学工处副处长从国发表示，参加本次培训会受益颇丰，学到不少东西。

责任编辑：杨佳艳

洪威雷院长为“新闻学子”作专题讲座“和有志当记者的学生交心”

作者：胡静 王丹妮 钟娅　文章来源：校报记者团

时间：2011 年 11 月 16 日

11 月 15 日晚，传媒与艺术设计学院院长洪威雷应该院团委青协的邀请，为我校校园记者及新闻爱好者作了一场题为“和有志当记者的学生交心”的专题讲座。校报记者团、东湖影视、前沿、各二级学院记者团等校园媒体组织和新闻专业的学生们齐聚教二 001 教室，共同聆听了本次讲座。

洪威雷院长以“与节日有关的人”作为本次讲座的第一个话题，他以“与节日有关的人都是弱势群体”引出“记者也是弱势群体”，并以一首打油诗：“表面风光，内心彷徨；容颜未老，心已沧桑……虽你无冕之王，但无法律保障”将记者职业的辛酸娓娓道来，同时告诫在场学生要充分认识转型期的复杂性、多面性、艰难性，他通过例举“为什么在南方大学毕业生的工资不如农民工”“为什么‘我爸是李刚’引全国热议”“为什么权大于法仍然有市场”等八个问题引发在场学生深思。

洪院长强调，记者是社会正义的守望者，理应不苟且、有担当，具备良知、操守、责任。同时，记者还要“睥睨天下，狷介不群”，即记者须有傲骨，不同流合污。

洪院长指出，新闻记者在进行新闻采写时应“深一点”，才能“真一点”。他认为记者要练“功夫”，不仅要练飞扬的文思，还需练内敛的文字。他鼓励在场学生能够做人民的记者，坚守社会正义，切实地贯彻胡锦涛主席的“以人为本”思想。

在进行提问环节时，一名学生向洪院长提出“对在场的新闻学生是否有信心?”的问题时，洪教授的一句“当然有信心”大大鼓舞了立志并即将踏上新闻路的学生们。

责任编辑：杨佳艳

我校首获省级科研经费 实现科研立项新突破

作者：胡静 钟娅 王丹妮　文章来源：校报记者团

时间：2011 年 12 月 30 日

近日，由中共湖北省委社会科学工作领导小组办公室组织的 2011 年度湖北省社科基金项目评审工作已经结束，我校选送的 3 项科研项目成为 2011 年度省社科基金项目，并申请到科研经费资助 5.1 万元。这是我校建校 10 年以来首次获得省级科研经费资助，实现了我校科研新的突破。

据悉，此次省科研基金项目经资格审查、专家匿名初评和终评后，同类院校中只有 3 所学校，共 5 项研究项目荣升为 2011 年度省社科基金项目，而我校一举赢得三项，获批项目数量居同类高校榜首。

该三项科研项目中的两项来自于传媒与艺术设计学院，分别是由洪威雷教授主持的题为《当前行政公文处理中存在的主要问题及其危害》的科研项目和王井老师主持的题为《我国网民对网络文化价值体系的态度适应调查》的科研项目，另一项目是由经济学院胡方老师主持的《南北贸易中产品种数变化与知识产权摩擦》。

此次科研项目获得省级科研经费资助，也是我校长期以来注重培养基础研究人才、注重学科建设的结果，不仅增强了我校教师“搞科研”的信心与动力，同时有力地推动了我校科研的发展。

责任编辑：杨佳艳

我校洪威雷教授任中国写作学会副会长

作者：胡静 代霞　时间：2012年08月30日

本报讯（通讯员 代霞 胡静）7月中旬，在扬州召开的中国写作学会第八届理事会暨第十五次学术年会上，我校传媒与艺术设计学院院长洪威雷教授被推选为副会长。

中国写作学会于1980年成立，是由国内作家、诗人、新闻记者以及高等院校从事写作教学和研究的专家、学者组成的学术性团体。著名诗人、作家臧克家曾任中国写作学会第一届会长。

美国写作学会多次与中国写作学会进行学术交流，中国写作学会会长於可训、副会长邱飞廉曾在2011年赴美国华盛顿参加以“写作学在中国”为主题的第四届国际写作研究大会。

洪威雷教授是我校建校十多年来唯一一位以武汉东湖学院的名义进入全国学术团体的主要负责人。洪威雷教授担任学会副会长的政治、学术等情况将在教育部、民政部备案。

责任编辑：杨佳艳

洪威雷教授应咸宁职业技术学院邀请作专题报告

作者：代霞 胡静　日期：2011年05月08日　来源：本站原创

为落实党的十七届四中全会提出的建立学习型政党的重要战略任务，响应全省“学习日”活动号召，创建学院学习型党组织，咸宁职业技术学院特邀请武汉东湖学院洪威雷教授于5月5日前往该学院作专题报告，报告题目是“加强学习，提高党员干部综合素质”。

在此次报告上，洪威雷教授重点讲授了提高学识与学哲学的重要性。他用“德随量进，量由识长，识由学积。故欲厚其德，不可不弘其量；欲弘其量，不可不大其识；欲大其识，不可不博学”和“与学不足难以服人，品不足难以信人”来表述学习和思考是所有人提高修养、增长才干、成就事业的必由之路。一个人的品德会随着气度的宽宏而增进，气度也会由于丰富的人生经验而更为宽宏。因此要想增长深厚自己的品德就不能不使自己的气度宽宏，要宽宏自己的气量，就不能不增长自己的生活历练丰富人生的知识，不可不博览群书。

世界在变化，形势在发展，中国特色社会主义实践在深入。昨天的知识未必能解释今天的现实，今天的经验也未必能解决明天的问题。不学习、不坚持学习、不刻苦学习，势必会落伍，势必难以胜任所肩负的重大职责。洪威雷教授指出作为现代高校党员干部，要从讲政治的高度来认识理论学习，强调党员领导干部要具备知识、能力与魄力重要性和必要性。

参加此次专题报告的党员干部表示，通过聆听洪教授的报告，他们深刻认识到要坚持学习，深入学习，将学习变为一种高雅生活，形成学习常态化的必要性，这将对他们真正形成“人人讲政治，人人讲学习”的校园氛围有积极作用，对他们把思想统一到党的伟大事业上来，聚精会神搞建设，一心一意谋发展具有指导作用。

不断深化教改 为学生发展插上腾飞的双翼

作者：胡静 代霞　日期：2011年09月07日　来源：本站原创

武汉东湖学院以武汉大学东湖分校十年发展硕果为基奠，致力于创办一流的民办普通高校。作为武汉东湖学院的二级学院，传媒与艺术设计学院已在我校成功转设武汉东湖学院的契机上踏入了新的征程——不断深化教育改革，切实加强师资队伍和学科专业建设，力图培养造就具有优良的思想政治素质、文化素质、专业素质、身体素质、心理素质和优良的职业技能、创业能力的应用型创新人才，为取得良好的办学质量和办学效益不断努力。

育英才　绽奇葩

传媒与艺术设计学院院长洪威雷教授为提高学院学生的发展潜力，

加强他们的创新意识，于2010年提出“七个一”工程，即参与一项院级以上赛事、取的一项职业证书、参加一个社团（院、校级）组织、每学期发表一篇文章（按四年平均数计算）、培养一项业余爱好、参加一次暑期社会实践活动、带一本作品应聘就业。“七个一”工程一浮出水面就在全院范围内得到积极响应。

在近年来的全国性和省级大赛中，传媒与艺术设计学院的学生屡获大奖。2011年6月1日，在湖北省首届高校优秀视频作品大赛中，由我院王井老师指导的三个DV类作品《标签》《我是谁的谁》《台词人生》分别获得湖北省首届高校优秀视频作品大赛前三甲。近日，由教育部高等教育司指导，教育部高等学校新闻学学科教学指导委员会、中国传媒大学、中国高等教育学会广告教育专业委员会共同主办的第四届全国大学生广告设计大赛落下帷幕，我院学生表现突出，收获颇丰。湖北分赛区评选出650余件优秀作品参加全国决赛。我院选送的42组参赛作品中有16组获奖，其中三等奖4组、优秀奖12组。几十名优秀本科毕业生考上公务员或考入重点大学攻读硕士研究生，学生学位课通过率、就业率达90%以上。

一年来，传媒与艺术设计学院专业实习部分硕果累累：刘文军在《楚天都市报》实习发稿61篇、黄挺在《长江商报》实习发稿32篇、燕鹏在《武汉晨报》实习发稿30篇、徐倩在《三峡日报》实习发稿20篇、徐雅丽在《长江日报》实习发稿20篇、付丽娜在《楚天金报》实习发稿18篇等等。2010年一年，新闻专业学生在校内外媒体上发表的作品达400多篇。

2009级新闻采编专业学生燕鹏全国近千所高校的几万名大学生中入选由湖南卫视承办2010~2011全国大学生成人礼的100名大学生记者之一，湖北仅2人，并被共青团中央、全国学联评选为第五届“中国大学生自强之星”。2008级新闻专业学生黄挺在几百人的激烈竞争中超越名牌大学毕业生以笔试、面试第一名的成绩被《江西晨报》破格录用，未毕业就实现了先就业。在传媒与艺术设计学院，像以上这样的同学不胜枚举，他们是传媒与艺术设计学院人才培养模式创新结下的一个个硕果。

新理念　谋发展

传媒与艺术设计学院创立了一种可以给予学生发现自己能力并追求梦想的体制。“培养、激发、引导学生增添自主探究、不断创新的潜能和后劲”的核心理念使该院坚持厚基础、宽口径、强能力、重创新的人才培养，注重专业教育、通识教育、能力教育、精神教育，着重提高学生的独立思考能力，注重培养学生的独立人格。为全面提升人才培养的质量，该院提出“三个三”：第一个“三”是教学中的严管、严教、严考；第二个“三”是学生工作中的关心、爱心、耐心，第三个“三”是学院特色中的守时、守信、守法的品德特色；学以致用、多出成果的能力特色；风度仪态的形象特色。

该院强调学生的实际能力，这既包括学习能力，也包括动手实践能力。院长洪威雷说：“我们不能把学生放在远离社会实际的象牙塔里，而应该让学生们去接触、了解、认识社会，培养学生将所学的知识转化为动手实践和具体操作的能力”。

同时，学院积极加强与社会各个单位的联系，努力拓展学生的实习实践基地，提高学生的实际动手能力，目前已签约的实习基地有湖北富尔文广告传播有限公司，《长江日报》集团实习基地，湖北楚才传媒有限公司三个实习基地和安徽西递、宏村等写生基地，这不仅拓宽了学生的专业视野，而且极大提高了学生的动手能力。

我院洪威雷教授赴郑州主持学术研讨会

作者：胡静　日期：2011年09月16日　来源：本站原创

第十五届全国应用写作与文化传播学术研讨会于7月19日至22日在郑州召开，我院洪威雷教授作为中国应用写作协会会长出席并主持了此次研讨会。

洪威雷教授在开幕词中指出："应用文写作研究价值取向与评价标准的同质化，是当前应用文写作研究创新思维的障碍。而对传统文化的自信与自觉，是应用文写作研究创新的基础。立足中国传统文化，密切联系现实社会生活实际，在跨古今中外文化对话的基础上，才有可能实现应用文写作研究的创新。"在学术报告会上，洪教授言之成理的论证了应用文写作、文化传播与仁、义、礼、智、信"五常"的关系，将应用写作、文化传播从文本研究上升到人本研究范畴。

研讨会与会人员就应用文写作与文化传播理论研究的拓宽、创新和应用文写作教学改革的新方式、新模式进行了广泛而又深入交流。大会还设立了论文、教材评审专家小组，对与会人员上交的论文、教材进行了专业的评选。

湖北民族学院毛正天教授在致闭幕词中表示，此次会议主题鲜明，辩题丰富，学术信息量大，教改方式方法多样化，会上交流，会下辩论，学风纯正。三场主题报告、两场大会讨论，观点纷呈，论辩热烈，研究的视野更开阔了，研究的领域又拓宽了。

据悉，此次研讨会由河南财经政法大学文化传播系承办，湖南省写作协会秘书处协办，成员都是来自全国高等院校的应用文写作教学、研究方向的97名专家、学者和党、政、新闻单位从事公文写作的领导。此次学术盛会，除学术研讨、分组报告、问答研讨等形式外，还组织了与会人员前往河南财经政法大学新校区、河南省博物馆、登封少林寺景区、开封清明上河圆等地进行文化考察游览。

让青春在奋斗中闪光
——写在传媒与艺术设计学院2011年学生作品集出版之际

作者：胡静 张恒 钟娅　文章来源：本站原创

时间：2012年04月10日

2月8日上午，在环境宜人的湖北省嘉鱼县官桥八组的别墅式楼前，当全国人大代表、我校董事长周宝生同志听到传媒与艺术设计学院院长洪威雷说大三学生王振栋一个月在报刊上发表四十多篇文章，全院学生2011年共发表作品614篇时，眼含笑意的握着洪院长的手高兴地说："你们的工作做得很扎实嘛，希望在新的一年里取得更大的成绩！"

现今，由周宝生董事长题写书名的《让青春在奋斗中闪光》——2011年学生作品风采录已结集出版，全书近40万字。这部凝结着我校学生青春梦想的作品集，不仅是他们成长道路上留下的一串串深深的足迹，而且是在时代潮流中学以致用的一朵朵奔腾的浪花，既是自强不息的生命中跳跃着的一个个优美的音符，也是武汉东湖学院上空一片片五彩的云霞。

新闻人，出新入心做新闻

我校传媒与艺术设计学院的学生用实践印证理论，用勤奋耕耘青春，用汗水铺就新闻之路。新闻之路是"无冕之王"光环照耀下的坎坷之路，是一条考量责任、道德的如履薄冰之路，更是一条在用信念去践行使命的神圣之路。

"我还记得为了摸清华科大学生创业的真实内涵，在光谷蹲守了一整天；也记得为了用数据更明确的说明事实，而站在太阳底下分发和收集300多份的调查问卷；更不会忘记被访者拒绝采访时的无奈与辛酸……，我愿意为自己的新闻理想去熬夜，去付出，去拼命。"这是传媒与艺术设计学院的一位"新闻圣徒"对新闻的告白。

新闻学子就是凭着一股干劲，揣着自己的新闻理想，怀着对新闻的热忱，紧握着那根笔杆在新闻路上一步步地前进。当他们看到自己用心打磨后的作品被刊登时，内心的喜悦难以言喻！因为这意味着知识转化为能力的被认可，意味着辛苦的耕耘终有了收获，意味着在新闻的路上又前进了一步……学子们的热情与执着如同溪流在这本风采录中汇聚！

"成长就是做以前不会做的事，改变就是做以前不愿做的事，突破就是做以前不敢做的事，成功就是做以前没做过的事"2010级新闻学专业的周星辰如是说。这位看起来文静，而且还有些腼腆、羞赧的大二女生，2011年在校外媒体上已发表了40篇作品！正是她内心潜在的不甘落后、敢于实践、勇于担当的精神使她争取到该作品集的主编任务，繁琐的编辑和校对工作没有绊住星辰的工作思路。对于作品集的封面，她冥思苦想、反复设计。这张正面印着我校大门，底面印着学校重要新闻图片集的蓝色背景封面与封底融汇了这位女生的细腻心思，它寓意着武汉东湖学院新闻人的冷静和执着，新闻人在用心记录着学校的改革和发展，见证着学校成长的历史……

翻看该集的目录，这里有在全国级、省级报刊上发表的作品，如《半月谈》《中国青年报》《工人日报》《湖北日报》《江西晨报》等；这里亦有获得全国高校百名自强之星的09级新闻采编与制作专业的燕鹏，也有一个月内发表40多篇稿件的2009级新闻学专业的王振栋、祝琳，还有获得全国大学生经济新闻竞赛一等奖的2008级新闻专业的杨勇，更有创造了我院大学生未毕业就能高位就业的2008级新闻学专业的黄挺……一个个时代的弄潮儿在青春的浪潮中奋进，用创新的理念和思维将所学知识在实践中运用，主动承担为社会发展服务的责任。

新闻之友，新闻路上手牵手

拥挤的人潮中擦肩而过的行人，低矮的屋檐下同时避雨的路人，昏黄的路灯下等候同一辆车的夜归人，相遇而不相识。前进的路上，莘莘学子怀揣着自己的梦想，相约在美丽的汤逊湖畔，因同校而相遇，因新闻而相识，因兴趣而相知。

学子们因新闻而结友，一路上不孤单。同行的路上，他们为了确保新闻的真实性，一起对事实真相刨根究底；为了确保新闻的时效性，一起“加班”赶稿直到深夜。大家总是在交流中相互的鼓励着，在新闻路上相互的扶持着，在成长的道路上不断地进步着。

凝聚产生力量，团结诞生兴旺。新闻之路，因凝聚而宽阔；进步之音，因团结而雄浑。

2008级新闻学专业的黄挺，在与“211”高校硕士毕业生同场笔试、面试中成功胜出，被《江西晨报》顺利录取。然而，闲暇之余，还回到母校与学弟学妹们作经验交流。

我们依旧清晰地记得，2011 年 9 月的最后一天，天空还下着小雨。尽管同事中有很多人都已经在收拾放假回家的行囊，然而，黄挺却风尘仆仆地从江西赶往武汉，回到阔别半载的校园，回到了那承载自己昔日奋斗记忆的母校。一时间，“挺哥回来啦……”的消息在学生当中传开。

当天下午，被友人习惯亲切地称呼为“挺哥”的黄挺来不及休息，因为该院院长洪威雷还特地邀请他为学弟学妹开展经验交流。面对这群新闻友，他总是一脸谦和的笑容，倾囊相授地讲述着自己在新闻路上的一些历程与心得，以自己的前车之鉴告诉学弟学妹：不管是新闻的路还是人生的路往往都是一波三折。

新闻这条路上，我们常常有李煜的“剪不断，理还乱”的惆怅；有柳永的“衣带渐宽终不悔，为伊消得人憔悴”的无怨；有辛弃疾的“众里寻他千百度，蓦然回首，那人却在灯火阑珊处”的惊喜。这个过程中的酸甜苦辣，喜怒哀乐，让新闻人勇敢地振作起来，直面正视不可能永远一帆风顺的人生……

学院，用心铸造新闻人

2011 年，我校成为独立门户的省属高等院校，对我校而言，这是值得纪念的一年，是具有历史跨越性的一年。也是在这一年，传媒与艺术设计学院学生发表作品高达 614 篇，获全国性和省部级奖 24 项，其中，获全国性一等奖三项。

为了给学生营造一个良好的成才环境，我校周宝生董事长本着“要办让党放心、让人民满意的学校”的办学理念，并将“始终把提高教学质量、提升学生综合素质、培养学生创新精神和实践能力”作为教学的核心目标。

传媒与艺术设计学院为切实落实这一核心目标，先后制订了一系列的实施方案，其中教学中的严管、严教、严考；学生工作中的关心、耐心、爱心；学院特色建设中的守时、守信、守法的品德特色，学以致用、多出成果的能力特色，仪态、风度高雅的形象特色的“三个三”工程建设一经提出就获得全院师生支持。

优秀的教师是知识的传授者，更是学生思维的引导者。在该院教师队伍中，讲师胡蕾将“模拟采访”带入课堂，课上气氛活跃；刘慧、红英、杨姗姗老师主办学生作品设计展，不仅激励了学生的创作热情，还在校园掀起了“艺术热”；姚娟教授将自己在名校进修所学的新知识引入课堂，带学生领略学科的前沿风景；刘云龙教授让采访课堂走向室外，带领学生展开实地演练；洪威雷教授采用“超市作业”教学法，让学生自选教材内容去设计并展示作业，大大提高了学生自主学习的积极性……注重教学质量的副院长汪金兰还带领各班辅导员定期前往教室督查课堂教学质量。为进一步提高教学质量，该院领导、辅导员、任课老师主动访谈学生，了解并改善授课质量。

洪威雷院长曾多次对学生说：“周宝生董事长很重视提高教学质量，尤其重视提升学生的动手能力。”同时，该院提出了“厚基础、宽口径、强能力、重创新”的人才培养理念，提倡学生要多读、多思、多悟、多写、多发表，并把发表文章数量和获竞赛奖等成果作为学生评优评先的条件之一。联系学院工作的李捍城副校长经常与师生座谈，还深入到学生寝室征求意见，鼓励学生将知识转化为能力，学生中形成了比、学、赶、帮、超的好学风。学校的大学生记者团、学通社是该院学子良好的“练兵”平台，从消息到通讯，从特写到专访，从散文到诗歌，一篇篇稿件，一篇篇美文跃然纸上；从院报到外宣，从校园到社会，一步一步，是他们脚踏实地成长的见证。

在周宝生董事长的亲自组织和支持下，该院根据学生的专业特色先后聘任并邀请《湖北日报》各部办主任及副主任记者为兼职教授，洪威雷院长还请来自美国纽约州立大学的洪俊浩博导来讲学，并受聘为我校客座教授。国内外知名专家学者来我校讲学，不仅拓宽了学生的学术视野，也提升了学生的社会责任意识，让兄弟院校的师生们羡慕不已。

正是学校的用心培养，才使菁菁校园不断涌现出类拔萃的学子。他们的品德特色、能力特色、形象特色，正是新闻人的团结与奉献真实写照！我们坚信，在新的一年里，奋发向上的学子会朝着青春理想的彼岸迈出更加强劲的步伐。

我院院长带队赴湖北大学艺术学院参观交流

作者：李婷婷 胡静　文章来源：本站原创

时间：2012 年 05 月 04 日

“这些平面设计很有创意，创作个性中融入了时尚元素。”我院田永芳主任在面对各类参展的艺术作品时，由衷的感叹。

5 月 3 日下午，我院院长、主任、教秘及艺术专业老师一行十余人前往湖北大学艺术学院参观 2012 届毕业生作品展。此次参观交流活动由湖北大学艺术学院严家宽院长亲自接待，并安排专业老师引领参观与讲解。参观完毕后，两院老师展开了学术交流，该座谈由湖北大学艺术学院副院长胡志勇主持。

此次参观活动的第一站是湖北大学图书馆的一楼展厅，该展厅呈现着平面设计专业的全部作品。其中以“蚁族青春”为题材的图文作品展是一个以女大学生毕业之后生活扑面而来，梦想流离失所，但仍然相信现实可以改变，或许就在明天的一种精神状态为创作元素，充分展现了大学生走向社会后的喜怒哀乐，展厅内的各类作品无论是从题材上，还是从布局上，都大胆创新，展厅的整体布局也体现着空间的纵深感，吸引力我院参观老师们纷纷拍照留念。第二站是艺术学院的教学楼展厅，陈设的都是环境艺术专业的毕业生设计作品。讲解老师表示："各类作品很优秀，但也存在问题，学生们需要在侧重实践的同时跟老师多交流，再慢慢改进。"我院参观老师们在赞叹作品优秀之余，也表示对湖北大学校方能够给学生提供固定而又宽敞的展厅和钦羡不已。同时，我们了解到，前不久也有江西艺术学院前来参观和交流。

在随后的座谈会交流中，两方院长及老师就艺术类专业发展问题进行了交流，对环境与艺术设计专业及平面设计专业课程分配不平衡等问题提出了相关改进的措施。两方院长一致赞同应填补艺术类专业师资力量的失衡，同时加强对青年老师的培养。

谈及人才培养与社会需求的矛盾，两校老师们展开了交流，并对胡院长提出的课程设置细化方案进行了深入探讨，一致认同实践课程设置的集中化。交流中，湖北大学艺术专业的老师提出的利用工作时带领学生做项目的做法得到了我院老师的赞同，该做法不仅锻炼着学生的实战能力，而且给学生提供了劳动报酬，让学生赚到"外快"。我院老师表示这是一个"双赢"项目，值得借鉴。

我与洪老这九年

/肖立平

第一次见到洪老，是在我大一的一节应用文写作课堂上，那节课给我留下了深刻印象，从此我就深深记住了这个操着一口新洲乡音的有趣老头。那是在2010年10月11日的应用文写作课堂上，也是我考入武汉大学东湖分校（现更名为东湖学院）的第一节课，也是我见到的第一个教授，心情异常激动！也许是因为那亲切的乡音，加上我第一次远行离开家来上大学的缘故，洪老的课堂无形中让我多了几分期待和留念！洪老课上有句话一直记得，“要把学生造就成什么人，自己就应该先成为什么人”。从那以后，洪老的课，就成了我们新闻学子最爱上的，最有趣的，也是座无虚席的课。每次都在备忘录上标记着洪老的课程，生怕错过。

第二次和洪老接触，是在我萌生了想要携笔从戎，参军入伍的想法之时。我看着学校那红色又显眼的横幅，上面写着“参军报国，无上光荣”这几个大字，我的内心一度沸腾，因为军队是我充满向往的地方。我曾梦见考入军校，却没能如愿，看到眼前这样难得的机会，我犹豫了，退缩了。因为我不知道，那个陌生的环境，我是否能够坚持住？我也不知道，我做出这样的选择，自己以后会不会后悔！好不容易上了大学，选了喜欢的专业，就这样放弃了学业入伍，岂不是可惜？带着众多的疑问和不安，在一次课后，我找到了洪老，向这位我敬重的教授寻求意见。我们在大学校园里一边走，一边交谈，当时问了我很多，听了我的想法后，给我提了一条建议，让我大学毕业以后再去，一来学业有成，二来更加成熟稳重，三来可以直接提干。现在想想，自己很后悔没有听从洪老的建议，导致我走了很多弯路。当时的我是那么血气方刚，年少轻狂，我说，我担心四年以后，我是否还能心无杂念再去参军，我是否还能有一个符合征兵要求的强健体格，所以我选择了活在当下，马上行动，带着大不了从头再来的豪言壮志，投入了军营！最后洪老也支持了我的想法，最后临走前，握着我的手，送了我 14 个字："抬头看路，低头做事，不要怕，不要悔！"也正是这句赠言，伴我走过了 9 年军旅生活！

与洪老的第三次接触已经是我入伍一年以后了，记得那次是电话联系。在 2011 年大概 4 月份的时候，我接到了洪老的电话，一接通，亲切的声音响在耳畔："肖立平，在部队还好么，能习惯么？"后面一连串的关怀问候，让我感动至极，就像一个老父亲对儿子的关爱，我记忆犹新！原来，洪老想告诉我学校更名的好消息，想问我是否能有机会回来参加学校的更名仪式！当时我就回答道，"如果有机会，我一定回武汉参加，感谢洪老还惦记着学生！"恰巧 4 月底，我姥姥病危住院，我请了 10 天事假，在 5 月中从湖南回到了武汉，待同济医院看完姥姥后，我就去了武汉大学东湖分校。那天早上我记得很清楚，是 2011 年 5 月 29 日早上 8 点，我到了学校行政楼，洪老的办公室，我穿上了军装，想让自己的老师看看学生穿军装的样子。办公室桌子上，还摆了早餐，是洪老专门为我留得，两个肉包子，一个鸡蛋，一瓶牛奶，着实让学生感动！也就是那天我跟洪老合照留影，参加了东湖学院的揭牌仪式，洪院长在会上还做了发言。我很感激老院长，告诉我这个好消息，让我有机会见证了母校的历史时刻。

第四次与洪老接触，是在 2012 年 7 月初，我参加部队军考的一个月后，知道了自己的成绩，没有上军校分数线，我很失落，想要放弃，想早点回到学校继续完成学业。我感觉自己一刻也待不下去，于是拨通了洪老的电话，每次在面临人生选择的时候，我都会求助于老院长，这次也不例外。我面临的选择是，满两年服役期回到原学校接着从大一读书，还是留在部队转志愿兵当士官，而且第三年还可以有最后一次考军校机会。但问题是，如果再次失败，我就要干满五年才能再回到地方大学！我开始犹豫了，我害怕再次失败，还要再呆三年，我担心我承受不了这样的结果。但洪老的一席话，打动了我！电话里这样说到："肖立平，你还记得当初你下决心离开大学的时候吗？你还记得你为了梦想而不断奋斗的自己吗？既然还有最后一次机会，为什么不去尝试呢？人生多少事，能够给你两次机会？生活无法重来，选择了就不能后悔，如果你现在放弃了，回来了，那将会让你遗憾一辈子，因为你放弃了机会！关于学校，我们随时为你留住入学的门票，你只管放心，再搏一搏！"正是因为洪老的发自肺腑的一席话，对我的支持，让我回心转意，选择了留在部队，转了士官，最后在我第三年的时候，我再一次参加军考，以全单位第一名的好成绩被军校录取！从此开始了我的四年军校生活！那一通电话，可以说，改变了我的人生轨迹，改变了我的命运！我很感激洪老，没有洪老您，也就没有现在成功的自己！您给中国人民解放军培养出了一名军官！

这第五次接触，说来也是尴尬。那是我转士官后第一次休假回武汉，我第一个通知了老院长，约着想要见一面，去看望洪老，当面去感谢老师对我的指导和帮助！结果，我听错了电话，把地址弄错！我让我爸开车，把我送到了江夏东湖学院教职工宿舍楼，结果老院长在湖北大学教职工宿舍楼门口等了我半个多小时！后来因为洪老有其他事，我就扑了个空回去了，也就错过了那次促膝而谈的机会，没想到那次一别就是 4 年以后，我毕业分配的时候。

第六次接触，是在 2017 年 6 月我即将面临军校毕业，也就是涉及我毕业分配的选择之时！我们学校分配制度，是按照 4 年的综合学习成绩排名来选择单位，我在我们专业总分排名第 4，也就是说，我是第四个上台选择我的分配单位！就此事，我再一次请洪老支招，因为这次的选择，我要在爱情、亲情和事业之间进行选择。我家里想要安排我去河南，然而就当时发展前景，我应该去东北，但我当时的女友可能会分配回湖南，因为她晚我一年面临分配，所以，我再一次面临选择！洪老跟我说了很多，鱼和熊掌不可兼得，我必须要做出牺牲！至于选择什么，就在于我自己最在乎什么，因为选择以后，就没法重来，我必须要有承担失败等一切后果的勇气和担当！最后，我选择了回到我的老单位，老基地！因为我想到一句话，那就是落叶归根！我要回报我的部队，我的组织，它们给了我机会，单位花了时间和精力培养了我，给了我今天的成就，我应该感恩而图报！所以，我选择了来到组织需要我的地方，来到了广东韶关这座美丽的气候宜人的城市，继续扎根基层，建功立业！

然后就是今年，2019 年 1 月 18 日的一个微信，我收到了这样有分量的约稿邀请函。真的非常感动，感到无比激动，感怀洪老的悉心教导和多年来的人生指引！让我如今能有这样的机会，来静下心来跟洪老说说心里话，用这种充满荣誉的方式来拾起这段弥足珍贵的回忆，这段忘年交，这段特殊的师生情义，我很知足，感怀至深！

洪老从教已经 43 载，一辈子奉献给了七尺讲台，培育了无数的学生，对于这份恩情，学生要对您说声：谢谢！老师您辛苦了！学生肖立平祝洪威雷教授七十大寿，福如东海，寿比南山，子孙多福！如若有机会，学生一定前往参加寿辰喜宴！此致敬礼！

您的学生：肖立平

2019 年 3 月 16 日

作者系武汉大学东湖分校 2010 级学生

一辈子，遇到一位良师，该有多幸运

/代　霞

最近有个段子，突然就火了。大三暑假，送室友坐高铁，临上车，我说："我去买几个橘子，你就站在此地，不要走动。"室友愣了一下，说："你什么时候都不忘占我便宜!"有人看完可能一脸懵圈，这有什么好笑的？爱读书的人，则会心一笑，心里默念五个字：朱自清《背影》。文中，朱自清的父亲，送儿子去车站。站台上，父亲说："我买几个橘子去，你就在此地，不要走动。"不读书，岂不让人白白占了便宜，连拆穿的能力都没有？不读书，如何融入高级的朋友圈，优雅的开玩笑？

洪威雷教授教导就是这样一位爱读书，痴迷读书的可爱长者。

听洪老师上课，常常会被他的学识和智慧吸引到。很多人都以为，洪老师在写作和授课方面的才华来自于天赋。然而，洪老师却亲身印证了一句话：没有谁的成功是一蹴而就的，都要靠长久的积累和努力才能获得。

洪老师爱读书，从《西方哲学史》《浮生六记》《山海经》《离骚》，读到南怀瑾……洪老师身上因博览群书而修炼出了那份难得的儒雅和从容。

洪老师刻苦，他即使年近七十，仍然每天坚持读书、看报、写文章。看到兴奋处，会激动得跳起来。他在课堂上的举重若轻、信手拈来，正是归功于几十年如一日的刻意练习。

洪老师无论是在课堂上，还是在我走入工作岗位后，总是勉励我一定要多读书。他常说的一句话：当你的才华撑不起你的梦想时，唯有读书，读书是你实现梦想的翅膀。

读书的人，因知识的无限，更感到自己的渺小，才会对这个世界充满敬畏，因敬畏而变得可爱。现在工作近五年的我，回想起大学那会洪老师勉励我的场景，依旧会感动得热泪盈眶。

万幸，在大二上学期的时候遇见了洪老师，当时洪老师带我们班的《应用文写作》课程。洪老师在开课之初就提到，要进行一种新的授课方式尝试，让我们自己选取课程中的章节，自己准备资料来讲课。

当时的我一脸鄙夷，觉得这老师也忒省事了，课都不愿意自己讲了，让学生来讲。第三次上课，洪老师就开始正式征集想要上台讲课的同学，通过课堂上集体演讲、同学投票的形式来最终确定 5 名上台讲课的同学，公平公正。

没想到跃跃欲试的同学还真不少，近 20 位同学自发的上台演讲争取讲课名额。一周后，第一位讲课的同学课堂气氛特别好，获得了同学们的阵阵掌声和洪老师的赞许。我心里特别羡慕，后悔当初为啥不勇敢一点，争取上台讲课的名额。

课后，我鼓起勇气找到洪老师，结结巴巴表达了想要讲课的意愿。洪老师颇为为难，就在我转身灰心丧气的准备回宿舍时，叫住我说："既然你那么想讲课，那就让你试试，就冲你这份勇气！"当时的我简直高兴的蹦起来了。

正因为洪老师给了我这一次满含鼓励的机会，让我相信有志者事竟成，也越来越自信，敢于主动为自己争取机会表现自己，乃至我后来在工作中也因此大受裨益。

还记得，洪老师在课堂上曾经讲过一个很有深意的笑话：有个人发现住在自己后面那栋楼的人家特别邋遢，因为他站在自家的厨房，看那家的阳台，玻璃满是灰尘斑点，晾晒的衣服也脏兮兮的。某天，他的好友来他家里做客，他把好友拉到厨房，嘲讽那户人家的懒惰，说："我光是每天站在这里看着，都觉得影响心情，也不知道他们家人怎么受得了。”他的好友是个细心的人，发现有哪里不太对劲，于是找了块抹布，打开窗户探出手擦了一下，再回来一瞧，哪里是别人家懒惰，分明是自己的窗户不干净。这人看着好友手里拿的抹布上的灰，忍不住羞红了脸。

说完这个笑话后，洪老师并没急于下结论，来告诉我们其中道理。而是反问我们每个人，听完笑话的感受。让我们在课堂上各抒己见，甚至鼓励我们进行激烈的辩论。往往在辩论临近尾声时，洪老师才会诙谐幽默的表达自己的看法：其实我们在生活中其实也经常会犯这样的错误，习惯以自己的标准去评价他人，或者把自己的认知看得太重，总是急着指责别人，抱怨生活，却忘了先审视自己的内心，先反思自己的言行。

洪老师一直非常重视学生的动手实践能力，为了学生的发展去突破传统的教育模式，创新大胆地提出实施因材施教的教学模式。

我非常的庆幸大学 4 年，有洪老师的指导和引导。让我在大学期间迅速明确目标，制订切实可行的计划，多进图书馆，多读名著，多练习写作，多参加各种校内外的活动，坚持不懈地努力，最终收获了精彩的人生！

但行好事，莫问前程。感恩洪老师一直以来的鼓励，我也在不断前进，周围的风景，遇到的新朋友，生活的状态，也都在跟着成长。

你若盛开，清风自来，你若精彩，天自安排。

做最好的自己，遇见最好的生活。

遇到一位良师，是此生最幸福的事情。

作者系武汉大学东湖分校 2010 级学生

现任武汉博润通文化科技股份有限公司新媒体总监

做静水深流的播种者

——记我眼中的洪威雷教授

/刘怡廷

2010年又被称为“世博年”“地震年”，我在那一年开始了自己的大学生活。

当年发生的很多事至今仍历历在目，时任华中科技大学校长李培根因为一篇毕业典礼致辞走红网络，被网友亲切地称为“根叔”。而真正对我当时及后来大学生活产生深远影响的，是一篇题为《从“根叔”走红看华文写作创意的技法》的文章及其作者——洪威雷教授。

那时刚开学不久，我因帮忙打印上述文章而有机会接触到洪教授。现在还清楚的记得当时将打印文稿交给他时的情景，他取下老花镜，一面爽朗而亲切地笑着连声说谢谢，一面指着沙发示意我坐下，跟我谈论起那篇文章的写作心得，还仔细询问了我的家乡、就业意向等情况。当我谈到想考公务员时，洪教授高兴地说：“考公务员好啊！备考时我可以指导你，尤其是申论方面。”当时交谈的很多内容已无法清晰忆起，但是那种精神为之一振，浑身充满干劲的感觉至今仍记忆犹新。

后来，我发现喜欢找他聊天的学生很多。从社会热点到学院动态，从个人奋斗历程到子女教育心得，从树立正确婚姻观到大学恋爱态度，从饮食保健到服饰搭配……无论答疑解惑还是闲话家常，他都乐意与学生分享、交流。

现在回想起来，一位师者愿意花时间与学生交流，便是最好的传递与引导，他传递出的“我看好你”“我相信你”的信息让我开始肯定、鞭策自己，朝着他所鼓励的方向奋斗，并在他积极正面的引导下开始探索更好的自己，我想，这就是外力最好的转化，润物细无声。

熟悉洪教授的学生都有体会，他对学生的关爱更多的体现在“课外”。大二暑期，洪教授将我和另一位同学推荐到长江日报社实习，收到消息那天我和同学激动地收拾行李准备出发，一路上仿佛烈日都比平时要温柔许多。报到时我被分配到了文艺部，洪教授询问得知后，焦急地表示文艺部出刊周期长，难以达到锻炼的目的，让我先等等。几小时后再接到电话，才知道他为此事专门联系报社编辑，在暑期实习岗位紧张的情况下为我调换了部门。

实习结束，当我整理发表稿件时，60 余篇报道厚厚一叠握在手中，才更加体会到洪教授的良苦用心。后来毕业找工作及走向工作岗位之初，我常常将这一实习成果作为自我推介的亮点之一，现在每每思及此事，心中仍然充满感激。在洪教授从教的 43 年中，和我有类似经历和相同感受的学生不在少数，师者仁心显大爱，正是源于对教书育人的热爱，对学生发自内心的大爱，才会不计回报、不问得失地为学生搭桥铺路，让学生一步一步走向更为宽广的人生。

为我们授课时，洪教授已是花甲之年。讲台上的他精神矍铄、声如洪钟，丝毫看不出岁月的痕迹。更让人钦佩的，是他对学术的热爱与不懈追求。文章开头提到的《从“根叔”走红看华文写作创意的技法》一文便是最好的佐证。一位在业界享有盛誉的教授，到了花甲之年本可以“缓一缓”“停一停”，但是洪教授却笔耕不辍，遇到值得研究的热点，即使对电脑、网络使用不太熟练，仍然坚持在一线研究。从潜心钻研到运笔成文，五千多字的论文跃然纸上，全由他一笔一划手写出来，手稿上圈圈点点、密密麻麻，不难想象背后的精心雕琢、千锤百炼。在这个略显浮躁的时代，潜心学术的人越来越少，而洪教授却始终如一，不忘初心，以笔为径，不断攀登学术高峰，这种治学的热忱和态度至今仍深深感染着我。

回顾大学成果，不得不提《让青春在奋斗中闪光》这本文集。当时在洪教授的指导和推介下，很多新闻专业的学生去到报社实习并刊发稿件，仅2012年一年就有700余篇稿件见报，为将这些作品汇编成册，洪教授安排我与另一位学生共同整理编辑文集。从文稿收集到编辑排版，再到封面设计和校对，每一步都离不开洪教授的点滴指导，书籍印刷成册后广受好评，成为新闻学院一张亮眼的名片。

“大学教育要教导学生把追求自我发展与社会发展统一起来，使学生在充分发挥自身优势和潜能中促进社会发展”洪教授如是说。的确，从报社实习到编辑文集，我个人潜能得到极大发挥，养成了认真细致的工作习惯，练就了百折不挠的奋斗精神，更体会到从未有过的责任感和使命感，明白了应该坚持什么、追寻什么，这些收获一直默默伴随着我走向工作岗位，如今想起，愈显珍贵。

我是幸运的，在大学这一重要人生阶段遇到了恩师洪教授。恩师于我，有举才知遇之恩，有传道授业之惠，更有东风化雨、春泥护花之情，他的谆谆教诲对我人生观、职业观的形成产生了至关重要的影响。一位优秀的老师，是整个社会的巨大财富，教书育人这一崇高事业，正是在施教、栽培每一位个体中，不断形成巨大的能量磁场，为社会创造出最有价值的财富。

如果说星辰大海是我们的征途，那么静水深流便是教师的境界。洪教授一生播种，不问收获，如今的桃李芬芳，便是岁月给他最好的馈赠。

作者系武汉大学东湖分校2010级学生

现供职于湖北省人民检察院

我时常想起洪老师

——记叙我帮洪老师做电子课件

/孙艺桐

大三了，洪老师为我们讲《应用写作》课。他引用清朝刘熙载在《艺概·文概》中的一段话："辞命体，推之即可为一切应用之文。应用文有上行，有平行，有下行。重其辞乃所以重其实也。"并将刘勰在《文心雕龙》中指名应用文具有"经国之枢机"的功能板书在黑板上。说明写好应用文对国家、政党和个人的重要性。紧接着又将我国著名教育家叶圣陶的语录写在黑板上："大学生不一定要能写小说、诗歌，但一定要能写工作和生活中实用的文章，而且非写的既通顺又扎实不可。"

洪老师花三次课的时间，每次两学时，讲授了应用文写作发展的十四种趋势，八大特征，十大独特作用，十项写作要求和五项修养。他拿出八个文种，由大家自愿报名，学习委员协调，选出八位同学，各讲一个文种。有幸我被选中，我们八人到洪老师办公室开会，由他提出备课要求，并做好电子课件、PPT。他要一一检查，提出修改意见，完善之后获得他的审读同意，才能上台讲授。

没想到，洪老师认为八人中我的课件做的最好，赞扬"图文并茂"，更没想到，他征求我的意见，为他做一份电子课件。我想，这是跟老师学习的好机会，就爽快应承了下来。

洪老师要我做的课件名称是《领导干部应该具备的综合素质》。他说，原先有这一内容的课件，而且到深圳、南宁、珠海、长沙为处级干部讲过。这次重做课件，一定要做好，因为湖北大学机关党委发文，整个行政楼的科级、处级干部被要求听这次讲话。

他将原来的电子课件交给我，并把应充实的文字材料交给我。反复看后，越看越有兴趣，以致认为自己当初选错了专业，应该读行政管理。老师要求我，要把“学不是难以服人，品不是难以信人”的理念贯穿于整个课件之中。他指出：管理的出发点是办事的程序，权术的出发点是人的服从。管理的本质是规律，权术的本质是谋略。权术服务于规律，这是政治底线。老师的这一见解让我大开眼界。

他认为，一个领导干部的学识修养，至少要涉猎十五门学科知识：哲学、法学、政治学、史学、管理学、经济学、心理学、社会学、文学、写作学、沟通学、统计学、组织学、决策学、协调学。

他举例著名文化史学家冯天瑜，在湖北大学读的生物学，后在文化史治学上做出了独一无二的业绩，曾获毛泽东主席赞扬。张国光上大学读的是历史专业，后在湖北大学中文系教学，文史交叉，使他成为全国著名学者。老师不仅要我把冯天瑜、张国光两位教授的照片和代表著作搜索出来做入课件，还要求我把西南联大的迫于无奈形成的学科交叉教学等资料收集整理出来。

西南联大 8 年，毕业了 3882 名学生，被誉为中国教育史上的“珠穆朗玛峰”，出了 2 名诺贝尔奖获得者，4 位国家最高科级奖获得者，8 位两弹一星功勋奖获得者，171 位两院院士，100 多位人文大师。百年老校的北京大学、武汉大学等高校与只有 8 年历史的西南联大比得了吗？其中最大的区别之一就是知识交叉，讲化学的老师来不了，学生都去听物理课，这种知识交叉必会给学生带来潜在的发展空间，创新能力获得极大提升。

老师要求我做课件中，重点突出学哲学。他交给我一张条子，上面写着，习近平说：“掌握权力的人，首先要有哲学智慧和哲学思维。应当把总有哲学智慧和思维作为胜任本职工作的基本资质和条件，当做自己的看家本领。”老师要求用红色字体标出写一段话。

老师说，学点哲学，懂点哲学，人的头脑会清醒，认识问题和办事有自己的主见，不会人云亦云，看问题不仅有广度，而且有深度。老师再三强调领导干部要学点哲学，并指出中国古典哲学的核心就两个字，一个是通，一个是变。变则通，通则变。由此，引申出线性思维，逆向思维，否定思维，层级思维等等。并要求把“小才通技，中才通策，大才通略，超才通道”用红字标示。他以大学管理为例，指出三流学校以训诫震唬学生，二流学校靠制度约束学生，一流学校靠文化熏陶学生。

老师强调，无论是读书还是学习，除了增长知识、拓展思维、积累智慧外，主要是学做人，也就是人格修养。他站在我旁边，他边说，我边敲键盘。我是山东人，个别字听不懂，只要望他一眼，他便神领，用笔在纸上写出，我们有时会心一笑。

他又在纸上写下：

大其心，容天下之物　虚其心，爱天下之善
平其心，论天下之事　定其心，应天下之变

并要求我按他的排列方法排列，以便醒目。

2016 年 6 月 15 日，我逃课到学校会议中心思睿厅，低着头坐在倒数第三排，聆听了洪教授的这场讲座，他用了我为他做的课件，但讲授中的内容，远远超出了课件的内容，他临时发挥的东西，有的比课件的内容更精彩、更深刻。因为，他将儒、道、禅贯穿在讲授中，指出儒、道、禅揭示了中国思想、中国文化的整体性，可以解决人世间的一切问题。

征得洪教授的同意，我打印一份留在手中，每当与父母谈论有关家事时，我就引用洪老师的课件中的话，总能引起父母对我刮目相看，说孩子长大了，大学毕业了，长见识了，获得父母再三夸奖。其实我只不过是个二传手，但无论如何，学习这些传统文化中的经典以及如何为人处世，必定大有裨益。

我要说的真心话是，工作后，无论是顺意还是失意时，有空找出洪老师的这份课件，即使是随便翻翻，也能让我回味、深思、感叹、顿悟、警醒，我将其视为我人生的伴侣和良师益友。因为，洪老师讲的这些传统文化，有一种“扎根”的力量让人在这个社会上找到落脚的地方，让中国文化血脉传递下去。现在想来，我懂事太晚了。若是懂事早一点，早一两年与洪老师交流，主动请求为他做课件，必将学到更多的知识，增长更多的见识。

洪老师，我将一辈子珍惜您对我的教诲，我也会时常想起您。现在我从山东到北京工作了，欢迎来北京我请您吃烤鸭。

作者系湖北大学知行学院人文系 2013 级学生
现供职于《演讲与口才》杂志社

获之以安身之术　得之以立命之道

/徐　帅

说来惭愧，早就听说一批卓有成就的师哥师姐在为洪老师七十寿辰征集与老师的交往经历，一直想把和洪老师的学习、交往过程述之笔端。但苦于俗务缠身，一拖就拖到了银犬呈祥献瑞气，金猪纳福庆丰年的辞旧迎新之夜。看着窗外的万家灯火，守着子时来临前的短暂宁静，和老师之间的点点滴滴在头脑中愈加清晰，文思如泉水般涌出，写下粗浅之作来聊表对老师的感激之情。

实事求是的说我属于洪老师的“双非”学生。一非洪老师在沙湖之滨的嫡传弟子，毕业于武汉东湖学院；二非新闻、文秘、行政管理科班出身，大学学的是理科中的理科——化学专业。机缘巧合让我走进洪老师的课堂，成为了一名时髦的“蹭课生”。正是半年的蹭课生涯，让我见识到了洪老师满腹经纶的才情，学到了不少货真价实的干货，更汲取了不少受益终身的思维方法。

获之以术而安身。直至今日，洪老师应用文写作课堂上讲授的15种法定公文，34种常用公文依然是我每天工作当中都要打交道的小伙伴；“关起门来当领导，落在笔尖做诤臣”的写作方法则成为了我工作中最有用的工具箱，多次帮助我赢得了可能改变自身命运的机会；老师的“诚恳、诚实、诚心、诚挚、诚然、诚朴、诚谛”应用文写作真谛更是我在单位办文中的核心竞争力，让我能够有机会承担单位中更高层面的写作任务。可以说洪老师的课帮助我从一名懵懂的理科男成长为了一名年轻的基层选调生，也让我较快的适应了机关办文之规律。

得之以道而安命。如果说洪老师的应用文写作方法帮助我拿到了饭碗，能够在充满竞争的社会中落脚，洪老师一系列富含哲学智慧的思想则帮助我驱散了不少同龄人中间的迷惘，找到了寻求人生价值的方向。我始终记得洪老师在课堂上讲过的一个故事：洪老师担任班主任期间曾带队参加横渡长江的比赛，一位师姐参加比赛时被卷入江漩一直游不出来，周边急忙有人把游泳圈扔给她，她扑腾几下还是没有挣脱江漩的束缚，江边快艇就开足马力把师姐救了起来。当时洪老师就以这个例子来比喻人生，我们每一个人的一生都是一场横渡长江，当你进入江漩时，你要问问自己会不会有游泳圈来帮你？会不会有快艇来捞你？如果没有你能不能游出江漩？洪老师这个问题一直鞭策着我要不断增强自身的能力，让自己能够战胜更多的风险与挑战，更好的跑好自己的这一棒为社会创造一点价值。同时这个故事也让我明白其实每一个人的成功都是许多人合力的结果，在能够帮别人的时候帮一把。在和老师交往中，老师给我推荐了不少书，比如《旧制度与大革命》《哲学解释学》《大道之行》等更是伴我度过了人生的高潮与低谷，让我更好的认知我们存在的世界，帮助我以恰当的方式追寻自己的梦想。

总书记讲过：“一个人遇到一位好老师，是人生的幸运。”我感激在我的大学时光和人生不同阶段都得到了洪威雷老师的教授和指点。今天我在基层扶贫部门工作，每当遇到一批徘徊在求学与就业之间的青年学子时，我都会想方设法的充分利用各种国家政策法规、身边的社会资源鼓励他们接受不同层次的高等教育、职业教育等，因为我坚信今天的大学里依然存在着不少像洪老师这样传道授业解惑的好老师。因为他们的存在，不同家庭出身的孩子们才能够共同享有美梦成真的机会，我们党和国家的事业才会薪火相传，我们民族的血脉才能够生生不息。祝洪老师身体康健，阖家幸福！

作者系湖北大学行政管理系 2011 级学生

2018 届鄂州市选调生

谨贺恩师洪威雷教授从教四十三年暨七十寿辰

/李乾瑞

比起称呼他洪威雷教授，我更愿意亲切地叫他洪爷爷，不光是因为他的年纪与我爷爷相仿，最重要的是洪爷爷对我成长道路上的帮助，不管是学习方面、生活方面以及工作方面都可谓无微不至。我来自新疆伊犁，2014 年考大学来到湖北大学知行学院就读新闻学专业。在知行学院的教学楼里，有很多熟悉或陌生的面孔彼此擦肩而过，有朝气蓬勃的年轻才俊，有睿智稳重的中年骨干，但是，有一个人，如同一段青藤，一级石阶般平凡，虽历经岁月的洗礼，但却仍闪烁着耀眼的光芒，令人不由心生崇敬，他就是我亲爱的爷爷——洪威雷教授。

大一时，洪爷爷任我们“基础写作”这一科目的老师。到现在，我都能够清晰的回想起第一次上洪爷爷课时的样子，衣着朴素的他虽已年过六旬，但仍精神抖擞，红光满面。当时让我惊讶的是洪爷爷讲的都是地方话，这给我带来了前所未有的听课体验，也成为了洪爷爷课堂的一大特点。洪爷爷声名显赫，在国内甚至国际写作领域都是一位德高望重的专家，享有很高的评价。他从教这么多年，早已把教育事业视为他生命中不可分割的重要组成部分，更是把他的学生们看作是自己的孩子般用心、关心、耐心。短短一学期的课程总让我觉得意犹未尽，所以在课后我也会逢着洪爷爷空闲时间去拜访他，每次都能够有不小的收获。

我于 2018 年 6 月毕业至今参加工作已有一年时间，虽已毕业，我仍与洪爷爷保持密切的联系。洪爷爷对我影响至深，除了在专业知识方面，更教会了我做人。他曾告诉我说：“要怀一颗孔子之心，染一身庄子之气，养成一颗魏征胆，练就一支春秋笔。”做到收放自如，高下皆宜，自强坦荡如君子，自在逍遥如隐士，这便是最好的人生！

时至今日，已近古稀之年的洪爷爷仍然活跃在讲坛，在写作领域作出了卓越的贡献，更是培养了桃李满天下。我深刻记得洪爷爷说过的一句话：别人瞧不起你的时候，你要学会瞧得起自己；别人瞧得起你的时候，你要学会瞧不起自己。这句话从我在校期间到我参加工作乃至我以后的人生当中，都是一颗明星，时刻提醒着我。正所谓：知人者智，自知者明，胜人者有力，自胜者强。用洪爷爷自己的话说：“从让人嫉妒到令人尊重，再到使人敬畏，全是凭实力而来的！”

我感恩遇见了洪爷爷，您传授给我的不止是专业知识，更是如何成为一个合格的“人”。

最后，我衷心地祝愿洪爷爷您福如东海，寿比南山。

作者系湖北大学知行学院
新闻学专业 2014 级学生

洪老师爱喝茶

/邝基英

我们学生都知道洪老师爱喝茶。他上课，往往是右手揣着双层玻璃茶杯，左手拿着讲义，踩着上课铃声走上讲台。

由于洪老师在我们大一时上《基础写作》，他看中了我的课堂笔记做得好，又会做电子课件，加之又负责，近三年来，我为他做电子课件最多，因而知道洪老师爱喝茶的习惯。

习惯之一，一天只泡一次茶，但茶叶放得比较多，多到超过双层玻璃杯一半以上。到下午，茶水已经很淡了，有时跟白开水差不多，他也不重新泡一次。

习惯之二，过了中秋节，他开始喝红茶，也是一天泡一次。这之前喝的是绿茶。

习惯之三，不管是绿茶还是红茶，打开茶盖，每次只喝一口，不像一般人咕嘟嘟的喝几口。即便下课中途休息，他每次也只喝一口。

习惯之四，是下班前，他每次都把剩茶倒干净，不让茶杯中有一丁点茶叶。

2018 年 9 月开学后，他打电话给我，让我到他的办公室，帮忙做一个到广东社会主义学院讲学的课件。我到了以后，他不谈做课件的事，而是说他刚从福建泉州回来，带来了朋友送他的“佛手”牌手工精制的茶。他从手提包里取出一小包精装的茶叶，有内外两层包装，倒入杯中，冲入开水，拿出两纸杯，来回对冲，然后交给我一杯。他说：“你先闻闻!”“呀，有一阵清香!”我脱口而出。真的是一股沁入心肺的清香。我学他慢慢品味，真的好喝。喝茶会让人莫名其妙地开心。喝茶的愉悦感是不由自主的，不受意念控制的。洪老师说，这“佛手”比武夷山的岩茶味道还要纯正、清雅！它是健康的良药、生活的享受。

今天洪老师兴致较浓，喝完泉州的“佛手”，又拿出神农架的绞股蓝茶。冲泡几次，递我一杯，与“佛手”完全不一样，而是入口微苦，咽下后微甜。相比“佛手”和绞股蓝茶，洪老师说，他最爱的还是绿茶、红茶。因为它承载了太多的中国传统文化。

我至今还记得，洪老师说茶里有“素”。素，乃本色，白也，单纯，不艳丽。而“素怀”乃“本心”，引申出“固本、不移、坚守”之意。如“素情”“素旧”“素故”等，指的是老朋友、老感情。唐代韦应物的《慈恩伽蓝清会》诗中说：“素友俱薄世，屡招清景赏。”这个“素友”就是老友、旧友。“素”还有“节制”之意，含有内俭、止禁之意。《墨子·辞过篇》中说：“古之民未知为饮食时，素食而分处。”以至后来延伸到“素王”，指的是有王者之道而无王者之位的人。延伸到“素业”，指的是素王的功业。汉代王充在《论衡》中说：“孔子作《春秋》以示王意，然则孔子之《春秋》，素王之业也；诸子之传书，素相之争也。”说的是让孔子著《春秋》的事业，就是素王之业。

洪老师说了一个故事，我印象深刻：《晋中兴书》中记载，一天当朝丞相谢安拜访吴兴太守陆纳，陆纳设茶果招待，陆纳侄儿陆俶“遂陈盛馔，珍羞必具。”心想，谢安乃一人之下万人之上的丞相，而且是第一风流的丞相，叔叔如果怠慢他，如何是好，所以未经叔叔的同意，悄悄备了一桌山珍海味。果然，谢安丞相很是开心。可是，等谢安一走，陆纳立刻声色俱厉，上板子，“仗侄四十”。还边打边怒斥“你已经不能够为我添光加彩了，为什么还要来沾污我的素业。”这一顿打，打出了陆纳的“素业”精神。

这是洪老师与我谈茶的时间较长的一次。有关茶的说道，洪老师星星点点地谈过不少。但我印象最深的是他让我为他做《品茶》的课件。

洪老师说，此文已被北京的张江艳、徐巧燕两位教授推荐在她们学校的学报上发表了。说实话，从《品茶》中，我不仅学习到了不少有关茶的知识，而且了解了洪老师爱茶的内在原因。

学生们皆敬佩洪老师的记忆力和敏捷的反应力，一会儿背诵诸葛亮的《与群下教》，一会儿默写白居易的《涧底松》，我们猜想，这可能与他爱喝茶有关吧！

我是广东人，大家都知道广东人爱吃早茶，一吃就从早上吃到中午12点。其实，说是吃早茶，实际上只泡一壶茶，或一杯茶，而吃的主要是各种早点食品，边吃边聊。读了《品茶》，才真正懂得喝茶中茶兴、茶味、茶韵与茶质、茶水、茶具、茶景、茶友大有关系。这里把洪老师的《品茶》呈上，让与我年龄不相上下的朋友，共同分享洪老师有关茶的知识和见识，提升喝茶的品味。

作者系湖北大学知行学院2016级学生

附：

品　茶

洪威雷

品茶，在中国古代文人看来是一件风雅而又高尚的事情。品茶时，既讲究环境和氛围的淡雅，又讲究茶具的名贵；既讲究茶质的身价，又讲究水质的清纯；既讲究对象与知己的亲切友谊，又讲究其神会和情调。始则饮之，中则品之，终则达到悟与获的境界。正如茶学者袁和平所言，此时的茶中之味就不仅仅是茶之味了，而是对人生、社会、历史、宇宙的体味之味了。

中国的士大夫把民间的饮茶升格为品茶，至唐代已成为一种社会风尚。他们以自己的知识、趣味和修养，把品茶推向富有艺术感的优雅生活高度。尤其是文士品茶清谈玄学，儒生饮茶而精行俭德，道士视茶为仙露，僧侣吃茶以静心修行。就这样，茶进入人们的信仰领域，呈现出了更为深刻的茶文化精神内涵。此风千百年来延绵不绝，至今已成为都市中、上层人士的一种优雅生活时尚。无论是北方的长春、沈阳、北京，还是南方的广州、福州、昆明，尤其是江南的武汉、杭州、南京，西南的成都、重庆，或在闹市中间，或在小巷深处，茶坊、茶馆、茶楼随处可见，更不用说名胜旅游景点——杭州的西湖、武汉的东湖、大理的洱海、黄山、庐山、武夷山等等，茶座、茶室、茶廊星罗棋布。随着市场经济的稳步推进，一部分先富起来的人附庸风雅，每当心手闲适、披咏疲倦之时，登山涉水、进庙烧香之后，或成双成对，或三五成群走进茶楼，一边品茶一边听歌拍曲。其实这批新贵是饮茶，还谈不上是品茶。饮茶就是喝茶，把茶当成一种饮料来对待，用以解渴、助消化。品茶是一种艺术，但又不同于商业上对茶的质量进行分析、比较，从而划分出茶叶的等级和价格，品茶是指通过对茶叶的品尝获取艺术人生上的感受，从而使品茶达到审美的境界。

品茶，首先要有茶兴。兴，乃兴致、兴趣，就是说要喜欢茶。白居易在《食后》中写道："食罢一觉睡，起来两瓯茶。举头看日影，已复西南斜。乐人惜日促，忧人厌年赊。无忧无乐者，长短任生涯。"此诗记载了白居易每日午饭后睡觉起来后，必品"两瓯茶"。说白居易是品茶，是因为他寄情于茶。《食后》是白居易的后期作品。后期的白居易洒脱，这就达到品茶的境界了。诗中记叙了追求欢乐的人既有儒家"乐天安命"的思想，又有道家"知足不辱"的情怀，更有佛家"规避退世"的情愫。他喜爱饮茶，从饮茶中"惜日促""叹天长"。这样，"两瓯茶味"就飘出来了。如果有心再去浏览《白居易传》，就知晓他前半生一帆风顺，"十年之间，三登科第，名入众耳，迹升清贵"。这个时期正是他"达则兼济天下"的春风得意之时。后因上疏得罪了权贵，遂被贬为江州司马。他在抑郁的生活中反省自己，"三十气太壮，胸中多是非"，明白今后应做到"面上灭除忧喜色，胸中消尽是非心"。《食后》正是在这种心境下的写照，品茶似乎具有洗涤尘心，忘却烦恼，达到自我解脱的作用，在品茶中反思，在反思中大彻大悟，从而进入寂静、淡泊、独善其身的超脱至高境界。

喜欢茶，及至喜欢茶具、茶水、茶艺、品茶的环境，均属茶兴之列。冯正卿在《岕茶笺》中说过：爱茶必爱茶具。饮茶要以壶小为贵。壶小，茶的香味不易散荡。袁枚在《随园食单》中谈到流行于武夷山一带的茶具时，记叙了“杯小如胡桃，壶小如香橼”。这就应证了古人所说的“杯大为饮，杯小为品”的说法。但是陆羽在《茶经·四之器》中更重视茶具的色泽，他说：“碗，越州上……若邢瓷类银，则越瓷美玉，若邢瓷类雪，则越瓷类水；邢瓷白而茶色丹，越瓷青而茶色绿。”从中可以看出陆羽偏爱越州产的茶具。他用“美玉”比喻越州的茶具，用“纯净”来赞美越州的茶具，为什么呢？因为邢州茶具如银一样的白，使茶汤颜色显得深红；而越州所产的青瓷茶具使茶汤呈碧绿色，青与绿，茶具与茶汤融为一体。在品茶人眼中，达到了色感上的和谐，从而给人一种美感。所以，从唐代至明清，很讲究茶具的造型、色彩和胎质。明代茶学家许次纾在《茶疏》中写道：“供春壶，近日时大彬所制，大为时人宝惜。”时大彬所制茶具“供春壶”，“栗色暗暗，如古金石，敦庞周正，充称神明”。这些记载说明了当时的茶具已达到了出神入化的地步。

其次，品茶应呈茶韵。韵，乃韵味、韵致。中国古代文人墨客对品茶有一个说法，就是“一人得神，二人得趣，三人得味”。白居易午睡后的“两瓯茶”，就是在独品中反思，在反思中超脱，从而达到大彻大悟之境界。这正如袁枚在《随园食单》中所言：“上口不忍遽咽，先嗅味香，再试其味，徐徐咀嚼而体贴之，果然清芳扑鼻，舌有余甘，一杯之后，再试一二杯，令人释躁平衿，怡情悦性。”由此可知，从闻茶香开始到品尝滋味，再用感悟去获得精神上的感受，将香、味、韵三位一体化，茶韵就呈现出来了。

邀友品茶，是古往今来文人的一种嗜好，有时是碰上了知己或者故交，一两杯高香入喉，天南海北随心侃起来后，常常使人暂时脱离时代与社会的局限，淡化理与义的束缚，摆脱现实世界的说教，或相互倾诉，或就感兴趣的话题进行研讨，无所顾忌，无所防范，无所戒备，想说什么就说什么。这个时候，无论喝的是西湖龙井、蒙顶甘露、武夷岩茶，还是黄山毛峰、庐山云雾、太湖碧螺春，都显得无关紧要。这个时候，无论双方的职务、职称多么不同，也无论年龄的长幼之差，性别的雌雄之异，亦显得无关紧要。而每个人主观意识的飞腾，个人情绪的激越，使品茶达到无我境界，从而上扬成为一种高贵优雅的文化风雅。前不久，北京的桂青山教授、昆明的裘志熙教授两位知己来汉。我知他们爱品茶，便把他们带到武昌的“巴山夜雨”。从下午三点到凌晨一点，三人开始互斟互请，中则自斟自饮，继而边饮边叙，好不畅快。已过知天命之年的我们，人生态度多了许多恬淡、从容和超然，从而有了更适宜的心情静观世事、评议社会、品味人生。谈到男人的“情”、女人的“态”时，三人都有说不完的话。我们仨乃性情中人，兴趣相投，尤其不屑于男人的矫情。晋代谢安任扬州刺史时，前秦符坚领军入侵，消息传来，众人惊恐。而谢安为示大将之风，执意与人对弈。谢安的侄子谢玄大败符坚，捷报传来，上下高兴不已，谢安脸上却无一丝喜色，可他过门槛时竟然把木屐碰断，就说明他喜得不能自已。这种故意表示高超或者与众不同的表现就是矫情。如果说两军决战之际下棋是为了稳定军心，那么听到捷报之后就没有必要故作镇定。有些领导人不懂经济，偏偏要指手画脚；不懂外语，偏偏要在讲话中说几句既不标准又说错的英语，往往弄巧成拙，贻笑大方。谈到女人的“态”，不能不提到明代风流才子李笠翁，他对女人之态的研究独具法眼。在《闲情偶记·选姿》篇中，他说：“媚态之在人身，犹火之有焰，灯之有光，珠贝金银之有宝色。”李渔唯恐世人不能解悟，继而运用数学法则进行了一番锱铢必较的举例演绎：“女子一有媚态，三四分姿色，可抵过六七分；试以六七分姿色而无媚态之妇人，与三四分姿色而有媚态之妇人同立一处，则人只爱三四分而不爱六七分，是媚态之于颜色，犹不止一倍当两倍也。”也许谈资广阔，也许笑声感人，连续水的男女服务生也围在旁边，不忍离去。我笑桂教授“残牙好似聊城将，独守空城队已无”，他笑我“可怜忘却双眸暗，只说来年烛不明”，裘先生说杜甫所言“人生七十古来稀”是不确切的，人的年龄应由三部分组成，除时间年龄之外，还有生理年龄和心理年龄。正如古人所云：“松柏之姿，隆冬转茂；蒲柳之姿，望秋而落”。心理与时间两个年龄因人的学识、修养不同而有云泥之别。孔子自叹“其为人也，发愤忘食，乐而忘忧，不知老之将至云尔”，陈古渔说得更有神韵了：“老似名山到始知。”身老，首先源于心老。一个人学会优雅的生活，精神状态就好，反之则必然导致未老先衰。正如江畅教授所言：“优雅的生活关键要有优雅的精神和心境。”人生常有不如意处居多，在人生竞技场上，谁都会有过伤感、挫折、失败、失落、恼怒、怨恨。如果不及时在心窝中清扫出这些易燃易爆品，就很难安置宽容、豁达、恬静、超脱、优雅。只有真正抱有“大其心容天下之物，虚其心受天下之善，平其心论天下之事，定其心应天下之变”的心态，才能在社会生活中保持住沉静、从容和乐观，才能在品茶中领悟人生的真谛，感受生活的美好。

优雅如同泡茶，那条索紧细的“剑峰”，在开水的冲泡中，有起有落，将无色无味的水变成色泽翠绿、香气清高、鲜爽醇和的珍品。“敬”（礼）、“思”（静）、“和”（融）、“康”（养）的茶德也就在其中了。独品之时，回味那一声芭蕉露珠滴落的微响，那一缕缕敲窗的晨光，那相知人酥酥的手温，那在水一方的呢喃耳语，那海潮对沙滩的拥抱，那雄风扫过茅草的呼唤，那细雨注入花蕊的浸润，那一腔发自心底的钦佩赏识，让生活充满阳光和梦想。

优雅如同天象，正常的天象不能十全十美，有风和日丽，也有雷电交加，但不变的是太阳总在那里，人生的社会生活、精神生活也是如此，不可能没有缺陷，但因为有爱在，它总是气象万千、魅力无穷。

三年光阴，您如明灯

/邝基英

老师，当您看到这一篇回忆散文时，希望小邝的形象您还记得。写这篇文章时，我已是一个大三的学生，褪去大一初见时的稚嫩和无知，这一份成长的功劳不仅是我自己，更多是老师您的影响。

我一直思考如何把这一篇回忆性散文写好，我也知道老师您对此寄予很大的期望，当被告知在湖北大学知行学院就挑选了两位学生时，我心里更是明白这份期望的意义。一直在构思要以什么样的结构去回忆这三年的收获，想过时间、空间、倒叙、跳跃性等方式，最终还是选择最直接、最能共鸣的——时间顺序。用最简朴的文字、最真挚的情感、最感恩的心书写着我们之间的种种。

大一：您教会我……

我们的相见是在湖北大学知行学院，那年是 2016 年，我们上的第一节课是国庆假之后的第一堂基础写作课。

您教会我克服困难

您踏着上课铃声走进教室，我就坐在您右手边的第一排座位，当您开口时，我真的有种一头雾水的感觉，一口方言把我听懵了。其实那时候我心里就慌了，怎么办，这啥都听不懂啊！就这样似懂非懂上完一小节课。虽然您说的是方言版普通话，但小半节的精华我还是吸收了。小半节课后，您那时候列下的书单和写下的句子至今还记得，我还把您那句“胆子大一点，机会多一点”作为我的座右铭，时时刻刻提醒自己，时时刻刻鞭策自己。就因为这样的重复，一个月以后我都能听懂您的话，使后面的课都上得顺利。一个学期以后，我曾与班上的同学交流，从他们口中得知，因为口音的问题，有些人一个学期都是似懂非懂的状态，有些人直接放弃听课。当我听到这时，心里满满的可惜。

您教会我打开眼界

我至今还记得第一节课您问了我们一个问题：“你们在中学是不是读过中国四大名著?”班上的所有同学都异口同声地说：“是的。”可那时候，我就在座位上摇了摇头，那摇头，我就下定决心要多读书，虽然我与班上的同学不在同一条起跑线，但是我要尽力与他们持平。从那节课以后，除了上课时间，空余的时间我都待在图书馆，按照老师开的书目，一本一本把书啃下来。别人在宿舍睡觉，我在图书馆读书；别人在参与学校活动，我在图书馆读书；别人在商业街闲逛，我在图书馆读书……一个学期以后，我认为我已经与同学们在同一条起跑线，我们的阅读水平是一致的，可事实上是，我已经领先他们，在这个学期里，我不停地阅读，心无旁骛。他们却很少阅读，而是体验所谓的“大学生活”。现在回想起来老师您那天的一个问题，我认为是有水平的，许多人认为只是一个询问性问题，而我却把它当成一个启发性问题。尽管我是从大学才开始阅读，但也没有落后别人，我的书籍世界打开了，我知道了书的真正意义，也感受到它给我带来的价值。在那以后，我会给自己列书单，从只看老师推荐的书慢慢转变成结合自己需要选择适合自己的书。谨记知识交叉，把书的选择扩大，把我的眼界拓宽。

您教会我培养习惯

老师您说，我们班上您有两个人印象深刻，记得我是因为我用心和工整的笔记。是因为您的传授，让我明白知识的重要，我要尊重知识，更要尊重知识传授者。用心和工整就是对待课程最好的方式。这样做笔记的好习惯一直持续到现在，它给我带来的收益也不少，提供了我明确的思路，节省了无谓的时间，有条理地展开专业复习。就因为老师培养了我做笔记的好习惯，我一直沿用至今，才拥有这一笔独有的财富，这是许多人忽略的细节，而我能把它抓住。这习惯让我感到自豪。

您教会我主动

“胆子大一点，机会多一点”这句话一直影响着我。您告诉我们一定要主动，只有这样机会才会来到我们的身边。天上不会掉馅饼，机会是留给有心人，只有主动，才有可能抓住机会，才有可能遇见成功。就如上您的课一样，因为您的课讲得好，许多人都想坐在第一排，为了能坐在第一排，听清楚您说的每一句话，我每次都会比上课时间提前半个小时到教室，每次都是第一个，到了以后主动把黑板擦干净。就这样，我坚持了一个学期，也养成一个提前准备的习惯。因为您告诉我们，只有主动才有故事，也正因为这样，我也多了许多跟老师课下交流的机会。这种主动运用到我生活中，只要认为有必要的，我都会主动去争取，主动去了解，也因为这份主动，我收获了许多机会，让我一步步成长。

大一一个学期，老师您教会我的克服困难、打开眼界、培养习惯、主动，我都收入我的袋子里。很庆幸，我可以上交一份合格的成绩单。

我还以为我只能在老师身上学到这些东西，以后就没有机会继续向您学习了。可机会又出现了。大二的第一个学期接近尾声时，王老师交给我一个任务，去听一节我认为最有价值的课，然后把这节课复述出来。我脑海里最有价值的课就是洪老师的基础写作课，经过打听，知道了老师上课的时间和地点，带上一个笔记本和一支笔就去上课了。走进那个教室，我发现第一排竟然还有空位，二话不说就坐下了。让我意想不到的是老师您还记得我。当您踏进教室，看到我时，说了一句：“你怎么来了?”第二小节课还让我跟学弟学妹们分享几句。就是这一次，我又多了一个学习的好机会。

大二：我学会……

我学会抓住机会

下课后，我跟随老师的脚步前往办公室，在路上，您问了我一句：“会不会做 PPT? 打字快不快?”我毫不犹豫地说了一句：“我会，我打字很快。”其实，我对 PPT 也不是很熟悉，我打字也不是很快。但那一瞬间有个声音告诉了我：这就是你的机会，你要抓住。就这样我抓住了这个机会，开始了第一份文档工作。那是一份接近 6 万字的文档，是照着书本一个字一个字敲上去的文档，是一份花费近一个月的寒假时间的工作。因为这一份工作，我学会新的技能，我学会了运用手机新功能——图文识字，把图片文字提取，这样做，不但提高了工作效率，而且减少工作的错误率。因为这一份工作，我培养出认真校对的习惯，逐字逐句认真校对，反复检查确保信息正确。因为这一份工作，我开拓新视野，学习新知识，让我了解一些关于公文写作的知识。

我学会创造机会

大二下学期回校，我把我的文字整理工作交接给陈企霞学姐，我的文字工作也就接近了尾声。当我知晓学姐因学业较忙，事情较多，我就想着为她分担一点儿，正好也提高自己做 PPT 的能力，这一次我主动出击，接下这个任务，用了接近一个月的空闲时间，完成一份近 300 页的 PPT。

机会就是从这 300 页 PPT 开始的。因为这些工作的完成得到您的肯定，我才有了后面为您打印手写版文件的机会，也因为打这些文件，我的思维、我的眼界、我的处事方式再上升一个高度。老师您曾说：“帮忙打印老师的稿件是最能收获知识的方式之一。”的确如此，在稿件的打印过程中，我收获太多。印象最深的是您让我打的第一篇稿子《再谈公文写作用词应慎之又慎》，“执业人员”与“从业人员”的不同、“以及”与“和”的不同等一些相似的词至今我都没忘，它的用法和不同在打印这篇稿子之前我都不知道，打完稿子之后就知道了。那一篇文章我校对了不少于7遍，每一次都会反复看2~3遍，隔两天进行第二次校对又看2~3遍。因为我的稿件完成速度快且效率高，我为自己创造了更多的机会，到目前，我制作了9个的PPT，键入19篇手稿，整理53篇微信文章，这些数据还一直在增加。在这些工作里，我不断地收获、不断地总结、不断地进步，由最开始的手足无措到现在的信手拈来。

我学会相信自己

在帮您做一个《讲课，是一门学问、一门艺术，更是一种责任、一种担当》的课件时，说到学生十种类型时，您把我归入乖巧、隐形这两种类型。您说我是那种怕被人发现的学生，是一个默默地坐在那认真听、认真写、缺乏自信的学生。可能您也为了改变我，给我安排了一堂以学姐身份给学弟学妹们分享的课。最初，我是拒绝的，因为我害怕，我没有信心能讲好，是老师您的鼓励，您让我好好准备，以平常心对待，把我的大学生活和做事方法分享给他们就可以。我为了这个讲座构思很久，我不能讲得太空洞，我把每一点都结合我自身所经历，用最直接最简单的话分享给他们。那一堂的分享课，我特别紧张，课后收到老师您的肯定，我心里的大石头也放下了，我没想到这一堂的分享课会收到学弟学妹们和老师的认可，而且还是高度认可。那一次我有信心了，我开始相信我自己，我能把这些事情做好。

还有一次就是写关于您《讲课，是一门学问、一门艺术，更是一种责任、一种担当》的讲座的新闻稿，当接到这个任务时，我都懵了，这是一次给全校青年教师的讲座，我从未写过新闻稿，也没学过这方面的知识，也是老师您给我的信心，您让我认真去写，不管文章修改多少遍，您都会指导我，完成这一篇高质量的新闻稿。为了这个新闻稿，我上网查阅了相关知识，一起与老师探讨新闻的写法，最终修改 4 遍，才把整篇新闻稿写完并发表在学校网站上。因为您，我不再想当一个隐形的学生，我自信起来，我相信我自己的能力，也不停地鞭策自己，不停地鼓励自己。

大二这一年，我化被动为主动，不再是被动接受老师您的知识，而是主动去吸收知识。我学会抓住机会、学会创造机会、学会独立思考、学会相信自己。这四点，是我大二的成绩单，也是给您最好的回报。

大三：那些交流……

时间总在流逝，但我却不害怕它的流逝，因为我的知识如涓涓小流，一点一滴的汇聚。时间在走，我的收获也在增加。大三我从汲取知识变成交流知识。

信任式交流

大三这一年，老师您给我的不再是知识养分，而是精神交流。除了日常的打稿子和 PPT 制作，老师您更是带我探索、发现、提升。您给我分享许多优秀的文章，不只是让我阅读，更会跟我交流文章中的一些问题，一步一步地带着我去思考，去挖掘。您不断地打开我眼界，您持着这份信任把我当成自己的孩子一样在教育，您说，要让我成长，要让我看清这个世界，要不断地提升自己，从而改变自己。您一直相信着：一个人知识的宽度决定着他/她职业生涯的高度。在交流时，知识是全面的、多样的，不只是书本知识，更有许多您对人生的感悟、人生的思考。也因为这种信任，我会把自己的想法告诉您，您不会直接否定或肯定我的想法，您会带着我去分析，让我自己去思考、去判断。这样的交流，是不一样的。

分享型交流

您总会把一些优秀的微信文章分享给我，让我自己阅读，甚至还会让我分享给家人。这种分享型交流触动到我，我们就应该互相分享，互相学习。因为您，我也学会关注一些优秀的作品，把一些适宜的东西分享给父母、朋友。您分享许多许多，这种分享让我受益，也让身边的人受益，独乐乐不如众乐乐，这样的大智慧是您教给我的。

信任、交流、分享是您教给我的，我庆幸我一直在进步，我感恩我一直在学习，是您让我知道我的可能，真挚地说一句：老师，谢谢您！

大学三年，是您一步步带领着我。您说过，10 年以后，要看看小邝过得怎样？我暗暗对自己说：我一定不负您的期望，做一个真诚的人、做一个感恩的人、做一个有价值的人。我会记住您的教导，亦师亦友亦亲人，三重身份的您，小邝永远不会忘记。

作者系湖北大学知行学院 2016 级学生

师指一条路　烛照万里行

/王　欣

大学毕业后，我又在国内国外读了6年书。今日又走进课堂，参加湖北省教育厅组织的“岗前培训”。为我们讲课的教师中，洪威雷教授是年龄最长的一位。他的讲题是《从传统文化的视角看如何做一名合格的教师》。虽然他明显地带有鄂东口音，然他的电子课件很详实。他讲得很认真，我们不仅听得认真，还把他的课件一张又一张地拍照了下来。虽然他的内容有一部分我在读书期间接触过，但经过洪教授组织后讲出来，就成了新的知识。他不断启发我们去感受、去感悟，使我们“温故而知新”。让我深有“初闻不知文中味，百品正是文中人”之感。

在自我介绍后，洪教授在黑板上写下了六行字：

国学是中华传统文化丰富的宝藏

坚持八小时之外的学习是获取进步的必然

关爱学生是无需提醒的自觉

以创新科研成果为前提的教学质量

将心比心为家长着想的善良

遇到问题首先反思自己的过失

现在想来，这六条就是洪威雷教授为我们刚入职的老师们指出的一条生存之道。虽然，我已工作了一年有余，细细想来，洪教授的讲授，真可谓“师指一条路，烛照万里行”。

今天，我把拍照洪威雷教授的电子课件打印出来，摘其要点和典型案例，与新进入教师队伍的同仁们一起分享。

洪教授说真正的国学起源的经典：

三玄　四书　五经

我们大家都知“四书”“五经”，很少听说过“三玄”这一个词。洪教授说，“三玄”其实大家也熟悉，就是《周易》《老子》《庄子》。

无论是“三玄”，还是“四书”“五经”，老师说最终的目的是探讨三个“如何”的问题：

如何识世
如何做人
如何做事

洪教授说，国学中的传统文化有鲜明的三个要点。

其中，第一个要点包含五项内容：

一是仁义礼智信的儒家文化——温柔敦厚的入世传统
二是逍遥之道的道家文化——天人合一的生存旨归
三是兼爱之论的墨家文化——团团圆圆的艺术补偿
四是富国强兵的法家文化——忧国忧民的济世精神
五是涅槃之境的佛家文化——善恶因果的诉求

第二个要点包含六项内容：

一是以德治国，内圣外王的基本特征
二是刚健有为，贵和尚中的基本精神
三是仁爱孝悌，忠君爱国的伦理道德
四是礼仪服饰，茶香酒韵的行为文化
五是国粹精品，写意传神的文学艺术
六是四大发明，尊师重教的科技教育

并在讲到这个内容的时候，老师要求我们有计划地去读刘仲林、金日坤、张岱年、南怀瑾、叶明媚等人的作品。老师还反复强调，他老家“神案”上的六个大字是“天地君亲师位”。由此可见，传统的中国，老师的地位与天、地、皇帝、亲人是相等的。

第三个要点包含五部名作：

一是波澜壮阔的战争史诗——《三国演义》

二是英雄传奇的美丽画卷——《水浒传》

三是由历史飞向神话的天国——《西游记》

四是封建末世的百科全书——《红楼梦》

五是闺阁秘籍中的血泪史——《金瓶梅》

然后，老师从七个方面讲解了国学中传统教育的精华。

一是“有教无类”。无论是达官富商，还是平民百姓，其子女都应受到平等的教育，不分贵贱，一视同仁。在距今两千多年前，提出“有教无类”这样的观点，是多么了不起呀！

洪教授说，社会发展到今天，贵族学校逐年增加，各种专业特长培训学校如雨后春笋般爆发式增加。似乎可以说，培训大门向南开，有才无钱莫进来。对教师而言，有的学生家中富有，逢年过节，家长送物、送钱、送卡，就对该生倍加关照，精心辅导，稍有进步就大加表扬鼓励。对穷人家的孩子冷眼相对，有的还特意挑剔、为难。重点中学、私立中学此风更盛。

发扬“有教无类”的优秀传统，一视同仁地对待每一个学生，是教师的职业道德要求，决不能见钱眼开，厚此薄彼。

二是“因材施教”。孔子是“因材施教”的倡导者和实践者，他注意不同学生的个性、爱好、特长等，用不同的方法，有针对性地去指教、指导、指引，为教师树立榜样。洪教授与我们分享了他学习“因材施教”的两个案例。一是有个江西来的学生叫黄挺，学习刻苦，勤于写作，就在黄挺大三时干脆批准他到报社实习，后通过几次严格的考试，被江西晨报录用，现在成为江西晨报的中层干部。二是有个来自河南的学生叫张恒，老师不仅开出书目，强制性地要他阅读，而且通过在河南财经政法大学的校长杜福磊，介绍他到《大河报》实习，免于上课，最后鼓励他参加新华社招录记者的考试，他居然不仅在北京大学、中国人民大学、复旦大学、武汉大学博士生同场笔试中胜出，而且面试也胜出，最终被新华社录用。为此，湖北电视台2012年3月26日对洪威雷教授“因材施教”的事迹进行了滚动式的播放，在高校之间产生了较为广泛的影响。

三是“学而不思则罔”。孔子说，如果一个人只学习不思考，那就会变得迷茫。有学问而无思想的人，只能归为“匠人”之类。如果只是一味地学习、记忆、背诵，却没有去理解其中的涵义，没有思考其历史与现实的价值，就达不到真正教育的目的。他说，道家有句名言：“授人以鱼，不如授人以渔”。一位优秀的教师，不仅要教给学生知识，还要教会学生如何去学习，如何去思考，如何去突破，如何去创造。

他与我们分享了他在《光明日报通讯》1980年第8期上发表的《“白日依山尽”新解》的案例。

那是一个夏天的晚饭后，他带着五岁的儿子洪流在学校后边沙湖岸边捉蚱蜢玩。但洪教授当时有个条件，要求儿子把昨天教的唐诗《登鹳雀楼》背一遍。当儿子背完第一句“白日依山尽”时，就指着落日对爸爸说：“爸爸，你骗人，明明是红日，怎么是白日呢?”说者无心，听者有意，他马上回来找出《唐诗三百首》，上面解释为此诗是写夕阳西下的壮丽景色。次日赶到图书馆，找出解放前的版本，找到香港、台湾、新加坡的版本，大致有两种说法，一是夕阳西下的壮丽景色，二是黄昏时的壮丽景色。查辞海、辞源，最终查出黄昏是指太阳落下地平线后，天还未黑时的那一段时间，可见“黄昏说”可以排除。洪老师猜想是诗人登楼时，看到的太阳是白的，可不久后到山后去了，直到落山再也看不到太阳了。对不对呢？他找到地理系主任，初阅了鹳雀楼的地图，才知此楼在山西的蒲州，楼对面是中条山。因为诗前两句是工对，既然蒲州鹳雀楼下的黄河水，离大海相距千里之遥，作者是绝对看不到脚下的黄河水流到大海，那么同样第一句因中条山的高大，作者也看不到太阳落山。所以洪教授从猜测到断定，此首诗是赞扬祖国大好河山，河之长，山之高，作者登楼所见，“白日”与“黄河”对对，并置于“依山尽”“入海流”的动态之中。远眺眼前的中条山，俯瞰脚下的黄河水，这么一上一下，一远一近，短短十字，就将祖国的大好河山悠阔于眼前。而这两句也道出了“站得高，望得远”的人生哲理，抒发了一种高瞻远瞩的胸襟和进取开拓的精神。

从此以后，关于这首诗的解说，便采纳了洪教授的见解。

洪教授说，香港大学全资请他去进行学术访问并讲学，有五条理由，《“白日依山尽”新解》就是五条理由之一。

四是“温故而知新”。一名教师，不仅要求学生要“温故而知新”，自己更应该要“温故而知新”。学过的知识，读过的书，听过的故事，处理过的问题等等，从中分析和感悟新的内容，新的知识，新的方法。洪教授与我们分享了他对鲁迅笔下鲁四婶眼泪的新认识，还分享了赵云单枪匹马救阿斗中政治家刘备的智慧与机敏，引起课堂连续响起三次掌声。

五是“学而时习之”。读与练要有机结合起来，切实培养学生的动手能力。“时习”就是要求学生日日去花时间去练习。

光读不练，往往培养出来的是“眼高手低”式的人。尤其是教师，更应时时习之，把自己教学中的心得、感悟、新的教学方式方法，及时写出来，争取发表，这不仅有利于提高自己，与同仁分享你的收获，评职称时也大有作用。

洪教授还说道，这其中肯定有一个积累的过程，就是不动笔墨不读书，也就是说阅读中要坚持摘抄。著名历史学家关晗说：“要知道，摘抄并不是一项简单机械地抄写工作，而是极其重要的学习方法。每抄写一遍，就更加巩固你的记忆，加深你的理解，激发你的创造。”也就是说，抄读有三大好处：

巩固记忆

加深理解

激发创造

洪教授强调，抄读坚持十年、二十年，你就形成资料库了。他说："我敢断定，只要你不是傻瓜、呆子，你一定会有所发现，有所创见，有所建树。这是教书人终身受益之举，切不可忽视。"

六是"循循然善诱人"，指的是要善于有步骤地引导学生去学习。"诱"有劝诱、引诱、引导之意。老师对教材的讲解，要抓住重点、难点、疑点，精心设计，将问题化整为细，然后归纳、提升，最后拓展、延伸，诱引学生独立自主思考。整个讲授过程要贯穿四种意识：

问题意识

价值意识

规范意识

创新意识

讲到这儿，洪教授举了两个例子要我们回答：

如果基数是100，请问：

增加三倍是多少？

增加到三倍是多少？

增加了三倍是多少？

他反复提醒，结果是绝对不一样的。

讲到思路决定出路时，他又举出了一组数字：

一般思维——1元×1元=1元

老板思维——1元×1元=10角×10角=100角=10元

金融家思维——1元×1元=10角×10角=100分×100分=10000分=100元

互联网思维——1元×1元=1000厘×1000厘=100万厘=1000元

七是"学如不及，犹恐失之"。孔子说，学习如同是在追赶一样东西，总害怕赶不上，赶上了又害怕被甩掉。此言后来被曾国藩等人演变成为“学如逆水行舟，不进则退”。

学习，坚持不断地学习，是对人生的一种历练。故此，提出坚持学习，敢于创新。

教师入职后，工作一忙，尤其是成家了有了小孩以后，往往主动放弃学习。这里提出持续学习，是由于知识更新已上了快车道，知识更新的周期逐年缩短，大家处于不进则退的时代。作为教师，不仅要学专业知识，学教学中的技巧、技能，学教人的方式方法，还要学自己如何做人、做老师的知识和方法。

梁漱溟说，人生在世，应重视三个关系的处理：

一是人与物的关系
二是人与人的关系
三是人与自我的关系

三者之中，第三种关系最难处理。

《大学》中提出“至善”的境界。治学在于治人，治人在于治心。所以建议新入职的老师们读《庄子内篇》，就会感悟到“五个三”的好处。

一是人生三不斗：

不与君子斗名，容易陷入自卑。
不与小人斗利，容易失了底线。
不与天地斗巧，人算不如天算。

二是人生三不争：

不与上级争锋，否则易受打压。
不与同级争宠，否则会被排挤。
不与下级争功，否则难得人心。

三是人生三省：

得失之省，懂得珍惜。
利害之省，学会取舍。
进退之省，做人有度。

四是人生三修炼：

看得透想得开，减少很多麻烦。
拿得起放得下，生活轻松自在。
立得正行得直，如此无愧于心。

五是人生三为：

和为贵，和气生财。
善为本，好人好报。
诚为先，一诺千金。

洪教授说，做一名合格的教师，要重视两个字的学习与历练。一个是“术”，一个是“道”。

有关“术”的内容很多，例如：

如何说，学生才会听？

怎么听，学生才肯说？

如何面对学生的负面感受？

学生不愿意配合怎么办？

代替惩罚有哪些方式方法？

鼓励学生自立有哪些技巧？

赞赏学生有哪些技巧？

如何让学生在角色中释放？

面对乖巧、孤僻、招摇、叛逆、偏执、霸道、懦弱、怪异、暴躁、隐形的学生，你该怎么办？

学生说谎、偷窃、打架、恋爱、网瘾、抑郁症等等，你怎么办？

既要向前辈学习，又要自己摸索、积累。关键是要配合辅导员，使学生养成良好的学习、生活习惯。

洪教授说，养成好习惯的三个步骤和效果：

一是说到做到，执行计划，形成规则意识。

二是避开诱惑，控制自己，提升自控能力。

三是严格监督自我，学会自省，拓展自主意识。

洪教授说，全球畅销书《心灵鸡汤》的作者杰克·坎菲尔指出：“如果你希望出类拔萃，也希望生活与众不同，那么，你必须明白一点——是你的习惯决定了你的未来。”

所以，教师要引导学生理性认识习惯的巨大功能。如果抽象地说，行为变为习惯，习惯养成性格，性格决定命运，那么，一种行为多次重复，就能进入人的潜意识，变成习惯行为。学生知识积累，才能增长，人脉关系，极限突破等，都是习惯行为不断重复的结果。老师如果教会学生运用潜意识技巧，就可以建立一种自动运作的“长效机制”，从而达到人生的奋斗目标，长此以往，必会使学生发生巨大的变化。

教师要坚持要求学生仔细检查自己的习惯，哪些是有益的，哪些是无益的，哪些是有害的，而后将无益和有害的改为有益的，哪怕是一个小小的改变，假以时日，必能受益无穷。

洪教授再三强调，要多与学生交流，千万不要一下课夹着讲义走人。哪怕是在上下楼梯时碰到学生，交流一下，在食堂碰到学生，交流一下，坚持下去，每个老师这样做，不仅师生关系好，而且丰富了校园文化。

什么是核心素养？洪教授说，核心素养就是知识与技能，过程与方法，情感态度与价值观，责任担当与团队合作，人品与人格的综合表现。

洪教授说他有个研究生叫芦文龙，看到老师过马路，上前扶一把；看到同学抱一大叠书，帮助抱一半；看到老师茶杯没水，马上添一点；上课前看到黑板上有上节课留下的粉笔字，上去擦干净等等，深得老师的喜爱和同学的赞赏。洪教授说，千万不要看这是一些细小的事，它能够折射出一个人的人品。洪老师说他有次受命出公务员考试面试题，其中有一题是在楼梯口转角处置一把倒地的拖把，将摄像机对准此处，结果上楼的考生大多跨过拖把上楼了。只有一个女生经过时，把拖把捡起来放入卫生间。23 个面试考生，只有这位女生得了此题的 10 分。什么是素质，这就是素质！老师应让学生懂得怎样做人，做一个有品味、有尊严、有社会价值的人。

关于“道”的讲授，洪老师当堂背诵了不少哲人名言，有的抢记下来了，有的没有记下来。

老子说：“人法地，地法天，天法道，道法自然。”

南怀瑾说：“道是天地万物运行的法则。”

孔子在《论语·学而第一》中说：“君子务本，本立而道生。”

洪教授还讲到，作为一个合格的教师应做到三个三：

第一个三，是三守：守时、守信、守法。

第二个三，是三严：严教、严考、严管。

第三个三，是三心：关心、爱心、耐心。

老师每讲一点，就给我们讲一个案例，每个案例不仅反映了老师的观点，而且让我们受益匪浅。其中印象最深的是《老师如何让学生有作为》，这里不妨记叙下来与大家分享：

开学的第一天，汤普森夫人站在五年级的学生们面前，说了个谎。她看着她的学生们，说她会平等地对待班里的每一位同学。

但这是不可能的，那是因为坐在前排的一个小男孩，他叫泰迪。汤普森夫人发现，泰迪根本无法与其他孩子们玩在一起去。他的衣服很邋遢，身上也不整洁，而且不怎么受大家欢迎。汤普森夫人很喜欢在他的卷子上用红笔画一个个红叉。

过了不久，汤普森夫人的学校要求老师对每个孩子的过去的记录进行审阅，她把泰迪的档案放到了最后一个。然而，当她看到泰迪档案的时候吃了一惊。

一年级的老师写道：泰迪是个聪明的孩子，永远面带笑容。作业写得很整洁，很有礼貌，他给周围的人带来了欢乐。

二年级的老师写道：泰迪是一个优秀的学生，深受同学的喜欢，但是他很苦恼，因为他妈妈的病已经到了晚期，家里生活困难。

三年级的老师写道：母亲的去世对泰迪是个沉重的打击。他试图尽最大努力，但他的父亲责任感不强，如果不采取一些措施，他的家庭会对他产生不利影响。

四年级的老师写道：泰迪性格孤僻，对学习不感兴趣。他没什么朋友，有时会在课堂上睡觉。

此时，汤普森夫人才意识到问题的所在，她为自己的行为感到羞愧。

圣诞节到了，当学生们送给她圣诞节礼物之时，她更是无地自容。学生们的礼物是用明亮的彩纸包好，上面扎着美丽的丝带，唯独泰迪的礼物不是。他的礼物是用厚厚的牛皮纸袋包裹，那纸是从杂货带上扯下来的。汤普森夫人费了好大劲才打开这个礼物。那是一只水晶石手链，上面有颗水晶石已经丢失了，还有一瓶只有四分之一的香水。一些孩子开始发笑，她制止了他们。她大声赞扬这只手链多么漂亮啊，并把它戴在手上，还在手腕上擦了些香水。

那天放学后，泰迪说了一句话才走："汤普森夫人，今天您身上的味道就像我妈妈以前一样。"孩子们走后，她哭了至少一个小时。就从那一天起，她不再研究怎样教阅读、写作和算术，而是研究怎样教育孩子们。

汤普森夫人开始特别关注泰迪。与她一起学习时，泰迪的大脑便显得灵活起来，她越是鼓励他，他的反映就越快。到了这年年末，泰迪已经成为班上最聪明的学生，尽管她说过会平等地爱所有的孩子，但泰迪成了她的"宠儿"。

一年后，汤普森夫人在门缝下发现一张纸条，是泰迪写的，他告诉她，她是他一生中遇到最棒的老师。

又过了六年，汤普森夫人又收到泰迪的另一张纸条。他说，他已高中毕业，成绩排在全班第三名，她仍是他一生遇到的最好的老师。

多年后，汤普森夫人收到一封信。这次泰迪说，当初拿到硕士学位后，决定继续留在学校深造，他还说，汤普森夫人仍是自己一生中遇到的最好的老师。但如今信上的落款变得长了些：医学博士西奥多F斯托达德。

那年春天，泰迪又来了一封信，说他马上就要结婚了，他不知道汤普森夫人是否愿意参加他的婚礼，就坐在新郎母亲的座位上。

当然，汤普森夫人去了。她戴着那只丢了颗水晶石的手链，还专门喷了泰迪母亲用过的那种香水。师生俩互相拥抱，斯托达德博士轻轻地在汤普森夫人的耳畔说道："谢谢你，汤普森夫人，非常感谢你，让我知道自己可以有所作为。"汤普森夫人眼含热泪，低声说："泰迪，你全搞错了，是你教会了我，直到遇见你，我才知道如何做老师。"

洪教授在讲这一个案例中，三次哽咽。最后竟不能自己而泪流满面了，深深地感动了我们每一个听课的人。

他边流泪边说，"希望把这个故事传递给所有的老师。在这个故事中，我们不仅看到了有效的教育制度——看学生的年度评语，而且看到了优秀教师的责任和一颗可贵的爱心。"

最后，洪教授讲到"未来学校发展的趋势。"

他引用了《大学》第二十章中的一段话：苟日新，日日新，又日新。

洪教授说，当代社会中的人，无一不打上学校的深深烙印。传统学校有主体——教师，客体——学生，载体——校舍及各种教学设施。学校是人类社会文明传承和创新的重要基础设施，教师是"传道""授业""解惑"的主体，可未来的学校将发生根本性的变化。

一是教师角色，将从知识搬运工转变为学生心智发展的营养师。单纯的班级学习方式将被线上线下的混合学习取代。

二是教学，将从基于课程标准统一转变为向个性化的成长陪伴。课程外包的教学方式将常态化。

三是教学质量评价，将从单纯的分数排队转向兼顾综合素质的大量数据分析。

原因是人工智能的发展，必将带来一系列的冲击，可以预测到的冲击主要包括三个方面：

一是对教师、教学方式的冲击——基于知识积累的教学，都终将被智能取代。

二是信息传播与社会方式变革，对学生、学习方法的冲击——人工智能的出现，将引起学生学习方法行为的颠覆式改变。

三是对学校教育体制的冲击——大部分现有的工作，将由人工智能所取代，新的教学模式和生活工具不断涌现，学校的治理改革在所难免。

我们真没有料到六十多岁的洪教授还这么前卫，引起我们的担忧并让我们感到沉重的压力。

洪教授建议，学校要有长远眼光，趁早每个专业抓几门重要课程，组成团队攻关，形成精品电子课程，站在同行的最前沿。

课后，我们纷纷索要洪教授的手机号码和微信号，想与他保持长久的联系。我的一个同门师兄说：“洪教授这样的老师，不要轻易放过，要拜在他的门下，不断地向他讨教!”看来，“师指一条路，烛照万里行”这个标题选对了。

作者系 2017 年进修生

洪威雷教授的授课将影响我一生

/刘　欢

我是2018级的新生，自从听了洪威雷教授为全校文科新生作《如何有质量地度过大学四年》的报告后，通过打听，知道他上学期为新闻专业的大一新生开《基础写作》课，我尽管不是新闻专业的学生，但还是约我朋友一起去蹭他讲的课。

怀着一份紧张的心情，那不高的中等身材个子，头戴着黑色鸭舌帽，白色衬衫外套着枣红色背心，黑色裤子、黑色皮鞋，他就这样踩着上课铃声大步迈进教室，并将他那穿着普通却精神饱满的模样渐渐映在我的眼眸里。

开场白极为独特。幸好，我录了音，现将授课前的开场白抄录如下：

同学们，大家好！

我叫洪威雷，是你们班这一学期《基础写作》课的任课老师。但是，站在你们面前的人并不是洪威雷，而是那个叫洪威雷的人。因为早在一千多年前，伟大的哲人释迦牟尼就曾对自己的弟子菩提说："须菩提，佛说般若波罗蜜，即非般若波罗蜜，是名般若波罗蜜。"真正的我，并非是那个叫洪威雷的我。那么真我何在呢？我不知道，你们目前亦不知道！

同学们，从现在起，从这堂课起，让我们共同寻找真正的洪威雷吧！

当洪老师讲完这段话后，大家一下子愣住了，十几秒后教室里便爆出了热烈的掌声和笑声。

紧接着，他连问了四问，“来自广东的同学请举手”“来自福建的同学请举手”“来自江浙的同学请举手”“来自鄂东的同学请举手”。然后笑着说，来自鄂东的同学听我说话一定很亲切，因为我是与麻城、英山交界的新洲人。来自广东、江浙、福建的同学听我说话一定很吃力，因为我不会说普通话。

他在幽默的开场白后接着说，在中国文化史上，欧阳修的诗与文是很有地位和深远影响的。当时不少人向他讨教，写作最好的方法是什么？说完，洪老师迅速转身，在黑板上工工整整写下 13 个大字：

无他术，唯勤读书而多为之，自工。

他讲解欧阳修这段话后说，在电子信息技术高速发展的今天，“听书”已逐渐取代着读书，人们开始用聆听代替阅读，据来自互联网的统计，在公园、车站、航站、码头上，戴着耳机听书的人已经超过了用眼睛看书的人群。当然，听书可以随时随地听，不仅方便，而且快捷，有其长处。但作为以学习为主的大学学生，不仅要读经典，而且要沉浸式的阅读。因为用电子阅读器听读有可能使阅读者放弃主体地位——你必须听，这与沉浸式用眼睛看书有着极大的差异。因为放弃主体地位式的“听书”就没有机会让你定下神来仔细思考和反复感悟，往往是一晃而过。在这种“快餐文化”中，“享乐主义”“功利主义”在听读的人群中蔓延。而真正读书的质量高低正体现在“思考主义”上。书本中的知识是作者的，而要把作者的知识变为自己的，使知识转化为智慧，是离不开思考的。讲完这段话后，紧接着，他对学生们提出了多读、多思、多悟、多写、多发表，这“五多”的具体要求。

洪老师的讲课清晰、明白。我微微回头扫视了一下全班，没有一位同学戴着耳机。

紧接着他从一个黑色的手提包取出了一本由他编著的名为《读写

研究》的小册子，之后的一段时间里，他又花6个课时讲授了阅读的四个层次和十二种读法。

在这其中的过程中，他进行了三次课堂小作业。第一次是要求全班同学书写大写的数字的汉字，从“壹”写到“拾”加上“佰”“仟”“萬”“零”。

当全部作业收其后，他一份份分类，35人中，全部写对的只有6个人。尤其是他把“贰”写错的一一板书在黑板上，呈现出11种写法。他脸色凛冽而又严肃地说，已经是大学生了，连数字的大写汉字都写不对，说明中小学教育是失败的，基础是没有打牢的。

当他把“贰”的11种错误写法呈现在黑板上时，有的同学笑了。但我从这笑声之中感到一种苍凉、内疚和羞愧。

第二次是在黑板上写了一组相似相近的词，然后随机抽上一女生一男生出来站在讲台前，要求男生用双手蒙住女生的双眼，要求女生用食指在学生名册上从上到下滑动，当洪老师喊停时，女生手指停在名册上的名字的学生起来回答问题。开始大家很活跃，觉得这一随机抽选的方式别致、新颖、有趣，但当老师把“受权与授权”“泄密与泄秘”“及时与即时”“以致与以至”“截止与截至”“必须与必需”六组词书写到黑板上，要求被点中的学生自选两组进行回答时，全班顿时哑然无声，课堂上极为安静。被点上台的学生不仅紧张而且有丝慌乱。

接着洪老师提出，学习写作，要有工匠精神。尤其是在用词上精益求精，精雕细琢，力求精致完美。洪老师选择“必须与必需”作为分析的对象，他说两词均有必要的意思，但“必须”是强调事实或情理上的必要性，如你今天必须按时参加会议，有强调语气的作用，多作状语。而“必需”表示一定得有，不可缺少，即可作定语，也可做谓语，但切不可像“必须”同样作状语，因此，两者不可混用。他再次强调写作要像工匠一样细致地辨别、推敲、琢磨，力争精益求精。

第三次是当大家对想象的理论讲授感到沉闷时，他讲述了美国哈佛大学写作课堂上的“A、B、C 的讨论题”。凡是近几年来听过洪老师授课的师兄师姐们，都知道“A、B、C”的故事内容。老师设计三个问题，让同学们展开想象的翅膀，鼓励大家去争辩。课堂上争得面红耳赤，洪老师笑眯眯的点头但不表态。一节课很快就过去了，大家仍意犹未尽，洪老师最终只对大家的争辩作点评，不给标准答案，以致下课后同学仍在争辩。

听洪老师的课，有时像喝了一杯绿茶，很能解渴；有时又像喝了一杯浓浓的咖啡，令人久久回味；有时又像喝了陈年高度老酒，醉了醒后终生难忘。

他一句“通过你的努力奋斗，改变你家族的生存环境”，如烙印般深深烙在我的心坎上。这句看似简单而又普通的教导，不仅让来自山区的我明确了学习目标，而且增添了我发愤图强的内心动力。正所谓是“师指一条路，烛照万里程”。

类似这样的句子，我都一一记录在笔记本上，从以上这些语录中，我们学生感知到：教师的奉献，在于给学生带来思想的启迪与行动上的指引，不仅仅是“传道”“授业”“解惑”。

洪老师交给我们的知识，酝酿的是希望。我们从这里启航，为了能够拥有更好的明天，而刻苦学习。

期中考试后，我写了一篇《三叶扇》的散文，主动请他批评指正。哪知下次课后，他不仅给予我肯定与鼓励的批语，而且觉得我有一定的写作基础，约我写湖北慈善之星、省人大代表喻友旺。他要我在百度上先寻找他的相关资料，然后在春节期间写好后交给他。他还说他已约了另外两人在写，谁写得好，就选谁当面采访喻友旺，力争完善后公开发表。这既是给我的机会，又是给我的鼓励与挑战。看来，今年春节我过得不会轻松的。我暗下决心，力争从三个人中胜出。

更使我们学生终生难忘的是，他花整整一节课的时间给我们讲授了中国的姓名文化，并要求每位学生在自己的姓名之外取一个字，取一个号。这是在教材上学不到的知识！

这节课我兴趣特浓，不仅做了笔记，而且还录了音。在洪老师不少课堂板书过程中，使教室里“咔擦”声不断，都被同学用手机拍照下来。新闻班专业的学生干事点名，一般要多出 3～5 名，有时多出 10 多名，一经询问，才知道是经济管理系，艺术系大三的学生中赶来蹭洪老师的课。

洪老师常常在课堂上列举我们优秀的学长学姐的事例，一一拿来介绍和分析，对我们引导、开导、鼓励，这远比教材上的内容更吸引人、感染人、启迪人。如周立生读本科时就在《人民日报》上发表文章，湖北大学建校八十多年，师生能在《人民日报》上发表文章的，也屈指可数。黄海涛读书四年，发表九百多篇文章，靠稿费养活了自己，工作后靠写改变了整个家族的生存环境。芦文龙的知识交叉效应，本科读法律，硕士读行管，博士读哲学。他的 26 万字的硕士论文由武汉大学出版社出版，被浙江财经大学等高校作为教材。刘伟伟的起点是专科生，但他刻苦学习，读了专科，读本科，读了本科读硕士，读了硕士读博士，现在当了政府职能部门的处级干部。刘为民的古典诗词写得令人赞叹，五律、七律，提笔就成诗，连老先生都自叹不如。赵俊在教学中刻苦钻研，获市优、省优称号，学校因此为她成立“赵俊工作室”。在讲授中，对他的学生如数家珍，有的当了省长、市长、部长、局长、厅长，一大批当了县、处级干部，有的当了教授、博导、专家，有的当了总裁、董事长，这无形之中为我们树立了标杆，确立了榜样，潜移默化地影响着我们。

洪老师多次在课堂上强调要重视中国优秀传统文化的学习、继承与发扬。有时还拿出他这方面的论文来讲授。印象最深的是，他举出美国前总统尼克松在《不战而胜》一书中说的一段话：“当有一天，中国的年轻人已经不再相信他们老祖宗的教导和他们的传统文化，我们美国人就不战而胜了。”美国总统对中日传统文化重要性认识，远比我们要深刻很多。洪老师因此为我们开了十多本这方面的书单。

我们爱洪老师，敬重洪老师，也怕老师，他要严肃起来，不言也威。此时此刻，我才真正体会到“无爵而贵，无禄而尊”这句话的含义。

作者系湖北大学知行学院 2018 级学生

与大师为伴的日子

/施程瑶

我记得，第一次见洪老师是大一上学期 11 月份的一个星期一的下午，天气已开始转凉，中午突然接到辅导员通知，说下午要听一个讲座。当时听到这个消息心里只觉极其厌烦，我是极不爱听讲座的，按照以往听讲座的经验，其内容无不是冗长、无趣、乏味，便以为这次也是一样。时间差不多了，我兴致缺缺地坐到座位上，等着讲座开始。抱着边玩边听的态度，虽不耐烦，但还是按照习惯带了记东西的小本子。

当时不曾想，这一听就入了迷，手上的笔不停地记个没完。一场讲座听下来，我大为感动，在讲座结束之后，我还坐在座位上久久不愿起身，当时真希望讲座不会结束，主讲老师能一直讲下去，我好继续听其传道授业解惑。

那时我从云南初来武汉，本以为会柳暗花明，可是残酷的现实却再次将我击的粉碎。炎热的天气，时有时无的雾霾，充斥着消毒水味的自来水，拥挤狭小的宿舍都令我几欲崩溃，与从前截然不同的学习生活方式更令我不知所措。我像一个困兽，挣脱不开套在我身上的枷锁。而眼泪则成了我发泄的唯一方式。我不知道我该怎么走？往哪里走？寻寻觅觅，走走停停，却又不得结果。去跟别人一样开开心心，玩玩闹闹的过活又觉得太平庸；我想变优秀，对自己又下不了狠手。所以，迷茫这个东西时常伴我左右。我走不出自己的迷魂阵。

于是我不停地从网上找一些自认为有价值的东西来消遣。打发时间，顺便增长点见识。在看《西南联大》这个纪录片的时候，里面曾任清华校长的梅贻琦先生说“所谓大学者，非谓有大楼之谓也，有大师之谓也”。我深有此感，极其幸运的是我竟然遇到了洪老师，遇到了我的大学里的大师。在遇到老师后，我那颗迷茫的心啊，终于找到了一点点归属。本以为迷雾重重的未来，却突然散去了一点点雾气。教我怎能不感动？

如此缘分，如此际遇，我怎能不抓住呢？但那时候的我还不是洪老师的学生。老师在哪栋教学楼上课，上哪个专业的课我统统都不清楚，但是那时候心里有一个想法：我就算把每栋教学楼里的每一间教室的课表都看一遍，也要找到洪老师上课的教室。讲座结束后，正念念叨叨这件事的时候，朋友跟我说，她打听到了洪老师上课的教室和所教的专业！听到这个消息，我又激动又开心！像捡到宝了一样，后来事实证明，确实是捡到宝了。所以在下一次课到来的时候，我义无反顾又满怀憧憬的的跑去“蹭课”了。

第一次蹭课，到教室时尚早，还没有人，觉着不对劲，又走出教室盯着门口课表再三确认，才放下疑虑。进了教室不敢坐前排的座位，怕占了原班同学的座位，只得去后排，但后来却发现前两排的座位都是空出来，看他们如此暴殄天物，不觉懊恼，白白可惜了前面那么好的位置。第二次课的座位情况依旧如此，了解情况后我才敢坐到前排。

我没有课本，就带了一本厚厚的笔记本，打算把老师讲的都记下来。洪老一开讲，我就觉得我来对了。老师讲的多是自己准备的内容，有哲理，有古今趣谈，有基本常识，有人生经验，涵盖甚广，不落俗套，亦使听者（我们）不亦乐乎。

他对我们说：“主动就有机会。”我觉得生活不出此句。你想做什么，想获得什么，离不开主动二字。主动就有机会在我生活中的很多地方，很多人身上时常有体现。他深知扩大阅读量的重要性，故而时常勉励我们多读书，给我们开了大一到大三的书目，并将苏轼的话送给我们：“无他法，唯勤读而多为之，自工。”他把写作课变成了妙趣横生的思想碰撞。把古代人、现代人、外国人都拽出来，放到一起，让我们自行体会其中的妙处。他还说人有三条命，但这三条命都不是能轻易得来的，若你是平庸之人，那你只有性命，你常年身心奔波，却只够糊口；若你是优秀之人，除性命之外你还有生命，那么你就是不受年成影响的工薪阶层；若你是卓越之人，你除这两者之外，还有使命，不只为己，更为国家和社会。他又说你是否有成就要看你每天额外的 8 小时是怎么度过的。老师后来分享了四个阶段的读书方法，于我也是大有裨益。

洪老师不仅才学渊博，他做的一些小事更让我敬佩。洪老师每次上课之前总是自己擦黑板。他上课前看到黑板没擦，便拿起黑板擦三两下就把黑板擦的干干净净，且从不说什么。我觉着感动，是因为我在大学里遇到的老师几乎都是不主动擦黑板的，就算擦，也要念叨几句，且不说洪老师的年纪，就凭学识来说，他说几句都是应该的，可是呢，他没有！他做这件事做得那么气定神闲，理所当然。直到有一次，我去的晚，那时候他已经到教室了，我看到黑板没擦，终于鼓起勇气，上去擦了黑板。他当时还夸奖了我。洪老师啊，就是这样一个对别人毫不吝惜赞美之词的人。

从那以后，我几乎每次课都会提前半小时左右到教室把黑板擦干净，再清理一下黑板擦，好让老师再用的时候顺手一点。

当他看到有同学在下课后关了教室的灯时，他会鼓励道："做的对！大家应该向这位同学学习。随手关灯能节省能源。"在这些与"品"有关的"小事"上，他的"火眼金睛"总能发现，并给我们以鼓励，教我们做一个品行端正的人。

黄庭坚称曾赞周敦颐说："人品甚高，胸怀洒脱，如光风霁月。"每当我读到这句话时，我脑海里就会闪现出洪老师的样子！他的一言一行，在讲台上的挥斥方遒，言语里的有趣诙谐，治学的认真严谨总会一股脑的涌现。他用他那润物无声的情操感染着我们。

今日翻当日之笔记，发现其中内容涵盖了读书、做人、做学问、成就事业等各方面的东西，每次翻开都有不一样的收获。我记得笔记里的

第一条，我记下的是“要做一个严于律己，好好学习，多读多悟的人”。区区 18 个字却包含了老师对学生最大的期许和祝福。学海无涯但知易行难。你需严于律己，好好学习，多读之悟之，方能成就一番事业！

我记得当时去班上蹭课的时候，遇到了同一个社团里的人。她们问我说：“你为什么要来蹭洪老师的课啊？”我当时听了之后，笑了笑，并未回答。为什么呀？为什么！因为我迷雾重重的世界里照进了一束光。我自是见到了那束光，就定要循着光去。高山仰止，景行行止。虽不能至，然心向往之。

大一下学期我们有了洪老师的课，简直太好了！可高兴之余，心中还有一丝担忧。既欣喜，又害怕。我欣喜不再是以旁听生的身份去听课，可我又很怕老师讲的都是以前讲过的。所以怀着忐忑的心情听了第一堂课！可事实证明完全是我想多了！大师果真是大师，老师讲的较以前更好。他来的第一堂课，开场白是：“大家好，我叫洪威雷，这个学期由我担任你们的写作课老师，但是站在你们面前的不是真正的洪威雷，他只是一个叫‘洪威雷’的人，真我何在，我不知道，你们也不知道。接下来的日子让我们一起来寻找那个真正的洪威雷吧！”老师的三言两语又着实给我上了一课。是呀！真我何在？这需要我们用尽毕生之力来寻找呢！

介绍完自己后，开始进入正题。我们的课堂氛围一直都是轻松愉悦的。若有人答出了问题，或者说出了比较好的观点见解，老师一定不会吝啬他的夸奖，且言出必行，答应了我们的事就一定做到，从不失信于我们。比如他说，你们按照这个题目写一篇文章，然后说，我看完就付之一炬，你们尽管大胆的写，我不会让别人看到。后来，下课了，还有同学没写完。我对老师说：“老师，你可以先去吃饭，我帮你收，到时候送给你，我保证不看。”他说：“我知道你不会看，但是我答应了同学们。”我点了点头。

我们都喜欢上老师的课，他幽默感十足，几句话就逗的同学们前俯后仰。他在课堂上随时自嘲自己讲不了标准的普通话，同时给我们讲因为自己普通话不标准而遇到的一些在生活中有趣的小故事。他的思维总是不同于常人，许多奇妙的想法总是能触动我。在他的字典里好像就没有“不好”这两个字，几乎所有的问题他都能从一个乐观的角度出发，给出我们一个与众不同的看法。比如就普通话来说。他讲课伊始便问我们有没有福建，或者很北的地方来的同学，大家摇头。他说：“太好了。”我们都觉着有趣，哄堂大笑，等待着他的下文。他又说：“因为这些地方的同学啊，对我这个口音难辨认，听我的课呢有点吃亏。”接着，他又问有没有黄冈的人，有人举手了。他又说：“太好了!”我们又笑。心想这次又是怎么个好法？他说：“听不懂就会认真听，还听不懂就猜，猜就是创造!”在我看来，老师真真是一个妙人！有奇思妙想，又有生花妙语，令人觉得妙趣横生！每次他讲普通话这个梗的时候，打趣自己的同时，言语间还带着一点小骄傲。是的，我们都应该以自己的家乡话为傲。

他走路步伐稳健，上课声音洪亮且饱满、富有激情！完全不像是一个快七十岁的人，而且记忆力超好，很多古文、经典能倒背如流。有时候你看着老师的笑脸，听着他充满活力的讲解，你会不禁从心里感叹，原来文化对于人的浸养竟是这般的丰厚。我仔细观察过我遇到过的老人，呈现出几级分化。就文化来说，我出学校看到的在街边摆摊卖菜的老爷爷老奶奶，你从他们的神情、脸庞就能看出生活不易！真的，武汉的冬天特别冷，但是他们依然要守在摊前！而我在省图书馆里遇到的老人们，他们脸上就很淡然，给人一种安详平和之气，是文化滋养了他们。这也警醒了我。

他鼓励我们大胆发言，积极举手。他真正做到了人人参与到课堂中来。大学课堂本就不应该像以前那般，老师们讲学生们听，大学在于激发我们的思维与创造力，而不是培养一群木头。课堂不是老师一个人的，而应该是大家的。我们需要的不再只是一种声音，而是大家的声音！我记得上学期洪老师说过一句话：“你讲我懂，你说我晓得，但参与才有收获。”感受良多！我们参与才有收获。这个学期我上了我这一生中最有趣最有意思也最令人感动的一节课，我毫不夸张，我想我以后的人生里恐怕也再遇不到这般有趣的课了。老师给出的讨论题目是“一把勺子”和“一条扁担”两个主题该选哪一个？他一一详细解说后，给我们两分钟思考然后开始表达自己的看法。在他的鼓励下，举手的人层出不穷，让人应接不暇，同学们因为观点的不一致不停的从对方的发言中寻找漏洞然后用以肯定自己的观点，最后讨论越来越激烈，来不及等老师点名，就开始大声的争论起来！都坚持着自己的观点，互不相让。那种活力，那种激情，每个人都是神采飞扬的样子！让人不禁陶醉其中！我从来没有见过大家这个样子，每个人的眼里都发着光！奕奕神采，令人不禁要赞叹，这才是“到中流击水，浪遏飞舟”的少年人啊！真的，我感觉那节课的铃声才是对我们的折磨。还未讨论出结果，老师宣布下课。大家都很想知道最后的结果是什么，纷纷请教。老师幽幽的说了句“答案由你们自己讨论决定。”对呀！一千个读者，一千个哈姆雷特，这世上真的有什么所谓的标准答案吗？没有吧！答案在每个人的心里呢！课后，我曾问过大家，喜不喜欢这样的课堂，大家都是猛点头说：“爱极了！”

老师上课的时候不仅给我们谈文学，有时也谈社会。他字字不离国家、党和人民。他说同学们，我们要做个明白人，我们要发现问题，然后用我们的聪明才智去解决问题，而不是袖手旁观，无动于衷；也不是怨天怨地，浑噩度日。他说：“一个人，追求的目标越高，付出的艰辛就越多，对社会的贡献就越大。”罗曼罗兰说：“世界上只有一种英雄主义，那就是发现生活的真相仍然热爱它。”古人又云：“侠之大者，为国为民。”他是英雄，也是我们的大侠！

我好像突然明白了什么！九百多年前的杨时为何冒着大雪也要等候在程颐门外；那明朝“开国文臣之首”的宋濂为何不顾穷冬烈风，数尺大雪也要负箧曳屣，行深山巨谷前去求师。人生四大悲其一便是“少子无良师”。我们都渴望能遇良师，我有幸，遇到了洪老师，与大师为伴的日子，十分快哉！快哉十分！

作者系湖北大学知行学院 2018 级学生

鹧鸪天·贺吾师七十华诞

/刘为民

少小离家走四方，
幽愚蒙昧亦轻狂。
一朝拜入师门下，
始悟求学路远长。

执素卷，
对轩窗。
畅谈千古满书香。
丹心化育诸桃李，
泽润后生如煦阳。

作者系湖北大学行政管理系1996级硕士研究生
现任江苏省委编办处长

赠威雷教授嵌名藏头诗

/邹敬泉

威　凤祥麟汉魏风，
雷　霆万钧势腾龙。
文　江字海词功丽，
才　真品正灯烛红。
誉　望高远达人羡，
满　腹经纶圣手同。
荆　南杞梓堪师表，
楚　天学贤展巨鹏。

2013 年 9 月 3 日　写于武昌沙湖
作者系湖北大学艺术学院教授

诗一首

——贺威雷老师获2017年度湖北大学老教授科研成果一等奖

/吴华先

畅游人间七十年
甜酸苦辣均尝遍
从小立志心高远
老年奋蹄志弥坚
未因身份抛理想
敢在课堂献诤言
功成名就应无憾
安度晚年把寿添

作者系武汉市新洲区原区人大常委会副主任

小老弟亦好会长

/王琍娴

说起洪威雷，那可是老熟人了。

1990 年，在四川阆中，我参加了一次写作讲习班。讲课的教师，都是在学术上有成就的高校教授，洪老师也在其中。教授们讲课各有千秋，但只有洪老师的课，给人留下很深的印象。记得他讲到写作的立意，要选人人心中皆有，笔下皆无的，要有新意。至今我还记得，他举了一个例子，有一次他以“雪”为题布置了一次作文，作文交上来一看，绝大多数作文都是写雪，如何的纯洁，如何的美，如何的洁净，如何的飘飘欲仙，等等不一而足，可是就有一篇作文说，雪，虽然洁白，但她却以她的洁白之身掩盖着丑恶，掩盖着污秽。他接着写道，阳光却毫不留情地剥去她雪白的盖被，让丑恶让污秽让一切见不得人的，统统曝光。洪老师说，试想一想，读着一篇篇全是赞美雪的文章，看着连措辞几乎都千篇一律的文章，是不是都要昏昏欲睡了，然而，读着与这些溢美之辞正好相反的文章，能不眼前一亮，能不觉得清新吗？20 多年过去了，他的深入浅出的讲解让我受益匪浅，至今依然记忆犹新。这一次，我算是认识了一位好老师。

我与洪威雷先生的交往仅只于一年一度的中国应用写作研究会的年会。尽管如此，诚如“金子在哪里都会发光”一样，在一次次不算短的接触中，我亲见，他以他的人格魅力凝聚着一大批热衷于应用写作研究和应用写作教学的学者，为中国应用写作的理论的建树作出了不朽的贡献。在其中，他个人的道德品格精神风貌也得到了充分的展现。

1994 年暑假前，我接到会议通知，中国应用写作研究会要在昆明召开成立大会。我如约而至，又一次见到了洪威雷老师，而且得知他还是研究会的会长。1990 年见他时，他高高在上，如今见他，他和蔼可亲。会上他宣布研究会的成立，宣布研究会章程等一系列事项，又进行了首次的学术交流。但给我留下深刻印象的是，会后他召开的理事以上人员的会议。会议是在一间客房里开的。会上，洪会长一脸严肃地对到会的同仁提出几点要求，要求理事以上的人员，须每次参会并带来自己的论文，且会议期间，不得外出逛街旅游。他说，我们来参会，是来进行学术交流的，不是来游山玩水的，这一点，希望各位共勉，要给参会的老师做出榜样。他的这一席话，如同警钟，犹言在耳。我又一次认识了这个学会，也又一次认识了洪会长。此时，我感到十分庆幸，我参加的这个学会，她是一个带领我们深刻探讨应用文写作理论，应用文教学以及应用文写作的发展前景的组织，是一个严肃的学术组织，而洪会长正是我们的学术带头人。

在贵阳会议之前，已经有我们学会的会员，也就是贵州某学院的教师，向学会申请承办这一年贵阳的学术年会。经过研究，学会也同意让其承办。会期定在 7 月 30 日到 8 月 2 日这 4 天，我是在暑假之前就收到了会议通知的。要说明的一点是，在之前的新疆年会上我就已经担当了学会的财务工作负责人，由于职责所在，于是，7 月 28 日我就到了贵阳，准备筹备会议。恰巧，就在 28 日，洪会长和桂青山也不约而同地到了贵阳。我们三人一同会见了申请承办年会的几位老师，听取了他们的计划。应该说，他们的计划还算周到，但是，有一点我们一致质疑，那就是与会老师应交的会费数额。他们要求参会的老师每人交 1000 元的会费，还要另外交伙食费。这样算下来，每人交 1500 元都不止。听了他们的预算，要让与会老师每人交这么多钱，洪会长紧锁眉头，一脸凝重，不无惆怅地用他浓重的湖北口音说：“交这么多钱，老师们回去怎么能报销的了啊！他们这个要求我们是坚决不能接受的。”因为当时我们高校的经费都不多，每年暑期能挤出一点钱让教师出来参加学术会议就已经很不错了。鉴于这种情况，我们每年的年会，参会老师交的会费都在500元以下，最多也就500元吧，可这次的会费竟涨到1000元，不要说参会的老师会不会同意，我们就通不过。怎么办？我们三人研究，既然会议通知已经发出去了，这年年会还要在贵阳开，那就先由会长出面和他们谈判，提出我们的意见，即参会的老师每人只交500元会费，伙食费也包括在其中，再不另外交钱。他们如果同意我们的意见，那就让他们承办，如果他们不同意，我们就干脆甩开他们自己来办。结果是他们不同意，那我们就名正言顺地自己办会了。于是我们紧锣密鼓地联系大会会址，给参会人选择宾馆，讨论标准间的价钱，和伙房管理员谈饭费，谈伙食的质量要求，选开会的大厅，斟酌会议室按每小时计算该付的价钱等等太细致了。经过两天的努力，终于全部按照我们的想法筹备好了，贵阳年会就在这不顺利中又顺利地如期开幕了。回想当年，恍如隔世。洪会长带领我们俩筹备贵阳年会，可算是费尽了心机。那两天，我们仨就在贵州师范大学周围，一家一家宾馆跑，和商家讨价还价，使出了浑身解数，为什么？还不是为了让参会的老师少花钱，住得舒服，吃得好，为了让老师们把心思都用在研讨会上，让会议开得圆满，让每个参会的老师都能满意而归。

好多年过去了，回过头来想一想，一位学会的会长，他能把每年的年会主持好，在年会上不出差错，就不错了，哪个会长还会为这些琐事去奔走、去费心？可是我们就遇到了这样的从不计个人得失，从不怕自己吃苦，一心为着学会、为大家着想的一位好会长。说实话，我当时就为参会的老师庆幸，是遇到了能为我们普通教师办事的好会长，他是和我们贴着心的好会长。

接下来，既然我们自己来办会，就按我们的安排，每位参会的只交了500元。结果该办的事都办了，会议开得圆满，学术讨论热烈，学术水平又有了进一步的提高；老师们吃得满意，住得舒服，自始至终没有再让大家多交一分钱。据说，原先要承办会议的那几位也一直参会。他们说，我们就想看看你们一个人交500元，这会能不能办下来？最后，听了我们的会议总结和财务报告，他们说："服了！"这么多年过去了，这些琐事，我要是不说，又有谁知道呢？洪会长默默奉献的精神真叫人佩服！

说起在贵阳，我又想起了一个小插曲。有一天晚饭过后，我和一位同仁在大街上突然看见洪会长一个人在一个小吃摊点上吃东西，觉得好奇，就走上前去问他，怎么一个人在这里吃小吃？他风趣地说，我在庆祝我的生日。我就问他："你是哪年生的？"他说："1949年。"我这时有点吃惊地说：啊！和新中国同龄啊！接着我开玩笑说："我大你9岁，我是你大姐呀！"他笑了问："真的？那我就叫你王大姐了。"我说："那你就是我的小弟唠！"就是从那以后，他就一直称我为王大姐，而我，为了尊重起见，一直还是尊他为洪会长或洪老师。可是，自从有了手机，发短信时我会称他为小弟，后来我们都渐渐老去，他已不是那个风华正茂的小伙了，发短信时，我便改称他为小老弟。这便是"小老弟"的由来。

一年一次的年会，他对大家的要求，他自己首先是绝不含糊的。每每开会，第一项肯定就是会长做的开幕词，他的发言郑重其事，从不马虎，既有对以往工作的肯定，也有对未来工作的展望，但也绝不是概念化的标语口号，会具体到人，具体到事，洋洋洒洒；每次会上，除了开幕词，他必然带来高质量的论文，在这方面，他是起了表率作用的。虽然是这样，但他的论文却从来不参与评奖。问他为什么，他总是轻松地说："把评选的机会让给别的老师吧！"这就是他，我们的洪会长。他把荣誉、机会都让给了别人，就把吃苦受累留给了自己，仿佛他活着就是为了别人，为了更多的人。他的无私奉献的精神，不是谁都能做到的，尤其在当今这种社会环境下，他能如此，让我景仰！

如前所述，我在学会担当财务工作，我的职责是把每年年会参会人交的会费收上来，统一使用，比如，租用会议大厅，一日三餐的膳食开销，组织会后周边景点的旅游花费，给论文获奖老师买奖品，给与会每位老师买纪念品的花费，还有打印通讯录的费用等等都在这些钱里了。总结会上，我给大家做财务报告。一般地说，每年年会多多少少都有盈余。余下的这些钱，不管多少，我都一分不少地交给洪会长。我还以为每年余下的这些钱都由洪会长保管着呢。可是，有一次我们闲聊时，他很平静地说："每次你交给我的那些钱，我都如数一分不少又交给毛正天保管了，我不和钱打交道。"听了他这话，我愕然，我无言以对。我心想，会长竟如此廉洁，他的廉洁奉公，让我对他的敬重又平添了一层。他是我见过的让我既景仰又敬重的好会长！

2006 年洪威雷教授与王琍娴教授夫妇合影

作为每年一次的学术年会的领导，他对学术交流重视吗？毫无疑问！作为学会的领导，他认为，这是每次年会头等重要的大事，大家从祖国的四面八方来到这里，都是奔它而来的。它之所以重要，是因为一年一度的学术交流，它展示或检阅的是一年来我们在研究领域和教学领域所取得的成果，是每次年会的重中之重。我们学会在洪威雷的领导下，每逢年会，参会者要向大会提交论文，在大会上宣读自己的论文。没有机会在大会上宣读论文的，可以在分组会上谈自己的见解，讲自己的论文。学会要成立论文评审小组，研究出评审标准，评出一、二、三等奖。这就是每年年会最最重要的事。在这一系列工作中、挑选论文评审小组成员又是很关键的、因为他们的学术水平实际上就直接影响着这一期年会论文的水平。这年年会的论文有没有独创性，有没有前瞻性，有没有学术价值，在于论文本身，更在于评审者能不能站在更为广阔的理论视野的高度，俯瞰每一篇论文的价值，从而评审出具有独到见解的，有前瞻价值的，或者在应用文领域有突出成绩、有成熟经验的论文。所以，洪会长总是挑选那些在应用写作领域有建树的，或者是已经有理论研究成果的人作为评审小组成员，有时还有权威的应用写作杂志的主编加入。

为了能有更多的在应用写作研究或者应用文教学方面卓有成就的人参会，会长在平时就大量浏览全国各地的这方面的报纸期刊，从而发现有见解、有想法、有才能的人，主动发函邀请他们参会。会长的这一举措招揽了不少人才。有好几人也被选中，成为评审小组成员。评审组一成立，时间紧迫，工作当然紧张。成员们要聆听大会的发言，要阅读大会收到的大量论文，然后每晚上都开会讨论，挑选出自己看过的优秀论文，斟酌对比，研究讨论，评选出本次年会论文的一、二、三等奖。在洪会长的亲自督导下，每次年会这一系列的繁复而又细致的工作都做得井井有条。重要的是，每次年会，洪会长都突出要求论文的理论价值，从更高层面要求应用文写作研究理论的独创性、前瞻性以及艺术性等等。他认为，从更广阔的意义上说，一次次年会能产生出有理论价值的优秀论文，它不但为社会科学基础研究的宝库增添新的理论成果，而且，它也在证明着这个学会存在的社会价值。这是优秀论文的价值观，也是学会生存的社会价值观。

基于这种认识，我记得，有一次年会上，有一位老师拿着自己的一部书，记得是一本指导初学者撰写公文的教材找到我，愤愤不平地说：“我们这书已经获了三次奖了，怎么在这次年会上，就没得上个头等奖？我要找洪会长问问”。说完，他就又拿着自己的书去找洪会长了。据说，洪会长对他说："我们学会评审学术成果的标准首先是看它的理论价值，你们的这本书不能说一点理论价值都没有，但它不符合我们学会的要求，它的操作性太强了。"就这样，断然拒绝了这位老师要评一等奖的要求。我还记得，有一年的年会就没有评出一等奖。为什么？洪会长在大会上说："有达到一等奖水平的论文就评，没有，也绝不滥竽充数，一等奖空缺就空缺。这是给我们的一次教训，也是一次鞭策。"

正是由于洪会长一贯严谨的治学态度，致使他对学会每年的论文都严把质量关。功夫不负苦心人，学会终于在 2010 年 11 月于澳门大学出版社出版了学会年会的论文集《全球视野下的汉语应用文写作》，收录了 62 位学者的 157 篇论文；又于 2018 年 6 月由光明日报出版社出版了两部学会年会论文集《全球化时代应用文写作理论拓展和教学创新研究》，一部 40 多万字，另一部 60 多万字。这成果，真不可谓不丰盛啊！也不由不叫人叹为观止！

洪会长是不是一个不苟言笑的人？是不是一个整天板着面孔教训人的人？回答是否定的。他也和我们一样爱玩、爱说、爱笑。他和我们打成一片，他是我们中间的一员。曾记得湖北恩施年会之后的一次清江漂流。一艘艘小船在大浪中颠簸，我们乘的小船也忽上忽下忽左忽右漂泊，我惊恐地看到前面的小船一会被大浪吞没，一会又被大浪举上浪尖，就在这样的浪涛中，我全身湿透，也顾不得去管，只是紧抓缆绳，就怕一不小心掉下江去。可是，眼见得我们前面洪会长他们的船，也是在浪涛上翻滚，浪头劈头盖脸地劈下来时，他们便龟缩起来，一旦大浪过去，他们便起劲的和前面的船打起水仗。只见会长全身湿漉漉的还站起来和前面船上的几个人打得正热闹，还一边打一边笑着喊："打，使劲打！"俨然一个顽皮的小伙儿。也还记得，在贵州黄果树瀑布游览时的一次探险。黄果树瀑布是个令人神往的地方。于是，会后我们去游览黄果树瀑布。临行前，洪会长千叮咛万嘱咐要注意安全，要求同伴之间互相照顾，他作为领导的责任心可见一斑。会长讲完话，我们一行人便驱车前往了。下了车，还没有见着她的倩影，大约有离她还有几公里的地方，只是感到弥漫着的水雾迎面扑来，人们被弥漫的水雾裹挟着前行，走一会儿，又仿佛听见若隐若现的轰鸣声，越是往前行，那轰鸣声就越来越响了，再往前走，啊哦！黄果树瀑布，她，就近在眼前了！我们欣喜若狂，有的同伴跑起来，想和她更亲近，更亲近。啊！她好伟大，好壮阔，好汹涌澎湃，好壮美啊！这是大自然的造化，是大自然给我们的无私的馈赠！我无法形容她的磅礴气势。我们一行人，一边欣赏这美景，一边啃着当地产的甜玉米，享受着人生。正当我们会神地观赏那瀑布从高处扑泄而下，一刹那又如无数条巨龙奔腾而下，那气魄，那迅猛，那声势无与伦比！忽然，同伴问我，洪会长他们哪去了？我扫视了一下四周说，没看见呀！到这里，就各玩各的吧。我们几个就去了水帘洞玩，水帘洞美其名曰，是要下到一个洞里，黑乎乎的难见一丝光亮，又湿又滑，从洞头摸索到洞尾，什么也没看见，了无趣味可言。在水帘洞没见着美景，可出得洞来却看见了另一景，那是会长和一伙人从河岸上来了，他们个个都高高地卷起裤腿，衣服湿湿的贴在身上，会长还一瘸一拐地走着，可一边还高声地说着，张大嘴笑着，好像全没把脚伤当一回事，快乐得像一个孩子。原来他们一帮人竟是手牵手，光着脚，下到河中，从大瀑布下面的水气中，穿过大瀑布趟水而过的。他们踩着石头，一不小心，会长的右脚踩到石缝里，怎么拉也拉不出来，几个人帮忙拉，又不敢使劲，担心拉伤，后来好不容易才拉出来了，好在只是伤了一点皮。原来洪会长带领一帮人竟上演了这么惊险的一幕，真是不简单！几十年过去了，回想起这一切，我依然震撼！记得当时我就问他，你就不怕“直下三千尺”的“飞流”把你们砸得趴到水里？他说，不怕，瀑布的水打到身上，才过瘾呢！况且，我们是穿过水雾走过来的。笔墨至此，我眼前似乎有一群人，在一个汉子的带领下，迎着风雨，披荆斩棘，砥砺前行！那不就是我们学会的写照吗？那个领头的，就是我们的洪会长。

他，洪威雷，就是这样 23 年领导中国应用写作研究会，呕心沥血，与志同道合者坚持 23 年，每年一次年会，为应用写作理论的发展，为应用写作教学质量的提高，做出了卓越的不可磨灭贡献。他自己所撰写的应用写作理论著作就多达数十部，学术论文数百篇，32 次主持国内和国际大型学术会议，16 次被邀请登上国内国际大型学术会议上的讲台作专题学术报告。有如此丰硕的科研成果，有如此丰厚的业绩，也因此赢得了多位中央首长的高度评价和赞扬。这一切，都彰显了一个真正的共产党人为党的事业奋斗终生的高贵品质。说到这里，似乎该和读者说再见了，但洪会长，我的小老弟，他的品格精神，他的卓越功劳以及带给我们的美好回忆，却永远永远留存在我们心里。

作者系陕西省委党校教授

洪教授威雷兄逸事状

/桂青山

威雷兄今年七十寿诞，执教43年。学术大成，声名卓著；泽润杏坛，桃李天下；纵横捭阖，影响中外。同仁同道与后学晚辈，致敬有加，欲行庆祝。因嘱我写些文字，以贺达人。

虽敬谢不敏，但义不容辞。

幸与威雷同庚，三十多年来，风云荏苒，岁月倏忽。从相识相知，至同情同道，一路行来，融通默契……只突然提笔，一时竟不知如何措词了。

想诸多光彩与成就，当有众人书写；丰富阅历与硕果程途，自可百度查询。作为私交挚友，就只忆记些片段行迹、零星言语、散碎时光，冠名“洪教授威雷兄逸事状”罢——

一、泰山登顶

不期然忆及20世纪90年代初，共登泰山时情景。

当时曾有文字留存，先录如下——

“夜九时，登顶，并肩南天门外。头上银河灿烂，眼下泰安暗明。值天风浩荡，当胸而来，立刻身心俱爽，境界大开，竟有‘遗世独立，羽化登仙’的体味。

威雷兴起，口占一联：

兴衰总关情，视红尘灯火，势隐银河，幸此时江山无恙；

今古才一瞬，诘东岳帝君，身居绝顶，比人间风景如何?!

可谓融儒释道为一，诚然不俗。而终归是因境生文，还是因人生境，其时汗漫谈来，纵横今古，无论东西……当夜，举酒星空，尽兴而醉。酣眠玉皇之顶，竟不知东方之欲白。

人生乐事有几？雪泥鸿爪，聊以记存。”

……

突然忆得这段文字，似不伦不类。

但静心细思，不无背景潜在了：作为当代学者，尤其作为写作学家，阔大的时代背景、透彻的文化觉悟、清醒的社会洞视，缺一不可。

因之，这副对联，恰是洪兄言简意赅的人文表达，处世治学的基石根本了。

二、阆中初识

与威雷兄初识，在20世纪80年代末尾的夏日，于“中国青年写作理论家协会”在四川阆中的成立会上。

当时均40岁前后，年富力强之时。及被引领入住，刚推开房门，就见一位“长者”盘腿椅上，顾盼自雄，目光如电，谈笑生风，自有一种迥异常人的气场在。

于是礼貌上前：“先生您好，我是——”。

话音未落，不料“长者”跃然而下，笑容粲然，握手对视：“桂老师您好！早知道与您同房，一直恭候！我，洪威雷，湖北大学的。”

一时间，我不无尴尬：如此“长者”，竟然“您您”地称我，这般礼遇有加——桂某真老得不堪?!

……

后来熟稔，渐次放开。谈及初见时彼此的过分礼貌，哈哈大笑不已。

威雷兄道："人有四种年龄，一是户口年龄，一是生理年龄，一是心理年龄，还有一个社会年龄。除户口登记的年龄外，其余都是动态，因人而异。我们都是 1949 年生，至今 40 年了。就经历的人间坎坷/社会波动/时代演变来说，我们的社会年龄确是老大，所以初见时彼此的沧桑感，互有直觉，不免'尊重'。至于生理年龄嘛，经过 20 世纪 60 年代，正值成长发育期的瘦身塑形，我俩自然也都长得'着急'了些……"

两人苦笑。

威雷昂扬正色："可慰的，阔展的胸怀、健旺的精神与积极的人生态度——我们的心理年龄，都比户口登记的年龄青春许多，不是?!"。

话语不多，内涵委曲。

彼此相视，紧握双手。

可怪吧：及近年频繁相见，虽"老桂""老洪"叫得不加隐讳，户口年龄也从 40、50、60……却觉得彼此反而年轻健旺，都"顺眼"多了。

"同志同道，情人眼里出西施吧。"他笑说彼此。

"真情张扬，生命潇洒，自然老当益壮。"我正经评他。

达人快语而内蕴深沉，威雷兄确是可亲可敬。

三、昆明龙门

1994 年夏，在苍山洱海的大气磅礴中，中国应用写作研究会聚国内百余名年富力强的学者，正式成立，威雷被公推为会长。

会后，游览昆明龙门。古寺禅房外，竹影萧萧，清风淡淡，一壶清茶，两把折扇，两人促膝而坐。

话题由院内安静洒扫的僧人谈起。说到国内大多出家人，多有不幸：为躲避而超脱，因隐忍而自律，借来世而慰安……

威雷感慨：“其实，佛陀的终极怀抱，是戒邪恶淫欲，求康健自然。终极境界为‘大欢喜’‘大自在’。进而，或普度众生（大乘），或自修正果（小乘），绝非躲避与自欺的。信仰坚持与适时苟且，大不同的。当然，现实生活中，因无奈而苟且者，也不宜苛责。因此，理解及引导，对我辈而言，当无旁贷。”

汗漫谈来，无边无际……

提及各自身世生平，在均重“本我”的共识下，寥寥两句而已。却也得知威雷虽教授世家，出身书香，少年时却寄寓鄂东乡野，相伴亲人只有老祖母，苦寒依靠，历尽艰辛。

暗中掐指：20世纪50年代到70年代，作为大学教授的父母之社会遭遇，可想而知。而少小乡居，其孤苦清寒与坚忍奋发，在今日威雷兄身上，也毋庸置言了。

“所以，不能辜负教养我们的父老乡亲，不能辜负锻炼我们的社会、觉悟我们的时代，尤其不能辜负仅此一回的生命，尽管它来去匆匆，不过一瞬！”威雷此刻，一改平日的诙谐幽默，凝望山川……

我懂得威雷何以尽心学会/组织学人/开拓事业的素衷了。

我体味洪兄何以精选课题、探讨文化、关涉社会、引领学界的抱负，而大家也影响景从、并肩携手、共襄盛举的同心了。

龙门巍峨，山川宁静。

松柏凝立，白云逶迤。

清风徐徐，梵音袅袅。

三个多小时，倏忽而过……

根基实地，境界高远——威雷兄，以茶当酒，敬一大杯！

四、“引而不发”

如前所述：威雷兄少小村居，根植乡土，故鄂东口音浓重。

“今天的话题：‘时与势，术与道。’”在国际汉语应用写作学会的讲演中，作为常务会长，洪教授以极具特色的鄂东口音，郑重发言。然后慷慨陈词，旁征博引，纵横古今，虽只20分钟时间，学术内涵极大，文化意蕴高远，又切中时弊，振聋发聩。

及问台下，可有互动/提问交流？

众人却默默不语。

威雷俯身，谦虚而认真：“刚才所讲，诸位尽管批评指正哟。”

台下众人，左右顾盼，仍迟疑悄声。

洪大教授起立鞠躬：“敬请诸位学者专家，不吝赐教啊。”

有北方大汉率尔起身：“听洪会长讲演，气场阔大，情绪深受感染。但口音太重，我是——根本没听懂！”

台下哄堂大笑。

洪也笑了：“个日儿地（惯用的鄂东口头语），我就是让大家不全听懂哟。”然后，用努力标准的普通话：“讲个段子：一个英语教师问交了高额学费、为留学而集训的学生：‘学过英语么？’答：‘基本不懂。所以来听您的课。’专家开怀：‘这，我就放心了。’”

台下哈哈。

待笑潮渐落，威雷正襟危坐下来：“刚才是玩笑。‘引而不发，跃如也’。听不清楚，半懂不懂，恰恰可引人入胜、希望探讨未知，不是?! 所以，我讲的内容不重要，若能引起大家探讨这话题的兴趣，我的目的也就达到了。中国画，讲究留白。其艺术魅力就在于：以有限丹青蕴无限境界，往往胜于烟云满纸、臃肿堆砌。不是?!”

众人含笑，纷纷点头。

台上会长突然鬼脸：“哈哈！——其实，你们都我上当啦！讲话方言太重，让人听不清楚，本是弊病，该轰下讲台的！我一巧言令色、文过饰非，诸位就真的信服，不加疑问?!”

众人瞠目。

威雷诚恳：“我学术浅薄，专业不深。今天故意如此，只是向诸位汇报自己治学的体会，这就是——对一切堂皇的理论、公认的体系、没有异论的学说，都先要大胆怀疑！然后经科学健康的探讨，再决定同意还是反对、秉承还是批判。这，就是我今天要讲的唯一内容了——真诚地谢谢大家！”

掌声雷动。

因多年交往，台上发言的百分之九十，我都可听懂。而威雷兄如此的文化内涵，一波三折的节奏把握，卒章显志的讲演艺术，实在令人叹服。

赞曰：

大起大落，纵横捭阖。委曲其中，留白引领。

诚然大家法度也！

洪威雷教授与桂青山教授合影

五、新疆风情

其一，鸣沙山下，放荡情怀

1997 年赴新疆年会，与老洪及另一位教师朋友，三人同行。

披星戴月，千里颠簸，终于来到甘肃月牙泉畔，鸣沙山间——

蓝天、黄沙、白云、碧水，四大色块纯净组合，除此之外，四大皆空，别无杂物，世界洁净，宇宙无极。

威雷肃穆良久，继而性情勃发，高扬双臂，长啸不已。接着欢呼跳跃，招呼同行者跋涉黄沙，攀登峰顶，去纵观辽远。

我俩并肩而行。攀登中，嫌浮沙灌入鞋内过于拖累，索性脱下鞋袜，解开胸襟，赤脚大仙般雀跃纵横，尽情体味与享受这“天上人间”的大欢喜、极快乐……

长风浩浩，境界开明；视野无极，胸怀超越。

此时此地，谁还纠结什么红尘琐碎？谁还顾及那些都市喧嚣？

而扭头回顾，行程中不时提及自己属“省管干部/副厅级别”的那位行政管理学院的教授，却终不能放下矜持、解脱身架，仍停步沙丘，肃然伫立，不时拢发顿衣，保持端庄稳重的“干部形象”。

老洪微笑：“咱们走自己的路！”

及至我们尽兴尽情、坦胸露背地跑到碧水如镜的月牙泉边，那位老弟才不无委屈地拿着我俩的鞋袜，拖着沉重的双脚（灌满了沙粒，怕不下十余斤），汗津津走来，不无谴责地摇头：“咱毕竟是大学教师、国家干部，总应顾及身份与形象。”

我俩相视而笑。

凭心论，这位朋友为人敦厚真诚，质朴正派。只囿于都市宦途，过多束缚了。

其实，面对上千省府公务员作行政培训，为百余名厅处级干部做文化讲座与专业指导，是威雷司空见惯的寻常工作。而移步换形，不拘外套，以健康身心发扬天性，融合大道而纵性尽情，不应是当代学人的根基/文化的至境?!

……

其二，伊犁高原

畅所欲言、互动升华的学术年会结束后，除因公私事务各赴归程的教师，四十余位与会者到新疆伊犁采风游览，住高山牧场的哈萨克毡房。

浓绿森林，皑皑雪山，青青草场，乳白毡房。空气中无一丝尘埃，山谷内阵阵花香浓郁。

哈萨克主人真诚淳朴，十分热情，以最高的“那仁”礼仪接待：柴火熊熊，大锅鼎沸。大块的羊肉浓香扑鼻，柔韧的面条宽似腰带。黑红健壮的哈萨克汉子，双手高擎大陶碗，礼拜天地后，悠长歌调唱起，走到洪会长面前，郑重敬酒。

大家不无担心了：都知道老洪平日滴酒不沾，稍饮即醉。如何经得起这硕大酒碗、这庄重盛情?!

一东北男教师上前，想要替代。

哈萨克汉子目不转睛，凝神注视，长调不停……

“好——!”老洪大叫一声，挺身上前，接过酒碗，言语铿锵：“在这圣洁之处，感受这种真情，岂能推拒?! 为健康人生，为民族情谊，为今天欢聚，感谢/感动/感恩!”说罢，一饮而尽。

主人欢笑，众人欢呼。

毡房外的草地上，哥萨克的青年歌手们来了，热瓦普、冬不拉、六弦琴一同弹响，欢快的民族曲调融入纯洁而泼辣的爱情，在营地回荡。

还用请么？客人与主人不再区分、汉子美女不再拘谨，大家手拉手，围成圆圈，舞蹈起来……

谁也没有想到，此时，“意外”出现了——

此行的东道主、伊犁师院一位满脸沧桑的男子，突然横插队伍，径直站到西北大学五十岁左右的美女教授面前，手捧鲜艳野花，动情高唱：“美丽的姑娘万万千，只有你最可爱。你像冲出朝霞的太阳，无比新鲜姑娘啊！……”

大家停下舞步，营地一时寂静。

男子沙哑着嗓子：“我是某某，还记得么？同班的老同学……”

女教授端详半天，忐忑而激动起来：“你是——?!”

“是我……”

女教授突然落泪，上前，两人相拥。

……

竟是三四十年前，因出身与政治原因，始终不能表白、最后天各一方的爱情悲剧！

“高深莫测为天，无可奈何是命”。

时光荏苒，岁月流逝，虽然重逢，却已不能复合了。

“还记得我们肩并肩，一起低唱苏联爱情歌曲么?”沧桑男人黯然。

女教授幽幽地唱起：“一条小路曲曲弯弯漫又长……”

二人低声合唱起来。

所有人都合唱起来！

“喀秋莎”“灯光”“深深的海洋”……当时流行的爱情歌曲，一首首浸润心中；默默的回忆与深深的感慨，一段段潜在心底。泪落无声，情潮澎湃……

那位“副厅级”低声喃喃：“这是学会组织的活动，也别太多绯闻私情。传出去——影响不好。”

众人侧目。

老洪勃然：“我看，这种情境，对学会影响绝对好。真正的学术，就应该建立在人间的真爱与大美，时代反思与追求的基础上！”

舞蹈与歌声再度热烈起来。

彩霞满天，夕阳无限。

众口一词：“洪会长啊洪教授，真正的核心不是自封的。能不向你致敬、为你欢呼?!”

六、“好色之徒”

老洪好色，且坦然自谓：“我就是好色之徒！”

在当前性丑闻不断，大学教授被不少人斥为“叫兽”的氛围中，自辨不得，规避也就是了。怎还顶风而上，自找尴尬?!

威雷偏不服软：“色，就是美。爱美之心，人皆有之。‘食色，性也!’老夫子从不隐讳呢，何况我辈?!”

呜呼，您偏要自找麻烦不成?!

各处的大学讲堂上，老洪毫不讳言：“爱美之心，人皆有之。有什么顾忌?!我就是我——不但爱美，还要爱得极致，爱得张扬，爱得无拘无束，爱得随心所欲!”

别人骇然。

我自然了解他的为人品性，觉得他是故作旷达，故作异论，以反讽、讥刺吧。私下问：“问心无愧，又何必找事?”

威雷道：“正因为问心无愧，才明目张胆，以示天下!作为教师，不爱美，还会培育美么?故作清高，倒虚假龌龊了。”

“你要让别人明白你的‘美’之所指。”

“没必要讲空道理，作为教师，经我们的心、我们的手，把一个个青涩纯洁的孩子，培养成身心健康的社会人才/时代骄子/专业精英，再微笑地审视着他们，不是一种大美的享受?!一种极致的幸福?!”

我突然忆起目睹过的一幕：

偶访其家，正遇一研究生论文写作陷入瓶颈，苦思冥想，痛不欲生，来向导师求教。小伙子脸色苍白，目光枯涩，双手捧着写不下去的草稿，簌簌抖个不停……看来，真是遇到导师们常见的“贫困生”了。

我有些怜悯。

原以为老洪也会好言安慰，耐心开导，指点迷津的。却不料洪教授冷颜厉色：“开题时草率随便，漫不经心，就料到你的今日之来!”

“我错了。当时急于找工作，您的指导和要求，没有用心听……”

“如果你是三峡大坝的总设计师/总工程师，开始草率应付，开工乃至建成后，才发现致命的问题，千亿的资金，百万的移民，付之东流——你认错、道歉，又有什么鸟用?!”几乎是骂了。

学生低头，无地自容。

在教授一连串的责难质问下，孩子的脸由红转白，再由白复红，汗下沾衣，泪痕斑斑。

我有些看不下去了。

威雷兄“人性全无”之后，才回到论文的写作上来。此时，则一板一眼，字斟句酌，从宏观的选题立意，整体的结构布局，到细微的论点表述乃至措辞的推敲、错别字的更正……一一道来。

两个小时后，指导结束，威雷如释重负地挺直腰身，长出了一口气——这时，才发现还有一个来访的我。

嘿嘿一笑：“个日儿地，教师就这德行。一说起来，全忘啦!”

……

三个月后，参加那学生的答辩会。

此一时彼一时也。

当初如履薄冰，神情木讷的孩子，此刻旁征博引，纵横捭阖，洋洋洒洒，一气呵成。选题切实，论述深邃，观点新异，逻辑严谨……所有答辩委员，莫不赞叹。尤其令我刮目相看的：这位青年整体的生命气质与精神状态，昂扬奋发，大有“纵横天下，舍我其谁“的雄豪自信!

此时，威雷用肘悄悄拱我，挤眼笑：“美么？爱不爱?!“

望着眼前的美少年，我狠捶了威雷一把。

……

却仍存疑忌：这家伙，不是以此掩彼，想蒙混过关?

对女孩儿，尤其是漂亮女学生，又当如何?!

机会不期而遇，竟很快来到面前——

2006 年，湖北民族学院的毛院长邀请我俩讲学。恩施土家族自治州，地处偏远，当时交通尚不很方便。却不料，一个虽平常相貌但气质很好的女孩，从 200 公里外，专程来看老洪。

洪教授在台上讲座，指挥倜傥，意气风发；小姑娘在台下，前倾身躯，渴望专注，竟激动得泪眼婆娑。

旁观的我就觉得不大正常。

及至校园内散步，两人挽手并肩，无间亲密。又私语低声，不时静默……这，已不属蚂迹蛛丝，而是“招摇过市”了。

毛院长似知原委，微笑无言。

作为挚友，我按捺不住。正巧老洪有事离去，女孩儿走在我身边——

“你很爱戴洪教授呢。”言语不无揶揄。

女孩儿默默良久……

“看得出，洪老师也喜欢你。”我直奔主题。

女孩儿停住脚步，猛地转身，目不转睛地看住我：“……”

我愕然。

“老师，您是洪教授的好友，我知道。但您，不该这么问我……”女孩眼睛潮润，有些哽咽。“我不隐瞒，我全身心地爱洪老师——因为，因为……他是我的父亲!!”

我大惊。

女孩幽幽地讲起来……

她来自偏僻小山村，有一个小弟弟。母亲瘫痪，常年卧床，全家重担只靠父亲支撑。就在她以地区第一名成绩，考入湖北大学的第二年，父亲车祸身亡，家中天塌地陷！母亲痛不欲生，为免累赘，几次自杀……她向学校提出退学，照顾亲人。

时值行政学院院长、又是她写作课教师的洪教授把她叫去，不仅不安慰，反见面便大声呵斥：“你辜负了家乡父老的期望！对不起故去的父亲、痛苦的母亲，还有幼小的弟弟！

“退学就是逃避，回家说明懦弱！一名当代大学生，如此表现，你也配?!”

接着，洪教授赶到数百公里外的她家中，当母亲的面郑重承诺：他个人资助家中生计，负责学生费用，一定要她继续求学，无论为家庭，还是为国家！

……

以后的三年，洪教授与师母的家，就成了她人生的港湾。在这里，她得到了温暖的亲情、细致的关照、学业的指导，尤其是：感受着人间纯洁的大爱。

在学期间，经洪教授指导，她在核心刊物上发表了三篇论文，其“鄂西农村留守儿童现状调查”被《新华文摘》刊登，产生了强烈社会影响。

经老师推荐，毕业后成为地区大报记者的她，在更宽广的范围与平台，践行着老师的嘱托，实现着老师的期望……

“洪老师，就是我人生的父亲……“她激动得哽咽。

“……”我后悔刚才的揶揄了。

“师生间如此，本来正常。何必顾忌人们的误解乃至揶揄？”不知何时，老洪已站在身边，微笑。

复何可言、复何可言！

面对这大爱无疆的父女，我不无惭愧，惟有敬意……

这才是问心无愧的大学教授，这才是纯洁无忌的“好色之徒”！

赞曰：

杏坛春雨，泽润府庠。
威雷寰宇，学术辉煌。
人间潇洒，生命健康。
幸得同行，大道无疆！

桂青山

2019 年 2 月 22 日

于北京师范大学励耘楼

作者系北京师范大学教授

耕耘者的开拓性功绩

——评洪威雷教授的实用写作学研究与理论贡献[①]

/杜福磊

洪威雷教授的写作理论研究，以紧密结合自己的创作实践和教学实践显特色，在“应用写作学”“纪实文学”“公务调研学”三大研究领域做出了开拓性的理论贡献，形成了“能教”“能写”“学”中有“我”的研究风格。

一、耕耘者的丰硕收获

洪威雷教授是一位长期耕耘在写作学教学和研究领域，并做出开拓性理论贡献的知名学者。自1976年大学毕业留校任教至今，先后在湖北大学中文系、行政管理学院执教28年。在28年的辛勤耕耘中，他笔耕不辍，成果累累，已在应用写作学、纪实文学、公务调研学、行政管理学等教学和研究领域，取得了十分丰硕的理论成果。他已出版学术专著、教材有《应用文写作学新论》（主编，武汉大学出版社2001年版）、《报告文学的写作》（专著，湖北教育出版社1984年版）、《回忆录写作》（主编，人民日报出版社1987年版）、《应用写作教程》（主编，湖北科学技术出版社1988年版）、《读写研究》（专著，天津社会科学院出版社1990年版）、《企业实用写作技巧》（主编，科学出版社1991年

---

① 杜福磊：《中国写作学理论研究与发展》，中央编译出版社2004年版，第293－303页。

版)、《中国报告文学论》(副主编，广州文化出版社 1988 年版)、《写作技巧教程》(合著，华中理工大学出版社 1985 年版)、《文学创作技法技巧谈》(合著，黄河文艺出版社 1985 年版)、《公务调研原理》(主编，湖北科学技术出版社 1998 年版)、《公务调研》(专著，贵州人民出版社 1997 年版) 等 16 部。先后发表学术论文和创作的报告文学、散文、通讯等作品共 100 余篇。作为一名写作教师，能够将自己从事研究的写作理论用以指导自己的写作实践，在发表大批学术论文的同时，也发表了大批自己创作的作品，在理论研究与作品创作两个方面获得双丰收，这在高校写作界是鲜见的。早在 20 世纪 80 年代，写作学界的有识之士就提出了写作教师要实现“两化”即学者作家化、作家学者化。洪威雷教授应该说是实现了这“两化”的典型。总览洪威雷的学术研究成果，其开拓性的理论贡献集中在实用写作学研究上，又主要在三个研究领域：应用文写作学研究领域、纪实文学写作研究领域、公务调研学研究领域。

二、应用写作学研究的耕耘与开拓

洪威雷认为，应用文的写作实践与人类历史一样悠久，应用文在中国几千年的文明史上发挥了重要的社会作用；当今，随着信息化社会的到来，社会和时代对应用型写作人才的需求将急剧增加，人人都需要学会应用文写作，否则就难以“应对”日常工作和生活的需要。基于此，他多年来高度重视应用写作学的研究，投入了较多的精力在应用文写作研究领域进行辛勤耕耘，先后撰写发表了诸如：《应用文具有生产力功能》《应用文与体制创新的关系》《应用文的“中介性”》《应用文的社会性》《应用文的科学性》《应用文写作的亲和力》《电脑文化与当代应用文》等 60 余篇具有创意的论文，为应用写作学理论研究做出了开拓性的贡献。他的论文写作，持论有据、言之成理，有力地阐明了应用写作在市场经济中所起到的“经国之枢机”的社会作用，同时也提出了明确的应用写作学研究的指导思想和思路。

他有关应用写作研究的主要成就和贡献，集中体现在他近期主编出版的《应用文写作学新论》（以下简称《新论》）中。其开拓性的理论贡献主要有以下几个方面：

（一）构建了应用文写作学的理论新体系

《新论》总分五编：第一编为“应用文写作学总论”；第二编为“应用文写作原理论”；第三编为“应用写作文体论”；第四编为“纪实写作文体论”；第五编为“明道写作文体论”。总地看，《新论》五编框架，作到了“学”与“术”、“理论”与“实践”、宏观建构与微观深入的有机结合，是一个独具创意的理论新体系。

特别是在基础理论的建构上，“总论”共设8章，理论丰富且不乏独见。具体论述了应用写作学的研究对象及特殊矛盾，应用文的主要特征、作用及写作要求，应用文撰写者的修养，应用文写作的嬗变及发展规律，应用写作发展的新趋势，现代应用文写作与电脑和网络的结合等理论与实践问题，其研究体现了强烈的时代特征，达到了对应用文写作规范及规律性把握的理论高度。同时，对长期有关应用文体分类杂乱不一的问题，做出了自己明确的界定和划分，以简治乱，统摄全局，使整个构成体系显示出合理性和科学性的特色。

（二）提出了开拓创意性的研究新内容

《新论》在对传统应用写作理论知识合理继承的基础上，又提出了许多开拓创意性的研究新内容。最突出的有四点：

一是准确界定了应用写作学的研究对象，提出了应用写作过程中的“八大特殊矛盾说”。洪威雷认为，“一门学科的命名都是由它的研究对象来决定的……应用文写作学就是研究应用文写作的一门学科”，进而，他提出应用文写作过程中具有“八大特殊矛盾”：遵命性与真实性的矛盾、政策性与实践性的矛盾、原则性与灵活性的矛盾、法定性与可行性的矛盾、固定的形式与丰富的内容的矛盾、从属性与创造性的矛盾、传统写作方法与现代电脑写作方法的矛盾、有限的文种与信息化社会的需求不相适应的矛盾。他指出：“这八大矛盾，是应用文写作学研究中根本性的问题。如果不研究应用文写作中矛盾的特殊性，就无从确认应用文写作与新闻写作、文学写作的本质区别。”他提出的这些研究主张和观点，等于抓住了应用文写作学研究的“牛鼻子”，这些特殊矛盾正是区别于文学写作、新闻写作、理论写作的本质不同点，对“八大特殊矛盾”的研究，也正是认识、探讨、把握和揭示应用文写作本质及其规律的根本所在。

二是有创意地提出了应用文写作发展的“八大新趋势说”。洪威雷认为，应用文写作的变化与发展，是与时代的进步、科技的发展和社会体制的变革紧密相联的，在当今科学技术迅猛发展，知识经济社会迅速到来，世界经济一体化的今天，现代应用文写作必将呈现出“八大发展新趋势”：专业化和知识化的发展趋势、电脑写作和格式规范化的发展趋势、快节奏和高效率的发展趋势、社会化和民众化的发展趋势、积极参与和干预社会生活的发展趋势、语言表述多语化的发展趋势、主体内容经济化的发展趋势、立足本国与涉足世界的国际化发展趋势。提出这些很有见地的新观点，启示了写作学界：应用文写作研究必须及时解决好“继承性”与“发展性”和“稳定性”与“速变性”的矛盾；必须立足于现实，力求于创新，以适应经济全球化的发展趋势；必须面向现代化、面向未来，与世界接轨，真正建构起崭新的学科理论。

三是有创意地提出了应用文本质特征的“八性说”。洪威雷对应用文本质特征的认知归纳，可贵之处在于不囿于“旧说”和“通说”，能透过“共性”使认识进入到对“个性”的把握。他敏锐地提出了应用文特征的“八性说”，即“实用性与中介性”“科学性与从属性”“针对性与时效性”“简约性与模式性”。这些认识与概括，可谓是见其真谛，揭其本质，新颖独到，富有创意。

四是有创意地提出了应用文写作研究要与电脑和网络写作研究“有机结合说”。洪威雷认为，应用文写作为适应新形势发展的需要，就应重视研究如何运用电脑与网络为应用文写作服务的新问题。《新论》探讨了电脑在应用文写作中的应用、电脑写作的技术要求、写作信息的网络采集与电脑应用文的传输等问题，使其研究成果具有鲜明的时代性和现代性特征。再者，他所提出的加强应用文的电脑写作与网络传输研究的新论题，开拓了“应用文写作学”研究的新领域。

（三）提出了开拓创意性的研究新观点

学术研究的关键在于探求客观规律和推进理论的创新与发展。洪威雷在《应用文写作学新论》的研究中，提出了许多有创意的新观点，大大推进了这一研究领域理论的发展与创新。

一是他从国家管理的角度去认识，提出了应用文“中介性”的新观点。他指出，理论不可能直接指导实践，只有通过应用文才能将思想、理论转化为具体的法规、政策；并提出，管理视野中的应用文不仅是国家政权实施行政领导，指挥、指导各地区、各部门工作的有力工具，而且是新思想、新理论、新观念、新政策具体化的书面形式。“应用文中介性”新观点的提出，得到国内外同行专家的普遍认同。

二是从生产力构成要素的角度去认识应用文的社会功能，提出了“应用文具有生产力的作用”“应用文是发展生产力的推动者”的新观点。这一观点的提出和论证，不仅将应用文写作与社会主义市场经济发展有机结合起来，而且拓宽了应用写作理论研究的新领域，使该学科更具社会生命力。

三是从应用文写作过程的角度去认识，提出了应用文“五大构成要素说”的新观点。洪威雷认为，应用文应有它区别于其他文体特有的构成要素，即由“文种、交际对象、交际事由、交际时间、落款五大要素”构成。这种概括，不同于以往，在概念内涵和外延的概括上，显得更具完整性和周延性，更具说服力。

三、纪实文学写作研究的耕耘与开拓

对中国纪实文学写作的研究，是洪威雷多年辛勤耕耘、同样做出开拓性理论贡献的第二个研究领域。

他认为，纪实文学不仅是中国文学发展的基石，而且将成为中国文学发展的主流。从20世纪80年代开始，他就投入大量的精力对纪实文学展开系统研究，撰写发表了一系列纪实文学研究论文。曾发表在《人民日报》《光明日报》《报告文学》《求索》《理论月刊》等报刊上的论文诸如：《严格恪守历史真实性的原则》《贵在真实亦难在真实》《是主观的也是客观的》《论柯岩报告文学的美》《回忆录的功用》《报告文学的构思》《报告文学的真实性》《报告文学的语言艺术》等共30余篇，他运用综合分析研究、比较分析研究与系统分析研究相结合的方法，对报告文学、回忆录等纪实文学的基本特征、构成要素、写作特点、写作规范、写作方法、写作要求等进行深层次研究，发表了独到而新颖的见解。他在从事纪实文学写作理论研究的同时，又从事着纪实文学作品的创作，曾先后在《中国环境报》《人物春秋》《河南日报》《文汇报》（香港）等报刊上发表了一批有影响的纪实文学作品。仅在《人民日报》（海外版）上发表的报告文学《勤恳掘宝人》一文，就被美、法、德、英等国家报刊翻译转载。由此可见，洪威雷不仅是从事纪实文学写作的辛勤耕耘者，而且是在此研究领域有所建树的理论开拓者。

洪威雷对中国纪实文学理论研究的开拓性贡献主要有三个方面：

（一）建构了纪实文学中两种文体的理论框架

洪威雷主编的《回忆录写作》（人民日报出版社1987年出版），对回忆录的功用、种类、基本特征、写作规律、写作原则、写作方法等多方面的写作理论与实践问题，进行了系统深入的研究和阐述。《人民日报》1987年3月10日和3月29日，先后两次介绍该书的内容和学术价值，称之是“我国目前第一本系统介绍回忆录写作的著作。”《贵州工人报》（1988年7月16日）以“一部填补空白的著作”为题，评价和赞扬了该书的学术价值：“首次确定了我国回忆录的理论体系，丰富了我国文体写作理论”。

洪威雷出版的另一部力作《报告文学的写作》（专著，湖北教育出版社1984年版），当时是新中国成立以来鲜见的系统研究报告文学写作的理论专著，该著作不仅梳理出了一条我国报告文学产生、发展的明晰线索，阐述了我国报告文学发展的概貌，而且系统全面地阐明了报告文学的基本特征、写作方法、技巧和规律，建构了自己的报告文学写作理论体系。中国文联出版公司 1986 年 3 月出版的具有权威性的《中国新文艺大系》中，评价洪威雷关于报告文学嬗变发展的理论观点是“精辟”的；茅盾先生亲自为该书题写了书名。

（二）对纪实文学中一直争论不休的“真实性”问题，作出了令人信服的结论

纪实文学的“真实性”问题，一直是学术界认识不一致、争论不休的一个中心问题。洪威雷经过对中外纪实文学的系统研究，提出了纪实文学的“真实性”应体现在生活真实和历史真实与艺术真实、生活规律和历史规律与艺术规律、真善美相统一的契合点上的观点。这是很有见地的。他认为，纪实文学真实性的内涵和外延，主要包括三个直接相关联的因素，即生活的真实、艺术的真实、历史的本质真实。生活的真实性是指生活本身的客观实在性，它是艺术表现的客观对象，但并不是照抄生活中发生的任何事情，不是生活的复制品，也不是自然主义的模拟；纪实文学的艺术真实与虚构文学中的艺术真实有本质的区别，它是调动尽可能丰富的艺术技巧去表现尽可能的真实人物、事件，通过生活的真实达到艺术的真实；历史本质的真实性，是通过艺术的真实描写而揭示出来的蕴含在生活现实中的矛盾的本质与历史发展的规律。他还提出，纪实文学反映生活的真实，不仅要以生活的感性形式呈现日常生活的真实形态，它还要揭示生活的本质和历史发展的规律。他指出，这种特有的真实性表现在文体结构上，要遵循两项基本原则：1. 既要体现社会生活的客观逻辑性，又能充分显示艺术表现的丰富性；2. 既要体现开掘生活的深刻性，又具有艺术表现的独特性。应该说，洪威雷发表的这些观点和见解，是很有见地的，也是能令人信服的。

（三）提出了纪实文学创作中悟性思维的“四种特征”的观点

洪威雷认为，悟性从来是与灵感联姻，与知识结伴，与创造、革新、开拓为伍的。悟乃了解、领会之意，而悟性则是一种对世界、社

会、人生的分析、理解的能力。纪实文学作者只有具备了一定的悟性，才能在有限的“桌面”（真实性）上，展现出丰富的、多姿多彩的舞蹈（艺术性）。他经过理性思考，提出了悟性思维的“四种特征”：（1）跳跃性；（2）偶然性；（3）非逻辑性；（4）主观性。并对写作中如何把握这四种特征，如何遵循其写作规范等，进行了深入、具体的研究和阐述。

以上这些观点和见解，具有创意性。其中，关于纪实文学“真实性”的学术见解，先后被《报刊文摘》《每周文摘》等多个报刊所摘引，在学术界产生了一定的影响。

四、公务调研学研究的耕耘与开拓

对公务调研学和公务文书写作的研究，是洪威雷近10年的主要研究课题，成为他学术耕耘的又一新领域。公务调研学与写作学的关系十分密切，因为公务调研的目的是为了科学决策，最终要写出公文文书，正是从这个意义上讲，“调研”是为了“写作”，“公务调研学”应为“写作学”的分支学科。

他的研究，从潜心搜集国内外决策失误的案例资料开始，认真分析决策失误的原委，采取将我国与发达、发展中国家在决策前后的成因过程进行对比研究的方法，力求提出和建立起立论有据、言之成理、令人信服的理论来。自20世纪90年代初始，他在这一研究领域辛勤耕耘了10年，取得了丰硕的研究成果，先后发表了诸如：《调查研究是科学决策的基础》《调查研究是领导基本的工作方法》《调查研究的科学特性》《公务调研独立性的哲学思考》《公务调研人员的修养》等一系列论文，并出版了2部专著：《公务调研》（独著，贵州人民出版社1997年版）、《公务调研原理》（合著，湖北科学技术出版社1998年版）。

特别是《公务调研》这部专著，在建立调查研究学这门新学科上，洪威雷做了拓荒性的工作，其学术价值和理论意义不可低估。对此，我极为赞同中国写作学会会长裴显生先生在为这部专著所写的《序言》中对其的评价："在我看来，这是一部有新意、有深度、学术品位较高的好书。具体说来，一是能从调查研究的实际情况和实践经验出发，以马克思主义认识论为指导进行深入的探讨，提出了不少自己独到的见解。全书能从哲学高度审视调查研究工作和调研文章的写作，贯穿着唯物主义的认识论，又无时下那种'哲学泛化''概念搬家'之嫌。二是构建了一个调查研究学的理论框架，做出了具体的阐述。全书从调查研究的特性、功用、方法到调研人员的修养、调研文章的写作，都提纲挈领地作了阐述，比较全面、系统，像这样的书在国内还不多见。三是把全书的重点放在调查研究的方法上，不仅注意传统方法的运用，而且能概括出众多的当代调研的新方法。在论述方法时，不仅强调了从感性认识走向理性认识，而且注重可操作性，理论性与实用性结合得好。四是注意文字表达，把比较枯燥的东西表述得生动活泼、引人入胜，显示了作者的功力。"裴显生先生这四点评论，充分肯定了洪威雷在这一研究领域所做出的理论贡献。在我看来，这种评论也是中肯的。

综观洪威雷的写作理论与实践研究，以有自己的理论思路和独到见解见长，以理论研究与自己的教学实践和写作实践紧密结合显特色，在应用写作学、纪实文学、公务调研学三大研究领域做出了开拓性的理论贡献，形成了"学"（理论）中有"我"（独见），集指导性、实用性、感悟性、启发性于一体的理论研究风格，成为当今我国写作学界学术实力雄厚的学者。现代写作学科建设与发展的事业是辉煌的，但又是任重而道远的，希望正是年富力强的洪威雷教授，在今后的学术研究道路上，仍能一如既往地不断开拓新的研究领域，不断奉献新的研究成果，不断实现新的超越。

作者系河南省政法管理干部学院教授

我的良师益友洪威雷

/刘章西

微黑，略瘦，个头不高，衣着俭朴，走在街上，看不出他是个什么大教授、大学者。但是，其瓜子型脸庞上，一对溢满笑意的眼睛，却总是闪烁着智慧之光，总是那么炯炯有神而又显得儒雅、显得随和。

他是谁？他就是我的良师益友洪威雷。曾任湖北大学行政管理系主任、文秘系书记、硕士生导师和中国应用写作学会会长。现在，已退休多年的他，仍担任着国际汉语应用写作学会的常务副会长等职。

他常戏称我为“首长”

我与洪威雷教授交往30多年了。一直以来，我都称他“洪老师”或“威雷老师”，而他却常半开玩笑半当真地说我是“首长”。他之所以这么说，一方面是因为，我们都曾经是军人，而我在军队呆的年数比较多，曾担任过团职军官，他则退伍比较早。虽然当兵时我们并不在一个部队，那时也并不认识，但按部队的规矩，无论何时何地，职务低的叫职务高的特别是叫团以上的军官，一般都尊称为“首长”。其实，洪老师比我年长几岁，当兵也比我早，按部队里另一个约定俗成的惯例，他是老兵，我是新兵，新兵蛋子是绝对应当敬重老兵的。由此而言，洪老师根本不宜称我为“首长”。他常半开玩笑半当真地称我为“首长”，另一个重要的因素，其实就是他想通过这种看似调侃的方式，来礼貌地表达出一种尊敬的诚意。对此，我心里一直是明白的，也一直是深感温暖和感动的。实际上，这也反映出了洪老师一向为人低调、待人谦恭的优秀品德和良好修养。

我称他为“老师”却不是客套

至于我称他为“老师”，却并不是因为客套，也并不是因为他是当老师的，而是因为他确实是我学识上和学术上的良师益友。他对我的鼓励、帮扶和提携，可谓贯穿了我们交往的始终。

20 世纪 80 年代中期，中国裁军百万，我当时所在的武汉军区被撤销。随之，我的工作单位和岗位也发生变动，从原武汉军区机关《战斗报》社的编辑、记者，变成了广州军区武汉总医院政治部的宣传干事。有一天，宣传科办公室来了一批客人，其中就有当时在湖北大学任教的洪威雷老师。经我们宣传科长介绍，才知道他们是湖北青年社会科学工作者协会的正、副会长和常务理事们。由于我们宣传科长也是此协会的成员，遂由他出面借本院的礼堂作为会议场所，召开了该协会的新一届理事会。

当时，洪老师在我的办公室里，无意间发现并浏览了一篇刊登在《深圳特区报》上的文艺论文，他觉得这篇谈及民间情歌之美的论文，很有审美情趣，于是想作为教学参考资料加以收集。我说，这是我上武汉大学民间文学课程时写的一篇结业论文，虽被报纸发表了，但是水平并不高，不过我很荣幸能得到洪老师的关注和指教。洪老师听罢，很是惊诧，并由此了解到我的一些工作经历和写作情况。他欣喜地鼓励我说：像你这么棒的青年才俊，理当加入我们的青年社会科学工作者协会呀！在洪老师的鼓励和推荐下，我欣然被该协会吸收为会员了。就此，我也了解到：洪老师跟我一样，乃农村放牛娃出身，十多岁从乡下当兵出来；所不同的是，我仍在部队里服役，而洪老师却已退伍并在退伍后又考上了大学，而且已经成了令人羡慕的大学老师和崭露头角的年轻学者。我的敬佩之情也油然而生。与洪老师从此便结下了不解之缘。

没过多久，洪老师主持编著大学应用文写作学教程时，也许是觉得我在部队机关工作，写各种材料特别是写总结之类的材料比较有经验吧，竟然约我主撰《总结》这一章的内容。我受领任务并向洪老师讨教一些要领后，没敢怠慢，非常认真地起草。只是，事不凑巧此期间我正好又被上级机关抽调到海南去写一个军工企业的典型经验材料。没办法，为了保质保量按时交稿，我只好又请比我年长并比我更有功底的同事高瑞春参与这章教程的起草。当我们呈上此章书稿时，洪老师给予肯定并经修改，确实编进了他的书里。这是我参与起草的文字，第一次进入了大学教程。

或许是这次合作还算可以，也或许是一向最看重实践经验的洪老师在主持教材的编著中，特别喜欢请工作在一线、有实际操作经验的行家里手来操刀之缘故，多年后，我从军队转业到湖北日报工作时，又被洪老师热邀参与其《应用文写作学新论》一书的起草。洪老师根据我多年来在《人民日报》《光明日报》等全国大报发表过数以百计、较有影响的言论文章，并把《湖北日报》“大家谈”“三楚放谈”两个新闻专栏均打造成了全国新闻名专栏，安排我重点起草《言论写作》这个章节。我自是感到荣幸，也自是不敢辜负洪老师的厚望，于是使出浑身解数，精心总结和提炼采编精品言论文章的经验教训与切身体会，结合实例，写出了诸如“选材独到求鲜活”“拟题脱俗巧点睛”“以小见大高立意”“说理论道重分析”“言活语实可触摸”“有的放矢关痛痒”“辩证论述防片面”等既有系统共性又有独到个性的关于言论写作方面的文章，得到了洪老师的充分肯定。据悉，此书由于融入了洪老师诸多高品位的追求，在武汉大学出版社出版后，很受业界和学子们的青睐。

事实上，洪老师对高品位的追求，是其一贯的行事风格，也体现在其做人做事做学问等诸多方面。正因为如此，洪老师至今已出版《应用文写作学概论》《读写研究》《公务调研学》《行政文化学概论》等学术专著、教材 34 部，其中《写作技巧教程》一书先后 9 次再版。在《人民日报》《光明日报》《求索》等报刊发表学术论文、评论等 248 篇。有 16 项成果获得湖北省和武汉市人民政府、湖北省和武汉市社会科学、湖北大学优秀科研成果奖。他对中国纪实文学和应用文写作学研究的独到见解，曾得到时任文化部副部长陈荒煤、中国作协书记处书记柯岩等高层官员和名家的肯定与赞扬。其业绩被《湖北省社会科学界名人》和《世界名人录》收录。尤其值得称道的是，他领衔创建并连任会长 23 载的中国应用写作学会，由于长期坚持正确的办会方向和高品位的学术追求，一直在业界享有盛誉并且广受学会成员的欢迎。这方面，本人就有不少亲身的经历和见闻。

亲历洪老师的高品位追求

记得 2003 年夏，洪老师母亲生病住院，作为孝子的他在工作十分繁重的情况下，仍然请假亲自到医院照料。当时，医院的床位很紧张，老太太只能躺在走廊里。心疼老娘的洪老师很是焦虑，于是想到我曾在这家军队医院工作过，便打电话找我帮忙。我那时其实早已从军队转业，早已离开了这家医院，不过我闻讯还是很快赶到了这家医院。也巧，老太太所住科室恰好是我当年曾做过政工领导的科室，经我向科主任和护士长求助，她们竟很快把按规定应预留给军队伤病员的床位调给了老太太。对此，洪老师自是感激和欣慰。就在这一天，洪老师告知我一个消息，说中国应用写作学会将在长春召开第十届学术年会；并说，如果我有兴趣参加的话，可让会务组正式给我发来参会通知。我一直爱好写作，并受洪老师之邀，两度参与过高校应用文写作教程的编著，我当然是巴不得有机会参加这样的学术交流会的，于是欣喜地赴会了。

到了会上我才知道，原来洪老师就是这个学会的一把手。按说，他是一把手，我想加入这个学会，就他点个头就成。可是，一贯坚持原则的他，却硬是要按规矩办事，叫我详细填写入会申请表，并严格按各项入会条件和标准审核，还向学会其他领导成员介绍情况、征求意见，并提交到理事会讨论通过，才批准了我的入会申请。他说，学会的一切活动，都是要按照国家民政部的规定依法依规办理和备案的。从这个事上，我初步领略到了洪老师高品位行事的风格。

洪威雷教授与刘章西（右）、上海大学赵毅教授（左）合影

说是初步领略，是因为在这之后，我又有了更多、更深刻的领教。继在长春首次参加了中国应用写作学会的年会后，我又先后参加过七八次这个学会的年会。记得第二次是在杭州开会，那次经会长提名和理事会通过，我当选为学会的理事，并被选为评审参会论文论著的评委。在评审论文论著的会议上，有位老同志希望自己提交的论文能评上奖，而其实这篇论文无论从选题、内容还是从文本的完整性上讲，都不算出众且有一些明显的缺憾，然而，其他几位评委可能是有点碍于情面，都未明言。我当时觉得，若这样马马虎虎迁就，岂不是坏了洪会长反复强调的“要重质量、重品位”的规矩吗？于是我便在会上发言，当着那位老同志的面，肯定了其论文有可取之处，同时也点出了我认为还达不到评奖档次的一些不足之处，并建议大家再共同斟酌一下。结果，大家（包

括那位老同志自己在内）都表态同意我的说法。最终，这篇论文没有登上获奖的榜单。

事后，我有点不好意思，觉得自己当时做得太较真了。哪知洪会长却非常赞赏，给予高度评价，说这是为评奖树立了一个坚持原则、坚持标准的榜样，甚至把这作为一种风骨、一段佳话，在每届年会评委会上都宣讲一番。而且，每届年会，只要我能到会，都推选我为评委，并进而推选我为常务理事和评委会副主任。我深知，这其实并不是对我个人的看重，而是洪会长坚持正确的办会方向，坚持风清气正的开会会风、坚持高品位的学术追求的一种具体体现。他一直认为，本学会虽然不是一种官方机构，但毕竟是合法的全国性社团组织，评选参会的获奖论文论著，必须坚持应有的学术标准，必须达到应有的学术水准，不能搞滥竽充数的一套，不能搞坏了学术风气。

他很重视鼓励大家踊跃参会和提交参会的论文论著，并经常带头向会议提交自己高质量的专业论文和论著。但在每一届学术年会上，他都特别强调：第一，自己提交的论文论著只供交流，绝不参评；第二，凡参评的论著必须是正规出版物，凡参评的论文则必须是作者的原创；第三，论著一般不评一等奖，而论文评上一等奖的，必须是能达到在全国性学术刊物上刊发之水准的；第四，每届年会评选的获奖参会论文，一、二、三等奖都必须严格控制在一定的比例之内，而且不能全都评上奖（其中，一等奖一般不能突破3篇，二等奖一般都要控制在10%以内）。在开会的会风上，他也是强调开会就是开会，所以会期内无论大会交流还是小会交流，都安排得紧紧凑凑。一些参加过别的社团会议者参加过本学会的年会后，都感佩和赞叹说，“这个学会的会风特正，参会的收获也特别大!”

受教于洪老师的这些言传身教，本人也有所长进。有一年，学会在江西赣州开学术年会时，原来被安排做会议总结的一位负责人因有急务不能到会，洪会长便临时安排我做会议总结并致闭幕词。我当时完全没有任何心理准备和资料准备，几乎懵了。好在受洪老师熏陶多年，也见过洪老师洒脱自如、诙谐幽默、方言宏亮的演讲，于是放下心来，急速回味了会情和本人感受，在脑中理了个大致思路，便上台学着洪老师的样子，放开胆子讲了起来，其中，重点讲了此次会议令人感受最深的几个特点和收获等。讲着讲着，会场的爆笑之声不断涌起，最后更是爆发出了长时间的热烈掌声。这使洪老师感到特别惊喜，他说，没想到你临时受命，又没讲稿，却讲得如此通达顺畅而又风趣鲜活，实在是难得！乃至于，此事又成了洪老师经常提起的一段佳话。

亦师亦友却无酒肉之交

或许，也正是基于上述这些既如师生又如朋友的交往，我在进入高校兼课教学上，亦得到了洪老师的信任和提携。那年，武汉大学东湖分校新闻学院为拓展教学平台、增强教学实效，跟湖北日报传媒集团结对，从集团采编一线聘请了一批业务骨干做客座教授。当时，正担任该校新闻学院院长的洪老师，在商定客座教授人选时，首先就主动“钦点”了我刘章西。在洪老师看来，聘我做客座教授，既是对我本人的一种认可和信任，更是给他们学生讲课的一种理想选择，因为他知道我曾应邀在华中科技大学讲过课。就这样，我在洪老师的引领下，从此又多了一种职业体验。而 2016 年秋季，在湖北大学知行学院任职的洪老师，为解学院亟需写作课老师的燃眉之急，又首先向学院力荐了我。此时，我已经从传媒集团退休，本不想再踏足于职场，但承蒙洪老师如此看重，实在是不能不应承。经学院进行考核，认为我的专业资质和授课能力，确实适合做高校老师，于是正式签约聘我做了外聘教授，在那里我前后教了两届共 8 个本科班的基础写作课程。

在知行学院与洪老师一起教学共事的日子里，我得到了洪老师更多具体的指点和帮助，也向洪老师学到了不少宝贵的教学艺术，如多讲课本以外的实践案例，多用收放自如的发散思维把课讲活，多用启发式提问方式调动学生的钻研劲头等。据洪老师透露，学院在多次组织学生座谈老师教学的情况时，学生对我的赞评都很多。例如，说我讲课风趣幽默，有理论有实践，案例鲜活实用，能让人在课堂上真正学到知识、学到可操作性很强的写作技巧；还说我批改作业认真，每次都有评语并且在事后都有系统性的讲评，乃至于大家都舍不得我离开学校，等等。他说："这让我窃窃自喜，让我感觉推荐了您这么好的老师来，自己的脸上也有光。"我说："其实是我应该感谢您的，因为是您给了我难得的在高校教学的经历。"

说到感谢，我不得不说，洪老师虽是我的恩师，却一直没有接受过我的感恩"表示"，一直都坚持着"淡如水"的君子之交。我们之间除了开会在一起吃过饭、碰过杯外，私下里从来没有过酒肉方面的吃请交往。前年的一天傍晚，我们忙完教学的事，一起乘坐学校的通勤车从汉口知行学院回到了位于武昌的湖大本部。当我得知他晚上只有一人在家，还要自己弄饭吃时，便死活要请他到饭馆去吃个便饭喝点酒，可他却硬是死活都没同意。据我所知，洪老师就是这样的一位君子，他一辈子都清清正正、廉廉洁洁的，委实令人敬佩！

作者系《湖北日报》高级编辑，高等院校客座教授

江汉有洪笔，楚天听威雷

——贺洪威雷教授从教四十三周年暨七十华诞

/万　奇

兔走乌飞。一晃笔者在这个叫“大学”的庭院里舌耕35年。35年中，笔者秉持“以文会友，借墨结缘”的交流理念，参加各种学术会议，广交前修时贤。湖北大学洪威雷教授便是笔者所认识的时贤之一。

1996年12月，应香港理工大学之邀，王志彬老师参加“第二届现代应用文国际研讨会”。志彬老师从港返呼后，向笔者介绍了会议的有关情况，特别谈到洪威雷教授。志彬老师说，洪教授有见识，年富力强，胸襟豁达，将来可堪大任。2001年11月，中国写作学会第六届理事会暨第十一次年会在湛江召开，笔者见到了洪教授。洪教授方圆脸，身材微胖，目光炯炯，英气逼人。洪教授的发言带有浓重的湖北口音，乍一听，很像四川话，听起来很吃力，但静静地细听，还是能听懂的；且观点犀利，不乏幽默，令笔者印象深刻。会下与洪教授多有交流，他的风趣幽默，增添了谈话的情趣。

洪教授长期从事应用写作研究，兼任中国应用写作研究会（后更名为“中国应用写作学会”）会长。承蒙洪教授的信任，笔者与内蒙古写作学会同仁于2002年8月在呼和浩特市承办了中国应用写作研究会第七届学术年会。那次年会，来了很多专家、学者。刘锡庆师也应邀参会，并做了精彩的主题发言，反响热烈。会议交流充分，信息量大。开幕式上洪教授代表应用写作研究会致辞，高屋建瓴，展现了学会“掌门人”的视野和风采，极大鼓舞了与会者。

后来因种种原因，笔者参加全国写作学会议少了。但洪教授始终关心笔者，多次发年会邀请函；对志彬老师及内蒙古写作学会予以高度关注和肯定。一次，笔者接到洪教授的书函，信封里还附有一张荣誉证书。洪教授在信上说，前不久，中国应用写作学会召开年会，笔者和学会的一些资深专家被评为对学科有特殊贡献的学者。看到证书，笔者先是吃惊，继之把这份荣誉视为洪教授和学会对笔者的鼓励与鞭策。去年7月，应洪教授及国际汉语应用写作学会之邀，笔者参加了在澳门大学举办的“国际汉语应用写作研究高端论坛”。澳门大学的新址在横琴岛，其建筑兼具南欧与岭南两种风格，景色幽雅宜人。会上笔者亲睹学界前辈澳门大学邓景滨教授与华中农业大学余国瑞教授的风采，见到北京师范大学桂青山教授、首都师范大学陈亚丽教授、蚌埠学院姚国建教授和河南教育学院王泽龙教授等旧友，又结识湖北民族学院毛正天教授、北京劳动保障职业院张江艳教授、澳门大学谭美玲教授、香港大学崔晶莹教授、天津师范大学董月凯教授等新知，躬行“以文会友，借墨结缘”的理念。与洪教授不见已16年，他的容貌、身材居然一点儿都没有变化，性情依然如故。一见面，洪教授就紧握笔者的手，操着一口湖北方音说：“万奇，你来了！太好了！王老师怎么样?”笔者介绍了志彬老师的近况，洪教授谈了学会的有关事宜。此时洪教授已兼任国际汉语应用写作学会常务副会长，在海峡两岸都颇有声望。笔者以为，无论从人品、学术成就看，还是从能力、学术资历看，洪教授担任此职，可以说是实至名归。

洪教授著述颇丰。已出版《公务调研原理》《报告文学的写作》《回忆录写作》《应用文写作学概论》《读写研究》《公务调研学》《行政文化学概论》《写作技巧教程》等十余种论著，发表学术论文、文学评论百余篇。洪教授不满足于应用文写作研究仅仅停留在格式、技巧层面，而是努力探寻应用文写作的本质。比如：他提出“应用文的魂”是“诚”，具体表现在诚恳、诚实、诚心、诚挚、诚然、诚朴、诚谛七个方面；又指出：“应用文要传承和发展，其存续的关键是否能秉持行文立其诚。诚，对撰写者而言是一种修养，对文种而言是一种规范。”（《论应用文的魂》）“修辞立其诚”似乎是老生常谈，然而洪教授能推陈出新，把“诚”解析为七个方面，使写作者对应用文的“诚”有了深入认识。进而他把“诚”视为应用文存续的关键、写作者的修养和文体规范，给“诚”以极高的地位。针对近些年国人读书少的现状，洪教授又倡导“精”（精细的阅读）、“通”（融会贯通）、“少”（理解透彻，厚书变薄）的“沉浸式阅读”，旨在提高应用文写作者的综合素养。不错，阅读与写作关系密切。在某种意义上说，一个人阅读品质的高低，决定其写作水平的好坏。洪教授主张“沉浸式阅读”，抓住了问题的关键，对提升应用文写作者的能力大有裨益。洪教授的研究可谓“道进乎技”矣。

走笔至此，笔者忽然想到，2018 年是改革开放 40 周年。写作学科的兴起正值改革开放之时。20 世纪 80 年代初，中国写作学会在武汉大学成立，结束了“一盘散沙，各自为战”的局面，裴显生、刘锡庆、李景龙、林可夫、孙绍振、凌焕新、周姬昌、张厚明、金长民、李凯源、李保均、王志彬等重量级学者登上了学术舞台，展现了写作学者的动人风采；此后，尉天骄、刘海涛、潘新和、洪威雷、金振邦、杜福磊、马正平、董小玉、任遂虎、陈果安、郭望泰、孟建伟等青年学者继之益振，彰显了写作学的青春与明天。如今，写作学已由“辉煌期”进入平缓的“转型期”，彼时的黑发才俊已步入金色华年，然“骥老仍存万里心”，他们依然关注、热爱写作学，笔耕不辍；就以洪教授为例，活力四射，痴心不改，一直在应用写作学的沃土上辛勤耕耘……

江汉有洪笔，楚天听威雷。今逢洪教授“双喜”临门，笔者谨撰小文，聊表庆贺之情；同时也借此机缘，致敬于为写作学科建设付出辛劳的诸位师友。

2019 年 3 月 30 日写于锄瓜楼

内蒙古师范大学文学院

作者系内蒙古师范大学教授

十年阳光照年华

/刘　晗

匆匆行走在春花浪漫的武大校园时，几株早樱徐启的花瓣映入我的眼帘。姗姗来迟的樱花之约早已聚拢了按捺不住的人们，翘首以待着这娇艳欲滴的花儿。我不由得放慢步子，想着我与洪院长的约定，思绪飘到了十年前的那个春天，与洪院长的初次相识！可亲可敬又可爱的洪院长即将步入他人生的古稀之年，将与他的交往写成文字或许是对他最为珍贵而永久的礼物，这份约定年前就在我心里扎根发芽，迟迟不能轻易动笔，唯恐再好的文字也书写不尽他对我们的情义。这汲取了春日阳光之精魄而盛开的樱花，似乎寓意着我与洪院长的约定恰好可该在此时盛情绽放了！

大约正是在十年前那个春暖花开的日子，睿智、机敏而又精神、风趣的洪院长走近了我们的身边，挂帅新闻学院的院长。我仔细回忆十年前的洪院长的面容，发现岁月并未在他脸上留下过多的印迹，炯炯有神的目光精气神十足，到现在依然如此，就是他留给我的始终如一而最为深刻的印象。作为院长的他意气风发，一上任就一赶我们习以为常的颓势，用一种他特有的亲和而调侃的方式，激励起大家的斗志。诚然，那时的我们都是刚刚入职不久的年轻老师，也才适应从学生到老师身份的转变，心态闲适悠然而自得，谈不上对未来工作的规划和抱负，洪院长这一来精力充沛的干劲，倒真是衬得我们有些老气横秋啦。他亲自上阵拿下各种科研课题，又不断激励年轻老师抓科研、做学问，以他丰富的阅历和资源指导我们报项目、出教材，组织各种学术讲座和交流活动。

我们在洪院长慈爱又警示的目光下开始变得忙碌起来，逐渐克服了身上的惰性，竟然不亦乐乎。现在看来，那时的洪院长带着我们勇敢跨出了自己的舒适区，正是我们改变的开始和成长的起点。

洪院长让我们的学院变得欣欣向荣起来，短短几年时间又吸纳了艺术设计专业，从新闻学院发展壮大成传媒与艺术设计学院，人数也一下倍增。学院在你追我赶的和谐竞争氛围中获得了越来越多的教学和科研上的成绩，通过科学调研增设了新的专业，师生关系更为融洽，年轻教师的科研项目逐渐从无到有，从省厅级直到教育部项目的突破，学生中也有人被新华社等重要媒体青睐并委以重任。洪院长对老师和学生关怀备至，对每一位初出茅庐的年轻人都给予了最大的机会和激昂的鼓舞。一位老师回忆："洪院长来了之后，我才开始懂得要做科研以及如何做科研。"而另一位学生也默默感念于洪院长的因材施教为他所赢得的机遇。多年之后，大家仍念念不忘洪院长对我们的指引和帮助。

然而洪院长对我个人而言，其恩情又远远不止于此，我人生很多次大的改变都与洪院长有关。他对我这样一个受他激励而成长的年轻老师的信任，让我感受到无比的幸运。我总是记得他在我考博推荐信上的那一句"我愿毫无保留推荐该生"，每每想起总让我不禁感动泪颜。进修、出国、评职、考博，我每一次重要的时刻，都因为有了洪院长对我毫无保留的推荐而成功。还记得我的第一次进修，那时学校的进修政策并不明确，还没有关于教师进修的明文规定。我新接手一门技术课程，迫切需要充电提升专业技能。抱着忐忑的心情，我敲开了洪院长的办公室，坦诚地向他汇报了要到中国传媒大学短期学习的想法。我记得，刚开始的我低着头，紧张得一股脑儿地自顾自说了很多，像背书一样地讲了自己学习的打算和美好的愿景，我刚一说完，还没来得及抬起头来，就听到洪院长那好听的鄂东方言说了三个字"可以呀!"抬起头看着洪院长嘴角扬起的微微笑容，我的心一下子哗啦打开了，先前的不安顿时消失，愉快地和洪院长交谈起来。他对我追求进步的肯定和经费上的支持，让我有了足够的信心去坚定此次的北京之行。想到此时，洪院长估计早把这事给忘了吧，可是对我而言，这是一个新的开始，我开始逐渐地走出自己狭小的圈子，打开眼界去了解专业发展的前沿动态，也为我后来的出国打下了良好的心理基础。

洪院长给予了我越来越充分的信任，将研究室的工作交由我负责，在工作中又充分尊重我们的意见，把老师的个人成长放在首位。还记得我第一次拿到教育厅科研项目时，洪院长最早告诉了我这个好消息，他亲自打来电话向我表示祝贺，就像自己拿到项目一样地高兴。后来在学校第一批正式公布的访问学者出国进修计划名单中，我的名字赫然排在了第一个。听洪院长说因为学生对我评价高，学院综合考虑后把这唯一的名额给了我。其实那时我既惊喜又茫然，我不知道要去哪里，我也不知道如何着手计划，而学校没有先例，一切的安排都得我们自己动手。我询问了名单中的其他老师，大家也是一筹莫展。洪院长让我安心准备，一步一步地来，一边联系国外的老师，一边准备英语的学习，而这才是出国的关键。我听从建议，逐渐踏实下来。准备出国的半年，我忙碌而充实，我不仅顺利联系上了学校和老师，而且达到了学校对我英语的考核要求。正当我踌躇满志计划行程时，却突然传来院系的大调整和洪院长即将离任的消息。这场消息引起的震动多年之后回想起来仍让人久久不能平静，那时的我们忍不住泪流而联名请愿，诉说着洪院长在大家心目中的位置不可替代。

虽然洪院长离开了学院，但我和洪院长的联系并没有中断。出国前，我特意给洪院长打了一次电话，我很感念他给我的这一次机会，他用他那特有的轻松的语调祝福我：你英语好，出去留学都是可以的呀！带着洪院长对我寄予的鼓励，我赴澳大利亚访学半年。访学的经历丰富了我的内心，就像给我打开一扇门，让我看到不一样的世界和多姿多彩的人生，也让我重新认识自己和定位自己，所谓读万卷书、行万里路，很多道理经历过才会懂得，人生的舞台需要自己不断地历练。出国回来，我带着我的第一本新书，递到洪院长的手中，他很激动，说这是比什么都要好的礼物！就在那时我感到，虽然和洪院长不再共事，虽然并不能像以前那样经常见到他，可我和他的关系却更近了，他就像朋友也像慈父一样继续关心着我的成长，为我的每一点成绩而骄傲，为我碰到的坎坷而忧心。

我顺利地评上了副教授，教研室的工作也越来越忙，中间又换了几任院长，我对自己的人生也有了新的规划。我深刻地认识到，科研道路需要专业严格的训练，才能走得更高更远，此时我下定决心继续读博。我把我的打算和专业方向告诉洪院长，洪院长立刻赞许，并在脑海中搜寻能帮我推荐的相关专家。在我备考的这两年里，他不厌其烦地两次为我亲笔写下推荐信，在我畏难而想退缩的时候，他依然用他那不慌不急的语调鼓励我坚持就会考上！在这个颇为考验人意志的过程中，我也经历了很多种选择，不得不重新调整工作和生活的重心，在三十多岁的年纪上重新拾起比当年读书时还要充沛的精气神，这精气神里不得不说受了洪院长的感染呀！带着洪院长的祝福，如今，我已经顺利地进入了满心期待的校园，这短短不到一年的博士学习生活让我体会到了一种新的成长和蜕变，在“比你优秀的人比你还努力”的氛围中，调整着自己未来的发展方向。

每次见到洪院长，他都是那么精神抖擞、面色红润，他告诉我每周都会定期打打球，增强运动，还会时常地去外地讲学，参加各种学术研讨，在家时也总有写不完的文章、约不完的稿件。有时我想去看看他，都会被他好心地以各种理由拒绝，好在洪院长也用上了微信，这样我还时不时地能收到他发过来的各种开心的讯息和讲学的照片，心里就会升起一种温暖和感动。

时间悄然而逝，和洪院长共事五年，相交十年，洪院长容颜未老，心仍年轻，丝毫看不出七十岁老人常有的沧桑之势。甚至随着情感的加深，我脑海中洪院长的形象反而越来越接近于可爱的漫画人物，眼睛里金光闪闪、嘴角微扬笑齿，似乎马上又要蹦出那可爱的三个字：可以呀！

祝愿亲爱的洪院长福寿绵长！幸福安康！

作者系武汉东湖学院副教授

亦师亦友洪老师

/王　颖

洪威雷教授对我而言，亦师亦友。他曾与我母亲同事，而且在同一个教研室工作。他又是我先生的硕士学位论文指导老师。我大学毕业留校工作时，分配到与洪老师同一个教研室任教。尽管他没有给我上过课，但我一直把他当老师看待，以老师相称。

洪老师进入应用写作研究领域比较早。他不仅在校文秘专业、行政管理专业讲授应用写作，而且在《应用写作》《写作》《秘书》等期刊上发表研究应用写作的论文，并在社会上产生了一定的影响。正因为有社会影响，湖北省高等教育自学考试指导委员会约请洪老师主编全省秘书专业学习、考试的教材。洪老师拿出《应用写作教程》的编写大纲后，分配我撰写第三章"章程、条例、规定"和第二十三章"海报"。这本教材出版后，不仅作为全省秘书专业学习、考试的教材，而且江西、河南两省高等教育自学考试指导委员会亦将此教材作为他们秘书专业学习、考试的指定教材。

1988 年该教材由湖北科学技术出版社出版后，我们变得异常忙碌。一是各地自考辅导班请我们去上课，二是参与自学考试试题题库建设，三是每次考试后成为阅卷组的指定专家，答疑阅卷老师们提出的各种问题。

由于各地使用《应用写作教程》反映较好，湖北省高等教育自学考试指导委员会，再次邀请洪老师参与另一专业《公共关系写作》的编写投标。这次洪老师邀我与他共同主编《公共关系写作》。这本教材的编写与《应用写作教程》的编写不同，不同点是湖北省考试院通过招标，组织在武汉的所有高校相关专业老师参与投标。这一改革举措不仅激发了高等院校教师科研的积极性，而且在省内外引起了震动，产生了很好的影响。

为了申标，洪老师与我分头到湖北大学图书馆、武汉大学图书馆、华中师范大学图书馆、湖北省图书馆，参阅了大量的公共关系学、社会学、公共管理学、广告学、统计分析学、沟通学、传播学、伦理学、心理学等方面的著作、论文、教材，通过再而三的研讨，拿出了该教材的编写大纲。

洪老师善于抓住机会。当时，全国自学考试指导委员会选定湖北作为自学考试试题题库建设点之一，而湖北省考试院为了建设好这个点，组织来自北京、上海、天津、广东、广西、湖南、河南、陕西、云南、江苏、辽宁、贵州等地从事自学考试的专家、学者进行研讨。洪老师也是被邀请的专家，他抓住这个机会，向专家、学者们分发我们编写的大纲，大纲中不仅有章、有节，而且每节的主要内容也详细列出，虚心地请他们提意见。来自 13 省市的专家、学者对我们《公共关系写作》编写大纲提出一些很有见地的意见，尤其是他们指出：当今世界已从工业经济时代向知识经济时代转变，21 世纪将是知识经济发展的时代。全球发展的大趋势是“知识经济一体化”。这种一体化将是在“知识经济化”与“经济知识化”的双向转化中不断发展的，而这种双向转化离不开公共关系写作。我们将这一理念贯穿在全书的编写中，对大纲又进行了充实、完善。可以说，我们的投标质量，是无可质疑的。成功申标也就是必然的。

洪老师承担了该书一、二、四、六、七、九、十八共七章的写作，我承担了三、五、八、十、十一、十七、十二章第三节的写作，其他章节由洪老师聘业界有实力的学者撰写。

也许是此书的社会效益和经济效益好，武汉大学出版社又约我们为文秘、行政管理、财经、司法专业写本教材。这是我第三次与洪老师合作。

洪老师对该书提出了两条建议：一是书名定为“应用文写作学新论”。二是全书体例编写从六个方面作眼：传播应用文写作知识，介绍应用文写作技法，研究应用文写作理论，探索应用文写作体系，提供应用文写作范文，指导应用文写作实践。出版社也十分认同这些提法，并将之印在书的封面上。

因为将应用文写作上升到“学”的高度，所以我们从理论上进行了开拓性的探索，提出了前人没有提出过的观点：将研究的论文融入其中，提出了应用文具有发展生产力、具有制度创新等十大作用，提出了树立独立人格等五项修养，提出了立足本国、涉足世界的国际化等八大发展趋势，让人耳目一新。

其实，我从洪老师那学到不少东西。尤其是他说的“知识交叉，是创新的基础”，对我影响很大。正因为他读了不少哲学、史学、管理学、社会学等方面的书，所以他的思维总是很活跃，总能提出一些新的见解。我们编写的《应用文写作学新论》，也许是理论上创新，也许是对传统教材格局上的突破，也许是实用性强，曾获湖北省人民政府优秀科研成果二等奖。

洪威雷教授（左一）与王颖教授（左二）等同事合影

洪老师连续好几届担任我院行政管理专业硕士研究生论文答辩委员会主席。我至今记得 2008 年研究生论文答辩之前，洪老师对在座的导师和研究生讲了六点：

一、研究生论文答辩的过程，是师生之间、导师之间、学生之间相互学习的过程，是学术、思想、学识交流的过程。

二、主张把论文答辩当成一次学术研讨的活动，在有限的时间内开展真诚而不敷衍的交流，热烈而不对立的讨论，尖锐而不极端的批评，力争做到畅所欲言，互相启发、借鉴，以便拓展和提升理论研究水平，促进学位论文质量的提高。

三、论文答辩，可以说是教师专门为学生论文毛病的一次专家会诊，目的很明确，就是发现问题，指出问题，以便修改、完善。

四、主张老师要对事不对人，因此要畅所欲言，是什么问题就说什么问题。导师和学生千万不要以为提问题是跟你过不去，是给导师难看。如果是这样，说明学生在精神上还没有达到毕业水平，也说明导师的心胸不够宽广。

五、力争言简意赅，直接指出问题所在，重复性的意见不要提。

六、导师和学生都应做好笔记。答辩后，学生要主动找导师商议解决问题的方案、办法，力争把学位论文达到优等的水平。这不仅是对自己、对导师负责，也是对父母、对学校负责。

以上这些好的做法，一直流传至今，形成我院良好的学风。

洪老师有长者之风，心胸开阔，提携后进。他任行政管理系主任期间，总是鼓励年轻教师争取申报课题，参与全国性学术竞赛。只要有这方面的信息，他总是第一时间通知大家。记得有次全国行政管理学会与国家人事部共同开展优秀论文竞赛活动，他特别召开了全系会议，通报相关情况，鼓励大家积极参赛。

洪老师总是提携我们单位中的年轻人。他是中共中央组织部聘为全国公务员考试第一批命题专家。曾三次被召到北京国家行政学院，参加全国公务员考试试题题库建设。湖北省人事厅也把他列为省公务员考试命题专家、公务员考试面试专家。随着各级公务员考试的开展，洪老师先后推荐若干人到湖北人事考试院命题。

在学术研究上，洪老师为我们做出了榜样，我知道他在国内外担任三个学术团体的主要负责人，尤其是直辖市重庆应用写作学会聘他为顾问，这已经说明他在他的领域中的地位。

后来陆续听说省内外不少单位请他去讲学，包括铁道部、长江委员会、湖南省党校、湖北省发展改革委员会、江西烟草专卖局、广东社会主义学院、浙江中华文化学院等单位。为什么他的讲学会受到欢迎，这与他主张的知识交叉有关。他讲公文，是从政党、国家政府管理的角度切入，起点高，又以工匠精神来要求听众打好童子功，既有“术”的内容，又有“道”的阐述，不仅能拓宽听众的视野，有能解决公文实际写作中存在的问题。他八年前在香港召开的国际应用文写作学术研讨会上提出的“文道、人道、天道”，至今引领着这一领域的研究方向。

作者系湖北大学教授

洪威雷：树人树己树学科　晚景能否来新夏

/张江艳

今年是至今还活跃在大学讲台的洪威雷教授从教四十三周年及七十寿诞之年，有心的学生张罗着要为他出版一本纪念文集。应邀写作这篇文章的时候，家里家外已经忙得焦头烂额，但我还是痛快地接受了：于公于私我都义不容辞。在我欣然命笔之际，想起张梦阳先生的一篇文章《晚景能否来新夏》，这是15年前他为纪念南开大学来新夏教授八十寿辰撰写的。文章阐述题目说：

为什么说来公的随笔像是新夏，而不说是早春，也不说成中秋呢？就是因为他文气健旺，生机勃发，靓丽光彩，犹如夏天青翠欲滴、枝繁叶茂的绿荫，给人以长者的呵护与智者的启悟，不像早春那样，虽然在原野上透发出一派新绿，但是终究未成大气象；也不似中秋那般，纵然月圆气朗，果实累累，然而究竟已近岁末，后劲不足了。来公是八十初度"老来旺"，底气充足，心神清健，正处于夏天，而且是新来的夏天！(《中华读书报》2004年9月22日。)

张先生这段描写，生动鲜活，虽是刻写他心仪的学者，也是他自己退休后学术和创作生命力勃发的写照。其实，张先生这篇文章写出了所有老而弥坚、厚积薄发的学者的形象，我也从中看到了洪教授的身影。

一

初次与洪教授见面是在20世纪末，1998年，我偶然参加了新疆大学张明先生在乌鲁木齐主办的“世纪之交中国应用写作研讨会暨第四届学术年会”。会上，年轻气盛的我主动要求发言，介绍我当时新近开设“计算机写作”课程的情况，并大言不惭地向与会专家和学者发出共同开辟新技术领域应用文写作教学与研究的邀请。当时，电脑写作还是一个新概念，我自己不过是在所属乌鲁木齐职业大学计算机系杨学孔教授的倾力支持和指导下鹦鹉学舌而已。不过，计算机技术与应用写作相结合的教学在当时毕竟还是一个少有人涉猎的跨学科实践的新领域，所以我的发言还是引起一些与会学者的响应和关注，也包括一向爱才惜才的时任中国应用写作研究会会长洪教授。然而，由于家庭搬迁、工作变动，再次参加学会活动，则是5年以后了。2004年，长春理工大学《应用写作》杂志主编范增友先生在长春主办“全国应用写作研究会第九届学术年会”，我前往报到当晚，在酒店前台碰见洪教授和陕西省委党校王琍娴教授，我一眼就认出他们，然而几年不见，他们对我的记忆有些模糊了，只是出于对参会人员的礼节和我打了招呼。同样因为多年脱离学会，我带来的三项研究成果，虽然侥幸获得会议2项论文三等奖和1项多媒体课件三等奖，但自己却觉得寒碜得拿不出手了。同行们在大踏步地前进，我自己却一直在原地踏步。然而，我的会议发言还是唤起一些学会同仁的记忆，洪教授和王教授等若干曾参加过1998年会议的老师们都颇令我欣慰地回忆起当年初生牛犊不怕虎的我。

知耻而后勇。2005年，在杭州浙江理工大学召开的“第十届全国应用写作学术研讨会”上，我以一篇《电子公务文书的理论构架与实践》的论文，因“提出电子公文的理论新构架”（王垒，《第十届全国应用写作学术研讨会在杭州召开》，《应用写作》2005年第9期）而获得当年年会论文一等奖，得到与会洪教授和《秘书》杂志主编赵毅先生的关注，赵先生亲自编发了我的论文。尽管今天看来我当年提出的这个电子公文教学的理论构架还比较肤浅，不够成熟，但这次获奖激励了我，也让一直有点三心二意、顾此失彼的我，坚定了在应用写作研究领域做出一点成绩的决心。此前，我在中国社会科学院师从张梦阳先生开展鲁迅研究多年，因教学工作和科研方向不匹配，做得很辛苦，深感力不从心。从杭州回来，我向张先生汇报我的思想动态，他为我在应用写作学科研究方面取得的这一点小小的成绩而感到高兴，支持我放弃鲁迅研究去专心从事应用写作方面的教学和研究，并且以自己几十年的人生经验来安慰和鼓励我说：一个人一辈子只能做好一件事。此后，我坚持几乎每年都参加一次国内或国际与应用文写作相关的学术研讨会，而且每次都勉力撰写参会论文、认真倾听会议中有学术水准的发言，我自己的研究水平也在这个过程中逐渐得到提高。2012 年在扬州中国写作学会第八届理事会暨第十五次学术年会上，在一等奖缺席的情况下，我的论文《论网络语境中公文写作权限的博弈》获得二等奖；2013 年在常德“中国应用写作学会第十六届学术研讨会”上，我主编的普通高等教育“十一五”国家级规划教材《应用写作案例与训练》一书获得著作教材类一等奖；2014 年在恩施召开的“全球化时代与应用写作创新学术研讨会暨中国应用写作研究会成立二十周年庆典”上，我获得了学会颁发的“中国应用写作研究贡献奖”。

尽管在学会的鼓励和引领下，我在应用写作学科的教学和研究方面取得了一些成绩，但应用写作作为一门以实践研究见长的小学科，因其学理不足，学科成果相对单薄，可供发表论文的专业学术期刊寥寥无几，其地位在汉语言文学学科几乎是无足轻重的，这让我不仅在职称评定上受挫，而且学术研究也几乎失去了可持续发展和进步的路径。正在我感到迷茫和困惑之时，我读到了洪教授发表于 2011 年的《论应用写作中的文道 人道 天道》一文。尽管文章不长，却打开了我研究的思路和眼界，让我有醍醐灌顶、豁然开朗之感。文章指出：“应用文写作、教学、研究人员，不仅需要掌握‘文道’，还要熟知‘人道’，敬畏‘天道’，按规律行文办事。”这句话就如何突破学科研究普遍存在的瓶颈问题提出了灼见，更为我的应用文写作研究长期以来拘泥于“文道”而难以有质的突破打开了天窗。香港大学岑绍基教授精准地评价说：“文道、人道、天道的提出不仅是应用文写作理论研究中的新突破，而且拓展了应用文研究的新领域。”（《论应用写作中的文道 人道 天道》，《应用写作》2011 年第 12 期）

2014 年，继 8 月恩施会议之后，当年 9 月我又应邀参加了邓景滨教授在澳门大学主办的“海峡两岸四地应用写作高端论坛”。这次会议在洪教授的倡议下，最终确定了两个核心论题：一是应用写作的文本与人本，二是应用写作的异化与优化。会议召开前，他亲自来电话嘱我做大会的主题发言。这次发言，我首先畅谈了洪教授等学界前辈和同仁对我的影响和鼓励，倡议构建海峡两岸应用写作学术共同体。

这次会议我呼应洪教授提出的“文道人道天道”，提交了题为《融合“技”与“道”，探索价值观主导的应用文写作——管窥全球化视野下应用文写作的发展趋势》的论文。

可以说，就应用文写作研究而言，引我入“人道”者，洪威雷教授也。“他一方面从作文和做人两个方面分析‘人道’：作文要关注人的生存、尊严、自由、权利、价值；做人要不为功利所引诱，不媚时趋俗，自觉充当社会公正的良知，养成独立的人格，不轻易向政治权威屈服。另一方面，又从作文和做事两个方面强调‘天道’在应用写作中的价值抉择：作文要遵循自然界变化的规律，不发违背自然规律的荒唐指令；做事要重视对人与自然相互依存的‘天道’的研究，按规律行文办事。”（《论价值抉择中的应用写作：融合“技”与“道”——管窥全球化视野下的应用写作》，《写作》2016 年第 5 期）洪教授的见解极大地启发了我，为我的应用文写作教学与研究打开了一个与时事、与时政相融合，从文道入人道的广阔天地。

2016 年重庆全国应用写作第 21 届学术研讨会留影

左起：张江艳、洪威雷、邓景滨、杨景生

二

我真正和洪威雷教授有工作上的联系是在 2016 年，这一年中国应用写作研究会与重庆市应用写作学会联合举办了全国应用写作第 21 届学术研讨会。他嘱我代表学会协助重庆理工大学出版社做好会议筹办工作。当时还不知道，这次会议是他自 1994 年创办并主持该学会以来的最后一次研讨会。一如既往地，一方面，他亲自联系并确定会议承办单位，严格把控会议的低成本运行，竭力减轻会议承办单位和与会人员的负担；另一方面，他广泛查阅资料并征求意见以确定会议主题和议题，认真撰写会议开幕式致辞并提交会议论文，坚持会议研讨的程序和论文评奖的原则，坚守学会创办以来的各项优良传统。我第一次参与办会才意识到，他 22 年来多方筹措，促进该学会的正常运行承受了极大的压力。我也就尽己所能地投入会议筹办工作中，竭力为他减轻负担；我也感同身受地意识到对于会议承办单位而言，承办这样低成本运行的会议，在人力、财力、物力上的付出和会议具体承办人的巨大压力，非局外人所能理解，也就全力配合他们促成会议的圆满成功。

此后，2017 年和 2018 年，我随洪教授转战国际汉语应用写作学会，遵嘱参与了重庆科技学院承办的“国际汉语应用写作学会第十二届学术研讨会”和澳门大学承办的“国际汉语应用文研究高端论坛”的会务工作，配合身为该学会常务副会长的洪教授，分阶段向学会会长、香港理工大学陈瑞端教授汇报工作进程，及时与承办单位商洽会议具体细节并在会议期间协助完成会议研讨、论文评奖等相关工作。这些会议从筹备到结束，无不倾尽了洪教授极大的心力和体力。作为湖北大学已退休多年，并无实权的老教授，洪先生在职时最高的职位也不过是先后担任过该校行政管理系主任和文秘系书记，退休后虽有兼职，但多次参加学界的会议他都只能自掏腰包、自费参加。然而，他每次召集同仁召开研讨会，都有不少老教授与他同甘共苦，如澳门大学邓景滨、青岛党校吴新元、上海虹口区委党校袁士祥、深圳中华文化学院吕露等；还有北京师范大学桂青山教授、湖北民族大学毛正天教授、香港大学岑绍基教授、河南省财经政法大学杜福磊教授、广西教育学院容本镇教授等成为他强有力的支持者。一个好汉三个帮。他究竟何德何能，能够在应用写作教学与研究领域如此呼风唤雨、引领同道中人？我概括了一个关键词：真。

这个真，首先是认真，这从他如何办会和如何为文可窥一斑。

就办会而言，他并不事必躬亲、亲力亲为，而是放手让承办单位和我这个联系人去做，但在关键环节和原则问题上，他是极其较真的。什么是关键环节呢？比如会议期间研讨的时间和场次安排，他一直坚持学术第一，要有充分的会议发言时间，既要有会议统一安排的大会主题发言，也要有分组讨论后各组推荐的代表发言，还一定要有大会自由发言，几天的会议安排的满满当当。对此，也有一些与会人员或办会单位不太理解，因为这是以压缩个人学术考察时间为代价的，也增加了办会成本。但我想，这正是洪教授办会的魅力所在吧。对于那些一心扑在教学和研究上的学者来说，他们的主要兴趣点在于通过在会议发表成果和开展学术研讨，展示个人成果、接受同行检阅并从同仁的肯定中获得成就感，从同仁善意的批评和建议中获得有益的启发；通过会上会下的学术交流与学术碰撞，擦出学术的火花、埋下学术的种子。对于真正的学者来讲，同行间这种活态的交流是珍贵的，是个人进步和前行的润滑剂，是不虚此行的意义所在。什么是原则问题呢？比如会务费，在今天这样一个高物价、高消费的时代，三天的会议，他依然严格地限定在700元以内。有些与会人员或办会单位不太理解，会务费是由参会人员所在单位全额报销的，收得高一点，会议办得阔气一点，有什么不可以呢？但他始终惦记那些自费参加会议的退休教授或学生，极力为他们争取最低的费用。又比如会议论文评奖，虽然他每次会议都提交了高质量的论文，但作为学会领导，他严格自律，他的个人会议论文从不参加评奖。在他的带动和要求下，研讨会论文评奖工作形成了不成文的“四不评”：第一，本学会会长（含常务副会长）、秘书长及论文评奖委员会成员的个人成果不评奖；第二，不是以应用文相关内容为研究对象的论文不评奖；第三，不达学术论文基本标准的不评奖；第四，个人申明不评奖或仅提交论文不参加会议的不评奖。

再说他的为文。作为学会主要领导，他每次会议必精心准备两样文字：开幕词和学术论文。他的开幕词从不做官样文章或礼仪性地走过场，而是紧扣会议主题和论题，立足学科建设，展望国际国内政治、经济和科技的发展趋势，高瞻远瞩地提出自己的见解，不但能给同行以启发而引发讨论，而且常常成为学会下次办会的论题。例如2016年，他在开幕词中围绕会议主题“推进应用写作理论拓展延伸研究与应用写作教学改革实践研究”和“当应用写作遇上‘互联网+’，应怎样去适应和应对；如何培养‘上岗就能上手’的合格的应用文写作人才；改革应用写作教学，有效调动学生的积极性和自觉性”三个议题，提出了四个问题。

中国应用写作研究会与重庆应用写作学会联合召开第二十一届全国应用写作学术研讨会，共同探讨应用写作理论的发展和应用写作教学的创新，促进应用文写作更有效地为实现中国梦服务！

党和国家领导人提出“互联网+”这一战略命题后，各行各业都加强了对“互联网+”的研究和应用。目前，互联网在日常工作和生活中，扮演着日益重要的角色，尤其是在世界多极化、经济全球化、文化多元化、社会信息化深入发展的今天，互联网正发挥着越来越重要的作用。可以说，互联网所搭建的信息平台，不仅是构筑了一个沟通渠道，更是构建了一个“真实”的网络社会，扩大着现实的空间。对于国家而言，意味着在传统国土空间之外出现了“新的疆域”，“数字公民”爆发式的增长。“目前中国网民数量已达6.7亿，规模全球第一。”其用户正由“内容消费”向“内容生产”转变。这就明确地预示着，互联网正从“集结人类的智慧”向“拓展人类的智慧”迈进。但互联网是一把双刃剑，它不仅影响甚至左右着人们的选择，有可能带来伦理和责任的失范，而且其中有水分的、不真实的信息会造成更大的危害。所以，当应用文写作遇上互联网之后，应怎样去适应和应对呢？

中国成为世界第二大经济体之后，与世界的交往越来越广泛，与各国的交流、合作愈来愈频繁，因而应用文的写作与应用就愈来愈多，应用文写作人才的需求量越来越大，对熟悉国内外历史、政治、文化、法律、经济、管理、诉讼等应用写作人才的要求越来越高，这就对应用文写作教学者、研究者提出了更高的要求，如何培养出“上岗就能上手”的合格应用文写作人才呢？

中共中央提出“全面建成小康社会、全面深化改革、全面依法治国、全面从严治党”的方针，就意味着革思想的命，削手中的权，去自己的利；就彰显着要解决权难制衡、利难共享、人难出头等深层次的问题。因此，应用文写作教学者、研究者，尤其是实际写作者，应为有效落实“四个全面”练就爱憎分明的态度、深刻犀利的判断力、明确的是非观，不隐恶，不虚荣，不投机，不媚俗，不殉情，不枉法，敢担当，做一名一身正气的改革开放的忠实的记录者和积极的推动者。面对大千世界和五彩缤纷的诱人社会，应用文撰写者如何既传承仁、义、礼、智、信的优良传统美德，又发扬民主、法制的普世观念；既有专业才能，又有职业操守；既有科学素养，又有人文情怀；既有全球视野，又有历史眼光；既有责任担当，又有铁肩道义，做一个综合素质高的应用文撰写者呢？

多少年来，不少任课教师抱怨应用文写作课不好教，学生不好好学。这就向我们提出了改革教学内容，改革教学方式、方法和教学手段的问题。客观而言，教师是真理、知识、技能的化身，但在互联网普及的今天，学生获取知识的途径、手段、方法，已不再局限于教师了。传统的板书和现代的电子课件教学，已不能满足学生的需求，“情景教学”“问题教学”“案例教学”“模拟教学”等方法，也难以维持学生持久学习的积极性。那么如何做才能有效调动学生学习的积极性和自觉性呢？

每当看到错用、滥用文种的时候，每当看到违纪、违规、甚至违法的公文时，每一个有责任心的应用文写作教学同仁都会感到阵阵的内疚和深深的不安，感到肩上的责任重大。以上四问，均是摆在同仁们的面前需要解决的问题。真诚恳请与会专家、学者开展热烈而不对立的讨论，真诚而不敷衍的交流，尖锐而不极端的批评，力争做到畅所欲言，互相启发、借鉴，以便提升应用写作理论研究水平，提高教学质量，使应用文写作更有效地为社会主义经济建设、和谐社会建设服务。

他所倡导的“热烈而不对立的讨论，真诚而不敷衍的交流，尖锐而不极端的批评”是学会历次会议研讨的基本原则。在讲话结束前，他还周到地向会议筹备人员致谢。

听了他的发言，董宇教授敏锐地注意到他提出的四个问题，认为是有前瞻意识的。

2017 年的国际汉语应用写作学会第十二次学术年会上，他在题为《学习 传承 超越》的大会开幕词中，首先谈到会议的举办和学会的发展问题。

时隔6年之后，今天在重庆隆重召开国际汉语应用写作学会第十二次学术年会，得力于重庆科技学院党政领导的大力支持。

说实话，在去年10月重庆科技学院举办首次全市公文写作大赛期间，重庆应用文写作学会会长袁智忠教授把我介绍给干勤校长，当我提出在贵校召开国际汉语应用文学术研讨会时，干勤校长一口应承，他们可以承办会议，并说这有利于促进他们举办包括本科生、硕士、博士研究生、留学生参加的第二次公文写作大赛。由此可见重庆科技学院领导的远大目光、勇于担当的气魄和借力使力的智慧。自此，我们进行了长达一年的筹备工作。在此，我代表学会向重庆科技学院及党政领导表示最真诚的感谢。

这6年期间，不少理事、会员陆续来电来信询问学会的运作情况，这不仅仅是一种对学会的关心，更是一种对学会的负责。我们只好告诉他们，任何事到最后都是好的，如果不好，说明还不到最后。我还告诉他们：不是因为有希望才坚持，而是因为坚持才有希望。在此，我代表陈瑞端会长和学会向关心学会发展的各位理事、会员们表示最诚挚的感谢！

“不是因为有希望才坚持，而是因为坚持才有希望”这句话正是对他自己二十多年来能够成功地举办一届又一届会议的夫子之道吧。接着，他话锋一转，就应用写作学科当下面临的问题以及未来的发展趋势，畅谈自己的研究和思考，提出了今后应用写作研究的三大课题和一大使命。

各位专家、学者，中国人以闪电般的速度接受互联网后，短短几年时间，不仅网民数量已超七亿，规模全球第一，而且用户正以惊人的速度由经济领域向文化、管理等领域扩展。尤其是党中央、国务院提出“互联网＋”的命题后，各行各业都加强了对“互联网＋”的研究和应用。在这一大的趋势下，应用文写作如何跟上时代的大潮，如何搭建“互联网＋应用文”的平台，这是摆在应用文写作同仁们面前的一个急迫课题。

尤其是云计算、大数据与互联网联姻之后，在世界多极化、经济全球化、文化多元化、社会信息化深入发展的今天，不仅构建了一个四通八达的沟通渠道，更是构筑了一个“真实”的虚拟社会，扩大着现实的空间，“数字公民”螺旋式的增长，传统国土空间之外出现了“新的疆域”，其用户正由“内容消费”向“内容生产”转变，互联网与大数据正从“集结人类的智慧”向“拓展人类的智慧”迈进，人工智能代替人工的领域正逐步扩大，在这一历史转变的进程中，不仅影响甚至左右着人们的选择，有可能带来伦理和责任的失范，而且不真实的信息会造成社会动乱等更大的危害。面对这么一个全新又复杂的局势，应用文写作怎么样去适应和应对呢，这也是摆在应用文同仁面前绕不开的一个大课题。

特别是中国实施“一带一路”倡议，人民币成世界通用币之后，与世界的交往越来越广泛，与各国的交流、合作愈来愈频繁，因而应用文的写作与应用必然就愈来愈多，应用文写作人才的需求量随之也越来越大，对熟悉国内外政治、历史、文化、法律、经济、管理、诉讼等应用文写作人才的要求也就必然越来越高，如何培养出“上岗就能上手”的合格应用文写作人才呢？这就对应用文写作教学者、研究者提出了更高的要求。

客观而论，无论是互联网还是云计算、大数据、人工智能，只能是工具。如大数据，表示的是过去，表达的是未来。其意义在于互联网通过海量数据的采集、挖掘、分辨、整合，呈现出传统技术方式难以展现的关联关系，预示着事态的发展趋势。但是最终仍然要靠人来研究、选择、决策。面对真与假、实与虚的海量信息，应用文写作者综合素质的培养，显得比以往任何时代更加重要。如何培养既有专业才能又有职业操守，既有全球视野又有历史眼光，既有科学素养又有人文情怀，既有责任担当又有铁肩道义的应用写作高手呢？这是摆在我们面前的又一个重大课题。

应用文写作如何适应一个大国向一个强国的蜕变与发展呢？我们的

回答既是简单的又是哲学的，那就是变与不变。

变，是客观规律，变才有发展。目前应用文写作面对的发展趋势有以下几种：

“互联网 +”与大数据的发展趋势；

专业化与科技化的发展趋势；

快节奏与高效率的发展趋势；

民众化与社会化的发展趋势；

主体内容经济化的发展趋势；

语言表述多语化的发展趋势；

积极参与和干预社会生活的发展趋势；

立足本国、涉足世界的国际化发展趋势。

不变的，是做诚实的人，写诚实的文。诚，是应用文之魂，是撰写应用文必须遵循的原则。

在应用文撰写中，倘若有一丝不真诚，“假作真时真亦假”，应用文的权威就会受损，制发应用文的党政机关、企事业单位的声誉和形象就会受到影响。

为达应用文之诚的目的，应用文撰写者要处理好六种关系：

处理好义与利的关系；

处理好先进性与广泛性的关系；

处理好洋为中用与崇洋媚外的关系；

处理好价值导向与利益导向的关系；

处理好自律与他律的关系；

处理好继承与创新的关系。

各位同仁，我们只有不断学习，不断创新，才能不断超越。我们只有不断超越自己，才能跟上飞速发展的时势。

谈到继承，必须明确提出继承和发展中华民族的优秀传统文化。应用文撰写者应以唐代魏征为楷模，因为他以国家社稷为重，从不畏惧、不钳口，及时上呈应用文，甚至“直言忤旨”。唐代的强盛与此风气极为有关。最近，我读了一本美国前总统尼克松写的《不战而胜》一书，他在此书中说："当有一天，中国的年轻人已经不再相信他们老祖宗的教导和他们的传统文化，我们美国人，就不战而胜了。"中国的教育，包括应用文写作课，如果不再重视自己的优秀传统文化，那《国歌》中的"中华民族到了最危险的时候"就可能到来。所以，习近平主席多次强调"要重视中华民族优秀传统文化的传承和发展。"

因此，对每一位应用文教学、研究和实际写作人来说，如何认识、传承和发展中华优秀传统文化，是摆在当前的一项重要使命。

2011 年在香港召开第十一届国际汉语应用写作学术会议上，我们首次提出了应用文写作中文道、人道、天道的命题。中华文化的核心是对"道"的追求，落脚点是人生亲征，鼓励"大众参与，觉悟人生"。张江艳、张志华、宋远志等同仁们及时跟进，进行了深化、拓展性研究。《澳门写作学刊》于 2014 年 11 月第 37 期，重点推出了我们对中华文化自信与自觉的论文，并先后获得香港岑绍基教授、澳门邓景滨教授、台湾王甦教授、北京桂青山教授、南宁的容本镇教授、上海赵毅教授、湖北毛正天教授、西安冯光教授等一大批专家和《应用写作》《秘书》《写作》等期刊的肯定和大力支持。

2017 年 1 月 25 日中共中央办公厅、国务院办公厅印发了《关于实施中华优秀传统文化传承发展工程的意见》，对传承的发展中华优秀传统文化的重要意义、指导思想、基本原则、总体目标、主要内容、主要措施等进行了阐述，从理论和实践层面回答了"为什么传承发展、传承发展什么、怎么传承发展"的问题。这不仅是新中国成立以来党和政府第一次以中央文件形式专题阐述中华优秀传统文化传承发展工作，也厘清了若干重大理论问题，我们从事应用写作教学和研究的同仁们应当充分认识其重要的历史意义和思想意义，并贯穿到我们的研究工作中来，运用在应用写作教学中，为构建新的中华文化经典体系做出我们的贡献。

先生们、女士们，召开一次国际性的大型学术研讨会确实不容易，我们真诚恳请大家在有限的时间内开展真诚而不敷衍的交流，热烈而不对立的讨论，尖锐而不极端的批评，力争做到畅所欲言、互相启发、借鉴，以便拓展和提升应用写作理论研究水平，促进应用写作教学质量的提高，为社会为国家培养更多的应用写作优秀人才。

他的发言既有开阔的视野又脚踏实地，极具针对性，特别是其中关于传统文化的论述，再次给我以极大的启发。他讲话中提出的应用写作研究的三大课题和一大使命演化为 2018 年“国际汉语应用文研究高端论坛”的 5 个主要议题：应用写作如何与科技进步相适应——新技术背景下的应用写作研究；应用写作如何与新时代同步——应用写作文本的时代话题研究；应用写作人才素养的当今话题——应用写作人才培养的创新研究；应用文与传统文化对接研究——应用写作理论和实践的传承与创新研究。根据会议筹委会安排，作为呼应，在闭幕式中，我做了题为《树人树己树学科》的闭幕词发言，以狗尾续貂。

洪教授是一个永不停止学习和思考的应用写作学科学术带头人，在 2018 年高端论坛的开幕词中，他再次展示了一个学术性会议领导应有的学术素养。他首先向会议承办单位和有关人员致意：

在澳门大学邓景滨教授热心倡议和精心策划下，国际汉语应用写作学会在澳门大学举办应用文写作研究高端论坛，共同探讨在新的历史时期应用文研究的新观点，应用文写作教学新方法，推动应用文写作理论研究、教学方式方法革新深入发展，促进应用文写作更好的为社会发展服务，是一次难得相互交流，相互学习的机会。而为大家提供机会的是澳门大学校、院、系各级领导和邓景滨教授。2008 年 7 月 28 日、2014 年 9 月 18 日、2018 年 7 月 30 日，邓景滨教授三次主动倡议在澳门举办应用写作高端论坛，为应用写作同仁提供交流平台，为会议服务奉献时间、精力，并编辑、校对、出版会议论文集，令我们极为感动、难以忘怀，在此，让我们以热烈的掌声向邓景滨、谭美玲及其筹委员会全体成员，表示最真诚，诚挚的感谢！

女士们，先生们，承办一次国际性学术会议，是一件极为辛苦、辛劳，甚至心酸的事，是一件极为烦杂，烦琐，甚至麻烦的事。仅从邓景滨，谭美玲，张江艳三位教授的微信统计，每人都有两百条以上。无论是关于论文的选题，还是住宿及其报销等等，事无巨细的及时回复，特别值得肯定、赞扬。澳门大学承办此次会议的筹委会，在编写的会务指引中，鲜明地提出了五种精神：

一是取法乎上，精益求精，一丝不苟的工匠精神；

二是主动热情，群策群力，精诚合作的团队精神；

三是善于思考，敢于建言，勇于超越的创新精神；

四是承传道德，敬重代表，敬畏学术的人文精神；

五是不怕吃苦，不怕吃亏，全力以赴的奉献精神。

各位专家、学者，他们不仅这样写、这样说，还是这样做的。我们将把他们创立的这五种精神，作为学会办会的宗旨之一，不断传承下去。

接下来，他结合本次大会的主题“探讨本学科最基础和最前沿的问题”，提出了四个基础性研究课题。他说：

这里提出四个最基础的研究课题，供同仁们参考。

一是重视将知识转为能力的研究

在应用文写作教学中，为什么出现一看就懂，一听就会，一写就错呢？关键的问题是未能将应用文写作知识转化为应用文写作能力。改革开放四十年来，不少同仁围绕这一问题进行了多种有益的探索，案例教学法、情景教学法、现场模拟法、改错训练法等等，都收到了一定的教学效果，较之传统的教学法，确实提升了学生的动手能力。要在课时有限，文种内容又多的条件下，有效将教材上的知识转化为学生的写作能力，需从教材的编写和教学方式方法的改革上下功夫。

美国哈佛大学的案例教学法是世界上出了名的教学方法，他们的教材，知识与理论部分只占20%～25%，75%～80%的篇幅是案例。每一案例在解决一个主要问题的同时，还要解决5～8个子问题。学生的思维训练，运用知识的训练，策划训练，书写训练均获得了有效的训练。问题的难点就是案例的选择。如何在案例中体现应用文写作中的科学性与从属性、针对性与时效性、简约性与中介性、原则性与程序性、政策性与可行性、真实性与艺术性呢？这也是摆在同仁们面前的一个共性问题。

二是重视大数据和互联网+应用文写作的研究

在新的历史时期，随着一个个中国“方案”、中国“建议”的提出，中国已成为推动全球经济治理的重要力量。应用文写作如何适应这种新形式的变化而发展呢？这是摆在应用文写作界面前不可回避的一个问题。尤其是在互联网、大数据的大潮涌动中，应用文写作如何搭建“互联网+”“大数据利用”的平台呢？也是摆在应用文写作同仁们面前的一个急迫课题。

大数据表示的是过去，表达的是未来。其意义就在于互联网通过海量数据的采集、挖掘、分析、整合、研究，解决了传统技术方式难以展现的关联关系，预示着事态的发展趋势，这为应用文的写作开辟了广阔的新天地，必然推动应用文写作理论的发展和应用文写作科技的发展。可以说，这一发展趋势已无法逆转，势不可挡。“适者生存”的古训再次显示出不朽的价值。

三是重视“术”与“道”的研究

应用文写作教材编写和应用文写作课堂讲授，以及应用文写作理论研究，既要讲透“术”，也要讲清“道”。为什么“通报”与“决定”互相错用？为什么“公告”“通告”混用？为什么把“服法”写成“伏法”而引起纠纷？为什么误把逗号写成顿号的合同损失上百万，而且还输了官司，这些有关“术”的内容不讲清楚，应用文写作是不达标，过不了关的。因此，我们要提倡“工匠精神”，要像优秀工匠那样精益求精，精雕细琢，不满意决不出手。

从哲学层面讲，“形而下者谓之器”“谓之术”，是指物质世界有形有相的东西。“形而上者谓之道”，是超越有形有相之上的东西。就应用文写作中的“道”而言，它是一种“理则”“规律”的浓缩名词。具体说来，应用文写作中的“道”，应体现在两个方面，一是应用文撰写者的为人之道，二是应用文内容上符合“天道”。王船山在《尚书引文·说命上》中说：“诚与道，异名而同实。”而应用文撰写者为人之“道”便是实事求是，如实反映客观事物，坚持真理不向权威屈服，根据客观规律办事，也就是说要把“诚”作为立人之本。“诚”，乃诚恳、诚信、诚笃、诚实、诚心、诚挚、诚然、诚朴、诚谛，这是中国传统文化中的立人和立国之本，“思诚者，人之道也”，它特别看重行为主体在政治、经济、社会、文化等公共生活领域履行义务的社会信用。因此，应用文撰写者在应用文写作过程中应当关注人的生存、尊严、自由、权利，事的曲直，理的正歪，法的良恶，不为功利所引诱、权力所屈服，实事求是。习近平讲“我们要把实事求是当作理念来坚持。”由此可知坚持实事求是就是坚持诚，就是坚持道。老子说的“道法自然”，就是要遵循自然法则，“自法自成，自成自如，自然而然，顺其自然。”因此应用文写作研究，不仅要遵守“人道”，而且要敬畏“天道”，按客观规律行文、行事，就必然促进人与人、人与社会、人与自然的和谐发展。

四是重视读与写的研究

宋代欧阳修在回复友人的咨询中就有明确的告语：“无他术，唯勤读书而多为之，自工。”就是说，怎么样才能写出好文章呢？没有其他办法，只有勤奋阅读，坚持多写多练，自然就会长于写、善于写了。这里提出阅读经典作品，进行沉浸式阅读，是因为经典作品无论是思想还是境界，无论是写作技法还是词语的准确择用，可以说处处闪光，阅之，思之，既能提升主体“我”的思想境界，又能提高客体“文章”的品质。

在电子信息技术高速发展的今天，“听书”已逐渐取代着读书，人们开始用聆听代替阅读。据互联网上统计，戴耳机听书的人群已超过了用眼看书的人群。客观地说，用电子阅读器听读有可能使阅读者放弃了主体地位，这与读书有较大的差异。因为放弃主体地位式听书就没有机会让你定下神来仔细思考与反复感悟，往往是一晃而过。在这种“快餐文化”中，“享乐主义”、“功利主义”在“听读”人群中蔓延。而真正读书的质量高低正体现在“思考”上。故此著名的评论家雷达发出深沉的呼吁：“有效而有价值的阅读必经得到拯救。”书本知识是作者的，要把作者的知识变为自己的，使知识转化为智慧，使智慧转化为写作能力，是离不开思考的。任何一位写作高手，首先都是一个热心读者。阅读经典，不仅有利于启迪思维，触发联想，而且有利于拓展写作思路，理顺写作文脉，震撼也温暖着人心与人生。

我们只有从沉浸式阅读这类最基础问题入手，从“术”与“识”上进行严格训练，从“品”与“道”上进行持续的修养，才有可能全方面提升应用文写作者的综合素养，以适应和推动社会、国家发展的需要。

他每一次的闭幕词都有一定的关联性和对问题的延续性思考，但并没有简单的重复，更没有老调重弹的感觉，而是始终保持了对学科最基础和最前沿问题的敏锐观察与深入思考。同样难能可贵的是，他从不以领导者自居而吃老本。尽管退休以来他一直没有间断过给本科生开设课程的教书育人工作，教学工作繁忙，而且依然有大量学术会议和社会活动要参加，但他始终坚持学术研究，笔耕不辍，每次会议都认真提交与会议主题相关的学术论文。例如2016年他提交论文《“互联网+”将助应用文拥抱数据时代》，2017年他提交论文《论应用文的魂》和《公文写作应提倡工匠精神》，2018年他提交论文《提倡沉浸式阅读 提升应用文撰写者的综合素养》。他的论文有独立完成的，也有提携后进合作完成的，每一次的论文都既有细致的资料功夫，也有深入的问题思考，赢得与会人员好评，甚至成为会议讨论的热点。

认真做事、认真作文，这是我所谓洪教授之“真”，说到底还是他做人认真。当然，洪教授的真还包括他待人的真诚，每次组办会议他都十分惦念曾为学会做出贡献的人员，反复嘱托我发送会议通知时不要把他们遗漏了，在考虑学会新增理事、常务理事等人选时他也会优先考虑这些老会员。不忘老人、发掘新人是他办理学会事务的一个原则，每次会议前，他都会从《应用写作》《秘书》《写作》等刊物查找有分量的应用写作研究文章，敦促我给这些有潜力的研究者发送会议通知。有了会议交流微信群以后，他也会时时关注群内发言，并提醒我从中发现人才。不仅如此，有时会议安排紧凑，他从不因自己年龄大了需要午睡而遗漏或迟到一场许多人不太重视的分组讨论会议，总是身体力行地端坐前排，认真倾听每一位发言者的演讲，从中发现值得关注的研究人才和有分量的研究成果，为每一次的精彩发言而毫不吝啬地击掌赞赏。正是他对每一位会员都平等相待的这份真诚，打动了许多与会的新老学者，使他们成为洪威雷办会的铁粉，我也是其中之一。

不过，他的这份纯真，有时也难免会感情用事，甚至得罪人。有一次，他听了某位会员在分组讨论的发言，被深深打动，会议茶歇时激动地提议要增补这位会员为理事。我说：您只听了这一组的发言，是否也要同时听一听其他分会场的意见，看看是否还有需要增补的，一并综合考虑？作为一个性情中人，他尽管有时会感情用事，但很能听进不同的意见，听了我的话他冷静下来。尽管最终没有增补这位会员为理事，但在大会自由发言时，洪教授特意要求发言，对这位会员进行了口头表彰。可惜的是这位会员后来没有再参加学会的活动。有两次，他没有搞清状况，情急之下，贸然在微信群内发言，引起一点误会。好在大家都是老朋友，知道他只是谨慎，并无恶意。

当然，他的这份真，更多地是让他不拘一格、不论资历地挖掘、培养和鼓励应用写作研究人才，致力于学科建设。不少年轻老师、研究生，甚至本科生学生，都从他主办的学术研讨会上不以资历论成败的论文评奖中获得鼓励，在学科领域做出了成就。就我本人而言，以职业院校副教授的出身去担任国际汉语应用写作学会副秘书长、秘书长之职，我自知无论学历还是资历都是不够资格的，所以他几次提议我都坚决谢绝了。但他说他用人虽看重背景却从不唯学历、唯资历，更看重学科研究的水平和做人做事的修养，希望我多为学会工作作奉献。2017 年通过学会理事会讨论通过，我被任命为学会副秘书长，2018 年又通过学会理事会讨论被任命为秘书长。虽勉为其难，但我还是认真地承担了这一没有任何报酬、完全义务性的工作，希望在这个过程中能不断地提高自己的办事能力和学科素养，以不负学会诸多前辈的真诚鼓励和同仁们的大力帮助和支持。

鲁迅先生曾在《今春的两种感想》一文中批评中国人实在是太不认真，以致很多的事不了了之。作为学会领导，常有会员对他发出请他去做学术讲座的邀约，有些或许是出于礼节随口一说，但洪会长绝不敷衍，只要应承了就一定认真准备，也会敦促对方履行承诺。而他情绪饱满、热情幽默、富有底蕴的讲话，常常让听者忽略了他一口浓郁的地方方言，使他的讲座大获赞赏。协助洪教授办会这几年来，我认为他能不畏其难地促成学会的顺利发展，除了他做人的真诚和做事的认真，还有就是他的实干精神——较真。世界上怕就怕“认真”二字，它能让人无往而不胜。

但他也有不那么较真的时候。作为北京劳动保障职业学院学报的兼职编辑，我曾责编过他的两篇散文作品《说品茶论优雅》和《天地有大美而不言——鼓浪屿纪行》，从题目到内容，他竟非常豁达地完全放手让我修改，没有一点一般文人敝帚自珍的通病。当然，我也竭力做到保留其原汁原味，只增其好，不损其美。

三

关于洪威雷教授，除了“真”以外，还有一个“纯”字可以概括。这主要是就他对应用写作学术研究的纯粹性追求而言。在几十年的教学生涯中，他从没有停止过思考、研究和写作。湖北大学官网“学子访学人”栏目以《洪威雷：痴心攀登应用写作学高峰》为题介绍他说：

1984年起先后出版《应用文写作学概论》《读写研究》《公务调研学》《行政文化学概论》等学术专著、教材34部，其中《写作技巧教程》一书先后9次再版。在《人民日报》《光明日报》《求索》等报刊发表学术论文、评论等248篇。有的论文被其他报刊、书籍摘录、引用，并收录在专题论文集中。16项成果获湖北省和武汉市人民政府、湖北省和武汉市社会科学、湖北大学优秀科研成果奖。16次在全国和国际大型学术会议上作专题学术报告。对中国纪实文学和应用文写作学研究独具见解，曾得到文化部副部长陈荒煤、中国作协书记处书记柯岩、著名作家徐迟的肯定和赞扬。其业绩被《湖北省社会科学界名人》和《世界名人录》收录。

这篇文章是2017年该校"学子访学人"学生团队成员集体采写的。学生们描述他应邀前来接受采访的场景说："洪教授顶着烈日骑着自行车'奔驰'而来，丝毫不像年近七十的长者，倒像是一个追风'少年'。访谈过程中，洪教授充满着年轻人的活力，亲切随和，思维敏锐，精神矍铄，意气风发。"这句话中"追风少年"一语非常传神。文章评述说：

学界里不乏一心逐利，只为一己私利做象征性研究的人，而在洪教授纯净炽热的心里，自然是不会接受这样不纯粹的学术研究的。他的学问就是他的爱人，对他的爱人至真至爱，给予它最纯粹的感情，是对这一门学问的尊重，也是对自己研究的艰辛历程的尊重。所以在退休之后，洪教授的研究成果反而更加丰富。这些研究是他最大的乐趣，只要可以与学术相伴，他无怨无悔。

或许和洪教授有过深入接触的人都能感受到他对应用写作学科建设、学术研究的执着和单纯吧，我居然和采写他的学生不约而同地写下了对于他的"纯粹"的感受。也或许正是这份"纯粹"支撑着他，1994年7月25日，45岁的他，与同样血气方刚的裘志熙、桂青山、毛正天等同道中人，召唤同人，在云南昆明创办了中国应用写作学研究会，在既无长期经费支撑也无有力后台支持的情况下，全凭着他的热情和实干精神，在此后的22年里组织了21次学术研讨会，而且与国际汉语应用写作学会、中国写作学会结成了良好的团结互助关系，多次合作办会，共享成果。这些研讨会把此前各自为政、一盘散沙的同仁团结到一起，给许多年轻教师、成熟学者多年来坚持应用写作教学和研究以极大的鼓励和支撑，也为促进学科理论建设、实践创新做出了实实在在的贡献。在2014年"全球化时代与应用写作创新学术研讨会暨中国应用写作研究会成立二十周年庆典"上，他做了题为《应用写作研究二十年之回顾与展望》的开幕词，总结学会二十年的成果说：

中国应用写作研究会成立二十年来，遵循研究为理论创新服务、为教学改革服务、为社会主义市场经济发展与和谐社会建设服务的宗旨，先后在昆明、大庆、乌鲁木齐、西安、呼和浩特、贵阳、泉州、长春、杭州、澳门、北海、赣州、常德、恩施、郑州等地共召开了十七次全国性学术研讨会，为来自高等院校、出版社、杂志社和党、政、军及企事业界的文秘人员、同仁们，提供了相互交流、相互学习、相互借鉴和形成科研课题申报组、教材编写组的平台。据不完全统计，学会成员在境内外发表论文、评论4000多篇，出版专著、教材300多部。尤其是一大批中青年应用写作教师，获得省部级科研立项。

目前复旦大学、武汉大学、福建师范大学已突破了写作学（包括应用文写作学）不招收硕士生、博士生的禁区；2011年中，我一年三次受教育部邀请，与来自北京、上海、天津、河北的应用写作专家一同探讨公文写作规范性问题和党政公文统一性的问题；据了解，部属高等院校中，已有多所大学在各自学校的所有专业中，把应用文写作列入必修课程；高考试题中，设有应用文写作考题；英语四、六级考题中，设有应用文写作考题；国考、省考的《申论》考题中，均设有应用文写作考题。可见国家有关部门从关注到重视应用文写作能力的提升和应用文写作人才的培养与选拔的态度已经十分明确。（《应用写作》，2014年第10期）

二十多年来，洪教授坚持举办低成本学术活动，其中的艰辛可想而知。2018 年年初，基于大环境，他主动“停牌”，给民政部社会组织管理局写信，汇报了学会自成立以来的工作情况并上交了会章，自此，斩钉截铁地停止了学会的一切活动。然而他并没有就此停止应用写作学术研究，依然勇立潮头，引领学科发展、团结学术同仁。就他自己的应用写作研究成果而言，除了上述介绍中谈到的专著、教材外，自 1994 年以来，他主动担当学科使命，引领国内应用写作同行共同探究学科问题，迄今为止已先后发表了六七十篇相关论文，题材内容的涉猎十分广泛。

其中最多的是他关于应用写作基础理论问题的思考，如《应用文写作有八大矛盾》（《语文学习》1994 年）、《透视本质 索其真谛——应用写作学几个基本问题的思考》（《写作》1997 年）、《应用文的中介性》（《写作》1999 年）、《应用文具有生产力功能》（《写作》2001 年）、《制度创新与应用文》（《秘书》2001 年）、《应用写作学的对象、矛盾、构想研究》（《广播电视大学学报》2001 年）、《论应用文发展生产力与制度创新的功能》（《广播电视大学学报》2001 年）、《论应用文的亲和力》（《写作》2003 年）、《“民本”与“人本”辨析——当前秘书写作中必须正视的一个新问题》（《秘书》2006 年）、《论应用写作中的文道 人道 天道》（《应用写作》2011 年）、《应用文写作研究中的“术”与“道”》（《应用写作》2016 年）、《论应用文的魂》（《广播电视大学学报》2017 年）等；也有关于具体文种和写作方法的探究，例如《读〈蓝色的春潮〉——兼谈电视调查报告的若干特色》（《写作》1995 年）、《小议科学方法论与科研课题》（《江汉论坛》1996 年）、《论新闻的意蕴》（《应用写作》2003 年）、《为“计划”正名》（《秘书》2004 年）、《关于申论考试中几个问题的分析》（《广播电视大学学报》2004 年）、《司法写作中关于文种认定的一个问题》（《应用写作》2005 年）、《从讲话稿〈记忆〉看华文写作技巧》（《应用写作》2011 年）等。其中他关于应用文中介性观点的提出在跨世纪前后产生了较大影响。而他

2006年起关于“民本”与“人本”的思考，为他后来提出“文道、人道、天道”的理念奠定了基础，至于这“三道”本身，在笔者看来是引导应用写作学科研究“入道”的高屋建瓴之卓见。他的这一见解首发于2011年陈瑞端教授在香港理工大学筹办的国际汉语应用写作学会第十一届学术年会。这次会议有来自中国内地和港、澳、台地区，以及美国、印度的专家和学者。他的即兴发言“获得全场热烈而长久的掌声，该发言随后在《应用写作》等境内外三个期刊上同时刊发，引领着应用文写作研究的方向。”（《洪威雷：痴心攀登应用写作学高峰》）2016年，他又以《应用文写作研究中的“术”与“道”》一文，将问题的思考推向具体而深入。

他的研究关注国际国内应用文发展现状与趋势，例如《当代国际应用文现状及其发展趋势》（《秘书》1996年）、《论应用文写作发展的新趋势》（《应用写作》2001年）、《应用写作研究中值得注意的几个问题》（《应用写作》2004年）、《反思应用文写作中的亚文化》（《应用写作》2014年）、《应用写作研究二十年之回顾与展望》（《应用写作》2014年）、《当前应用文写作研究值得重视的四个问题》（《应用写作》2016年）等；也有基于国际化视野的应用文比较研究，例如《论应用文的社会性——中国与美国学者关于应用写作学社会性的研讨》（《秘书》1997年）、《比较分析 索其真谛——一国三地关于“应用文”解释的评析》（《秘书》1997年）、《香港应用文的现状和展望》（《秘书》1997年）、《应用文写作的地位又一次获得了提升》（《应用写作》2004年）、《谈新文种应急预案的写作及其中外比较》（《应用写作》2006年）等。这些研究展示出他对学科研究总体趋势和脉络的把握，也显示出他研究视野的广阔，同样有助于学界同仁开阔视野，拓宽研究领域。

此外，他一直关注应用文写作者的素养问题，例如《爱尔·基琼火山爆发追踪调查的启示：秘书必须加强调研责任感》（《秘书》1996年）、《应用文写作中的科学良心探索》（《湖北大学成人教育学院学报》2002年）、《知识的宽度最终决定公文撰写者职业生涯的高度》（《应用写作》2012 年）等；也有对同行成果的认真研读和真诚肯定，例如《独辟新境成一家之言——读〈怎样发现新闻〉》（《写作》1997 年）、《应用文写作研究的新开拓——王琍娴《现代应用文写作新论》序》（《写作》2000 年）、《在继承与发展的结合中实现创新——评杜福磊教授新著〈中国写作学理论研究与发展〉》（《河南教育学院学报》2007 年）、《理论 + 实践 = 能力：力争让大学应用写作不再困惑——评〈大学应用写作〉》（《应用写作》2017 年）等；甚至还有直言疾呼式的《世界的有序发展离不开应用写作》（《应用写作》2002 年）、《教育部领导重视应用文写作》（《应用写作》2011 年）等论文。他的这些研究同样引领、鼓舞了同道中人。

跨世纪以来，他不但对应用写作道德伦理问题进行了集中探讨，例如《关于建立应用写作伦理学的思考》（《应用写作》2002 年）、《论行政应用写作视野中的行政道德》（《秘书》2003 年）、《论行政应用文的伦理道德困扰与法律约束》（《应用写作》2004 年）；也对机关行政公文进行了专门的研究，例如《论行政应用文写作中的“理”——兼评把好“红头文件”出台关》（《秘书》2005 年）、《论转型期中国公文的权威——兼论按行政程序制发公文》（《应用写作》2005 年）、《真实是行政公文的生命》（《应用写作》2006 年）、《论转型期中国行政公文权威的弱化及其对策研究》（《中国行政管理》2007 年）、《当前公文写作处理中的一个亮点》（《应用写作》2008 年）、《行政公文评估的缺失及其评估模式的建构》（《应用写作》2008 年）、《当前党政公文处理中存在的主要问题及其对策研究》（《应用写作》2009 年）、《论行政应用文写作的程序》（《应用写作》2011 年）、《行政公文写作中的“三道”》（《秘书》2011 年）、《点评“任性”公文》（《应用写作》2015 年）、《公文撰写用词应慎之又慎》（《应用写作》2015 年）等；还发布了关于调研报告的系列文章。他的这些研究既有宏观视野的思考，也有微观问题的独到见解。其中他发表于 2006 年的《真实是行政公文的生命》所提供的案例，被我作为经典案例，至今还在教学中使用。

作为一名兼具学者型和教学型双重特点的教师，他的研究关注应用写作理论、教学、教材的创新实践与研究，例如《关注应用文写作学理论的创新》（《应用写作》2001 年）、《应用写作教学改革中的一种新尝试——学生讲、老师评，课堂内外有机结合的教学创新模式初探》（《湖北大学成人教育学院学报》2006 年）、《肯定中的质疑——〈应用文写作教学“去文学化”探讨〉之探讨》（《山西青年管理干部学院学报》2006 年）、《应用文教学改革模式初探——对“任务驱动教学模式”的探索》（《武汉交通职业学院学报》2009 年）、《高职应用文写作教材应以提升应用写作能力为主》（《应用写作》2009 年）等；近年来，更有对应用文时代话题的深入探究，例如《“互联网 +”将助应用文拥抱数字时代》（《秘书》2016 年）、《公文写作应提倡工匠精神》（《秘书》2017 年）、《沉浸式阅读：提升应用文撰写者综合素养的有效途径》）（《写作》2018 年）等。从理论到实践，再从实践到理论，他的每一步都走得扎扎实实，堪称应用写作教学界的典范。

2001 年《湖北大学学报（哲学社会科学版）》总结并介绍他早期的应用写作研究成果说：

在应用文写作学研究领域，洪威雷教授投入了较多的精力，写了一系列论文。他对应用文研究中混乱的局面进行了疏浚，不仅澄清了应用文分类中的混杂现象，而且明确了应用文写作学的研究对象，提出了应用文发展的八大趋势。在第三次现代应用文国际学术研讨会上，他提出了应用文“中介性”的新观点，论证了理论不可能直接指导实践，只有通过应用文才能将思想、理论转化为具体的法规、政策，因而受到国内外同行专家的普遍肯定。他具有创意的一系列论文：《应用文的科学性》《应用文与制度创新的关系》《电脑文化与当代应用文》等，持之有据，言之成理地论证了应用文是“经国之枢机”的管理功能。他主持湖北省教委、湖北省教育考试院委托撰写湖北省高等教育自学考试教材三部：《应用写作教程》《应用文写作学概论》《公共关系写作》，在省内外得到好评。因此，洪威雷教授被特邀赴香港、澳门参加国际应用文写作学术研讨会并讲学。1999 年 4 月被湖北省人事厅、湖北省教育厅授予高等教育先进工作者称号。

公务调研学研究，是洪威雷教授近十年的主要研究课题。20 世纪 90 年代初至今，他一直潜心搜集国内外决策失误的案例，认真探索决策失误的原委，并将发达与发展中国家在决策前后的成因过程进行对比研究，发表了《调查研究是科学决策的基础》《调查研究是领导基本的工作方法》《调查研究的科学特性》《公务调研独立性的哲学思考》《公务调研人员的修养》等一系列论文，出版专著《公务调研》、《公务调研原理》（合著），在省内外获得较高评价。

2002 年，他与王颖合作主编《应用文写作学新论》，集合了他跨世纪前后的研究成果。北京师范大学桂青山先生的《新世纪应用写作学的新发展》和武汉江汉大学赵映诚先生的《理之明透　学以致用》，分别对该书进行了评介。桂先生谈到该书的理论创新说：

撰写者从国家管理的过程中提炼出了应用文的中介性，把应用文看成是“经国之枢机”。任何政党、政府要进行有效的管理必须通过命令、决定、规定、办法等大量应用文来实施。不仅在一定的时间和范围内规定了执政党、国家的行动方向和人们的行为准则，而且成为各级政府管理的依据和处理政务的凭证。管理视野中的应用文的中介性，主要表现在三个方面：一是国家政权是实施领导、指挥、指导各部门、各地区的有力工具。二是新思想、新理论、新观念、新政策具体化的书面形式。三是理论联系实际的必经桥梁。“应用文中介性”的提出，填补了应用文写作学理论中的一项空白。

更具独到之见的是，作者从生产力的构成要素中研究应用文的功能，把应用文看成是发展生产力的推动者。这一学术观点的提出和持之有据、言之成理的论证，不仅将应用文与社会主义市场经济有机结合起来了，而且拓宽了应用文理论的研究领域，使这种新的理论更具有生命力和说服力。还有类似“应用文的科学性”“应用文的八大发展新趋势”等，均具有独到的见解，这对于今后应用文写作学理论的研究工作无疑会起到很好的启迪和指导作用（《应用写作》，2002年01期）。

赵先生也概括了该书在体系上、内容上和观点上的创新之处，并总结说：“创新是学术研究的灵魂，没有创新，就没有发展，《新论》的出版对应用文写作的创新研究开了一个好头。”（《写作》，2002年03期）

对于他退休后的学术成果，湖北大学“学子访学人”栏目《洪威雷：痴心攀登应用写作学高峰》一文介绍说：

很多同龄的教授退休后在家颐养天年、含饴弄孙，还有的效法陶渊明“开荒南野际，守拙归园田”，完全断绝了和学术研究的联系。但是洪威雷教授“退而不休”，他从没有停止进步和学习，继续进行着学术研究。“人的价值，人的才华一分一秒都不能浪费。”退休后洪威雷教授仍然笔耕不辍，先后研究了4个课题，出版了9本专著。

他的这些研究成果多为独立完成，也有少量合作完成。继《应用文写作学新论》的第11次印刷和2010年的再版修订之后，2012年，他再次与刘伟伟合作主编了《新编大学应用文写作》。该书从理论到文体再到教学模式，集结了他新世纪以来的学术研究新成果。在该书上编“应用文写作理论知识”一章中，他立足长远，以独到之见概括阐述了“应用文写作发展的十三种趋势”“应用文的八大特征”“应用文的十大独特作用”“应用文写作的十项要求”“应用文撰写者的五项修养”，并特别在其中增加了“文道、人道、天道”一节。

在我看来，应用写作学科的文道、人道和天道都还有待新老学者继往开来，进一步开拓，是一个永恒的话题。从学科建设的角度来讲，应用写作的教学与研究应该说几十年来也不过刚刚起步，其史料的开掘和学科史的建立，其研究内容的学理性和写作技术的规范性，以及如何尊重同仁的学科研究成果，减少简单重复性研究等问题，都还大有可为之处。近年来，上海大学《秘书》杂志和武汉大学《写作》杂志由通俗学科刊物转向纯学术期刊，为学科研究成果进一步走向学理性提供了发表阵地，也对学科研究成果的规范性提出了更高的要求。亚里士多德说：“人是政治的动物。”政治无所不在，任何人也回避不了。应用文写作，特别是公务文书的写作，就更是政治的产物。对于一项与时政紧密相关的学科，在历次应用写作学术研讨会上，洪教授亲自确定会议主题和议题，亲自撰写开幕式的发言和提交自己的研究成果，就如何将时事与学术融合做出了示范。然而，学科和学术的建设更讲求自身的纯粹性，如何入乎其内、出乎其外，还需要更多学界同仁奉献出自己的研究心得。

看到洪教授退休后的丰硕成果，我不禁想起张梦阳先生《晚景能否来新夏》一文的结束语：

> 由此可见，老年绝非秋天，更非冬季，“庾信文章老更成”，积淀深厚的人文学者往往会在晚年进入真正的成熟境界，从容自由地创造辉煌，这样的例子不胜枚举。像张中行、金克木和学术泰斗季羡林先生就是明证，而来公又是他们中的一位“新秀”。如像这些“老来旺”那样在“享受寂寞”中生活、读书、思考和写作，“只要早晨起床，依然天天向上”，“只要不死，台阶还要再上”，晚景是会来新夏的！谨以此得为来公庆贺新作并自勉。

我想，张先生所列举的这些学者都有一个共同的特点，那就是终其一生对学术的纯粹的追求和热爱。而洪教授不仅自身追求纯粹的学术研究，而且克服困难，创造条件，奋力搭建平台，支撑并引领应用写作学界同仁共同进步和成长，这是他尤为可贵的一点，他不独乐乐，而是坚持与人同乐。其实，他完全有条件、有能力独善其身，并不需要依赖学会来提升自己。早在 20 世纪 80 年代，“自学考试在全国兴起，洪教授主编的《应用写作教程》作为行政管理、中文、财经等多专业的指定教材，在应用文研究领域中起到了重要的推动作用。洪教授的才学自此展露，接着便绽放出更加夺目的光彩。1988 年 2 月他在《人民日报》（海外版）发表《勤恳掘宝人》一文，被美、英、法、德、日、意等七个国家全文翻译转载”。因此，那时他就以“对中国纪实文学和应用文写作学研究独具见解，曾得到文化部副部长陈荒煤、中国作协书记处书记柯岩、著名作家徐迟的肯定和赞扬。”（《洪威雷：痴心攀登应用写作学高峰》）

每次会议闲暇，人们都能看见他愉快的笑颜，听见他快乐的笑声，有时为一点点小事他就乐不可支，周围的人被他感染也不由地发出快意的笑声。那是心无挂碍的纯净的笑。无论今人如何定性中国应用写作学会，我们这些在学会及学会同仁相互鼓励、帮助和支持下逐步成熟的应用写作实践者、研究者，依然会实事求是地感念学会为我们铺就的成长之路，感恩前辈们不拘一格成就的一番事业，感谢洪威雷、桂青山、毛正天、赵映诚、王琍娴等这些学会的创始人几十年来对学会不离不弃的坚守。现在想来，我的“构建海峡两岸应用写作学术共同体”的倡议或许是幼稚的，因为他们已经身体力行地告诉我们：何谓学术共同体。正因如此，我以“树人树己树学科”来概括洪威雷教授几十年来在应用写作学科教学与研究的总体成就，并以“晚景能否来新夏”期待他继续以“追风少年”的姿态迎接他的八十寿诞。

2019 年 3 月 10 日成稿于华龙美树

作者系北京劳动保障职业学院副教授，国际汉语应用写作学会秘书长

后　记

2019年是洪威雷教授七十寿辰，也正值洪威雷教授从教43周年。43年来，洪教授一直活跃在教学和科研第一线，甘于奉献、淡泊名利，兢兢业业、奋发有为，为党和国家培养出一批批优秀学生。如今，这些学生大部分正带着洪老师的殷切期望在自己的工作岗位上发光发热。

为庆贺洪威雷教授从教四十三周年暨七十寿辰，一些既受教于又受恩于洪老师的学生商定给洪老师一份特别的礼物，于是，就有了这本文集。

这本文集收录的文章来自洪威雷教授的学生、好友和战友等，内容丰富、新颖、生动、感人，题材多样。本文集虽然收录了与行政管理、应用写作知识有关的文章，但不是一本艰涩难懂的专业学术文集。虽然所收录的文章都是专门为洪威雷教授而撰写的，但文章所涵盖的话题相当广泛，内容所谈及的问题亦具有普遍性。虽然文章作者的年龄、学历、阅历不一，有跟洪教授年龄相仿的古稀之人，也有60后、70后、甚至00后；有博士、硕士、学士，也有在校大学生；有在党政军机关供职者，也有在企事业单位供职者，但所撰之文都是用心之作，具有可读性。

可读性只是我们出版这本文集的原因之一，更有以下这样一些价值和意义：

您如果是所收录文章的作者，这本文集是您和洪威雷教授之间友谊的又一见证和留念；

您如果是对行政管理、应用写作等感兴趣的读者，可以在这本文集中学到一些相关的专业知识；

您如果供职于党政机关或企事业单位，可以在这本文集中学到一些从政之道、处事之道；

您如果是某学术团体的负责人，抑或有志于此，可以在这本文集中学到一些管理之道；

您如果是正在学术之路上的攀登者，可以在这本文集中学到一些治学之道；

您如果是新晋的研究生导师，抑或有志于做一名优秀教师，可以在这本文集中探得一些为师之道；

您如果是正在漫漫求学路上的大学生或者研究生，可以从这本文集中学到一些求学之道；

您如果困惑于人生，或常叹息人生之无奈、无聊、无趣，通过阅读这本文集可能会体会和领悟到些许生之乐趣和为人之道；

您如果只是一位普通的读者，只是邂逅了这本文集，那么阅读这本文集能让您感受到世间的真情、真爱、温暖与美好！

最重要的是，我们最可敬、可爱的洪老师，在您看到这本文集时，您曾用心播下的爱、希望、善良、智慧、勤奋等的种子正在破土、抽芽、成长、拔萃，而且必将“种子生种子”，把这些因您而来的美好一代代传承下去！每次当您翻开这本文集，相信您都会被温暖的爱意和浓郁的幸福紧紧包围！

最后，再次恭祝洪威雷教授从教四十三周年暨七十寿辰快乐！衷心祝愿洪威雷教授继续以对知识的热爱和对生活的热情去感染更多的人、去播撒更多真善美的种子！

芦文龙　周立生

2019 年春